特殊学校教育·康复·职业训练丛书

特殊教育学校校本课程开发

主　　编：黄建行　雷江华
副 主 编：黄建中　亢飞飞
编写人员：康小英　何小玲　秦　涛　周　媛
　　　　　张　春　陆　瑾　张天晓　刘花雨
　　　　　曹思思　黄　志　许贵芳　张　怡
　　　　　刘　玲　朱　丹　刘　旸　王　兵
　　　　　成　刚　涂春蕾　张和平　王文坚
　　　　　徐小亲　梁　涛　赵秋林　林晓敏
　　　　　高　超　钟果贤　李光霞　徐　勇
　　　　　李凤英　单丽萍　曹　瑾　杨　明
　　　　　苏　慧　亢飞飞　赵梅菊　潘娇娇

图书在版编目(CIP)数据

特殊教育学校校本课程开发/黄建行,雷江华主编. —北京:北京大学出版社,2012.12

(特殊学校教育·康复·职业训练丛书)

ISBN 978-7-301-21834-1

Ⅰ.①特… Ⅱ.①黄… ②雷… Ⅲ.①特殊教育-课程-教学研究 Ⅳ.①G76

中国版本图书馆CIP数据核字(2012)第303028号

书　　　名	特殊教育学校校本课程开发 TESHU JIAOYU XUEXIAO XIAOBEN KECHENG KAIFA
著作责任者	黄建行　雷江华　主编
丛 书 主 持	李淑方
责 任 编 辑	李淑方
标 准 书 号	ISBN 978-7-301-21834-1/G·3556
出 版 发 行	北京大学出版社
地　　　址	北京市海淀区成府路205号　100871
网　　　址	http://www.pup.cn　新浪微博:@北京大学出版社
电 子 信 箱	zyl@pup.edu.cn
电　　　话	邮购部62752015　发行部62750672　编辑部62767857
印 刷 者	三河市博文印刷有限公司
经 销 者	新华书店
	730毫米×980毫米　16开本　19印张　300千字 2012年12月第1版　2022年12月第5次印刷
定　　　价	56.00元

未经许可,不得以任何方式复制或抄袭本书之部分或全部内容。
版权所有,侵权必究
举报电话:010-62752024　电子信箱:fd@pup.pku.edu.cn
图书如有印装质量问题,请与出版部联系,电话:010-62756370

前　言

校本课程开发对于基层特殊教育学校来说是一项长期而艰巨的工作任务。学校校本课程开发的质量在很大程度上决定了其教育教学的效果以及特殊教育学生的培养质量。自从国家颁发《基础教育课程改革纲要（试行）》以来，国家提出了国家课程、地方课程、学校课程的三级课程体系，积极鼓励基层学校根据本校实际与地方特色进行校本课程开发，这样基层学校的角色因国家课程体系的调整需要将自身作为课程"实施者"的单一角色转化为融"开发者"、"实施者"、"评估者"等为一体的多重角色。深圳元平特殊教育学校作为全国特殊教育校本课程开发的先驱，自2001年以来根据本校的办学宗旨不断探索校本课程开发的思路与路径，经历了由教师个体独立开发到小组教师合作开发再到全体教师参与开发的课程开发过程，形成了适合特殊教育需要学生特点的符合深圳特区特色的校本课程体系，主要体现在教育、康复、职业训练三个方面，分别开发了教育类校本课程、康复类校本课程、职业培训类校本课程，形成了特殊学校"教育、康复、职业训练一体化"的办学模式，其最明显的特色就是在国家课程开发政策的指导下根据"教育－康复－职训"的理念将学校教育、康复、职业训练三类校本课程贯彻到每类特殊学生的课程体系中，并依照不同类别特殊学生的身心特点与实际需求开发了相应的特色课程。

为了较全面地介绍深圳元平特殊教育学校校本课程开发的概况，编者从六个部分概括了该校校本课程开发的内容，共同构成了本书的六章。其中第1章介绍了深圳元平特殊教育学校校本课程开发的背景等，第2章介绍了校本课程体系研究概况，第3章介绍了教育类校本课程开发，第4章介绍了康复类校本课程开发，第5章介绍了职业训练类校本课程开发，第6章介绍了校本课程开发的支持策略等。本书是深圳元平特殊教育学校和华中师范大学教育学院特殊教育系两个单位合作研究的成果，由深圳元平特殊教育学校黄建行校长和华中师范大学教育学院特殊教育系主任雷江华教授组织策划，拟订提纲；参与该书编写的人员包括深圳元平特殊教育学校的黄建中副校长、科研处的康小英主任和陆瑾老师、何小玲主任、秦涛主任、周媛主任、张春主任、张天晓主任以及刘花雨、曹思思、黄志、许贵芳、张怡、刘玲、朱丹、刘旸、王兵、成刚、涂春蕾、张和平、王文坚、徐小亲、梁涛、赵秋林、林晓敏、高超、钟果贤、李光霞、徐勇、李凤英、单丽萍、曹瑾、杨明等老师；华中师范大学特殊教育系的硕士研究生苏慧、亢飞飞、赵梅菊、潘娇娇等。该书编写工作得到了深圳元平特殊教育学校的大力支持和北京大学出版社的友情协助，在此表示由衷的感谢！

编　者

2012 年 2 月

目 录

第1章 特殊教育学校校本课程开发概述 (1)
  第1节 特殊教育学校校本课程开发的背景 (1)
    一、国际背景 (2)
    二、国内背景 (3)
  第2节 深圳元平特殊教育学校校本课程开发的历程 (7)
    一、起步阶段(2001—2002) (7)
    二、发展阶段(2002—2007) (8)
    三、多元阶段(2007至今) (10)
  第3节 特殊教育学校校本课程开发的理念 (11)
    一、特殊教育理念的演变 (11)
    二、特殊教育校本课程开发的理论基础 (13)
    三、特殊教育学校校本课程开发的理念 (15)
  第4节 特殊教育学校校本课程开发的流程 (17)
    一、设计校本课程的目标 (17)
    二、确定校本课程的内容 (20)
    三、实施校本课程 (20)
    四、教育评估 (24)
    五、反馈与修订校本课程 (28)

第2章 校本课程体系 (30)
  第1节 课程体系的设置 (30)
    一、智障学生课程设置 (31)
    二、自闭症学生课程设置 (33)
    三、脑瘫学生课程设置 (34)
    四、听障学生课程设置 (35)
    五、视障学生课程设置 (37)
  第2节 课程体系的衔接 (38)
    一、课程的横向衔接 (39)

二、课程的纵向衔接 …………………………………………… (49)
　第3节　课程体系的课题研究 ………………………………………… (55)
　　一、校本课程开发过程类课题研究 …………………………… (56)
　　二、课程设计类课题研究 ……………………………………… (61)
　　三、课程实施类课题研究 ……………………………………… (62)
　　四、课程评价类课题研究 ……………………………………… (65)
　第4节　课程体系的发展 ……………………………………………… (66)
　　一、信息技术进课程 …………………………………………… (66)
　　二、特奥项目进课程 …………………………………………… (68)
　　三、家长参与进课程 …………………………………………… (69)
　　四、家政服务进课程 …………………………………………… (72)

第3章　教育类校本课程开发 ……………………………………………… (74)
　第1节　实施原则 ……………………………………………………… (74)
　　一、坚持以国家政策为导向的原则 …………………………… (74)
　　二、坚持以生活适应为核心的原则 …………………………… (75)
　　三、坚持以学生特点为基础的原则 …………………………… (76)
　　四、坚持以能力分层为特色的原则 …………………………… (77)
　　五、坚持以地方特色为优势的原则 …………………………… (78)
　第2节　结构体系 ……………………………………………………… (78)
　　一、各类特殊学生的课程设置 ………………………………… (79)
　　二、教育类校本课程简介 ……………………………………… (85)
　第3节　特色校本课程开发案例 ……………………………………… (91)
　　一、案例一：生活适应课 ……………………………………… (91)
　　二、案例二：生活数学课 ……………………………………… (122)

第4章　康复类校本课程开发 ……………………………………………… (143)
　第1节　实施原则 ……………………………………………………… (143)
　　一、坚持康复与教育相结合的原则 …………………………… (144)
　　二、坚持全面发展与因材施教相结合的原则 ………………… (145)
　　三、坚持缺陷补偿与潜能开发相结合的原则 ………………… (146)
　　四、坚持生活适应与社区融合相结合的原则 ………………… (147)
　第2节　结构体系 ……………………………………………………… (147)
　　一、康复课程设置 ……………………………………………… (147)
　　二、康复课程内容介绍 ………………………………………… (150)
　第3节　特色校本课程开发案例 ……………………………………… (163)

一、案例一：物理治疗 …………………………………………（163）
　　二、案例二：感觉运动 …………………………………………（181）

第5章　职业训练类校本课程开发 ……………………………………（197）
　第1节　实施原则 ………………………………………………………（197）
　　一、坚持以就业为导向的原则 …………………………………（197）
　　二、坚持以能力发展为本位的原则 ……………………………（198）
　　三、坚持以立交桥式职业教育模式为特色的原则 ……………（199）
　　四、坚持以人为本的生态发展观原则 …………………………（200）
　第2节　结构体系 ………………………………………………………（201）
　　一、课程结构 ……………………………………………………（201）
　　二、课程设置 ……………………………………………………（203）
　　三、课程开发 ……………………………………………………（206）
　第3节　特色校本课程开发案例 ………………………………………（211）
　　一、案例一：西式面点 …………………………………………（211）
　　二、案例二：插花艺术 …………………………………………（232）

第6章　校本课程开发的支持策略 ……………………………………（253）
　第1节　人员支持策略 …………………………………………………（253）
　　一、教学人员 ……………………………………………………（254）
　　二、管理人员 ……………………………………………………（261）
　　三、研究人员 ……………………………………………………（263）
　第2节　经费支持策略 …………………………………………………（264）
　　一、政府经费支持 ………………………………………………（265）
　　二、学校经费支持 ………………………………………………（268）
　第3节　资源管理策略 …………………………………………………（270）
　　一、时间管理策略 ………………………………………………（270）
　　二、资源库建设策略 ……………………………………………（272）
　　三、支持互助策略 ………………………………………………（273）
　第4节　硬件环境建设 …………………………………………………（276）
　　一、学校标准建设 ………………………………………………（276）
　　二、场地建设 ……………………………………………………（277）
　　三、无障碍设施建设 ……………………………………………（278）
　　四、功能教室建设 ………………………………………………（279）

参考文献 …………………………………………………………………（288）

第1章 特殊教育学校校本课程开发概述

校本课程开发已成为当前我国基础教育课程改革的一个焦点问题,其发展过程具有深刻的理论和现实的背景。特殊教育是基础教育的重要组成部分,随着社会经济的迅速发展,以及在新课程改革的影响之下,特殊教育的理念、教育目标和教育内容等发生了深刻的变化,为满足特殊学生的发展需要,深圳元平特殊教育学校结合本地区和学校的发展水平和发展特色,积极进行课程改革,开发校本课程。

第1节 特殊教育学校校本课程开发的背景

我国新课程改革实施后,校本课程开发成为热点问题,学术界从不同的角度对校本课程开发进行了阐述,其中比较有影响力的定义有台湾学者黄政杰提出校本课程开发是以学校为中心,以社会为背景,透过中央、地方与学校三者权力责任的再分配,赋予学校人员权责,由学校教育人员结合校内外资源与人力,主动进行学校课程的计划、实施和评价。[①] 崔允漷认为校本课程开发是在具体实施国家课程和地方课程的前提下,通过对本校学生的需求进行科学的评估,充分利用当地社区和学校的课程资源而开发的多样性的、可供学生选择的课程。[②] 徐玉珍认为校本课程开发是在学校现场发生并展开的,以国家及地方制定的课程纲要的基本精神为指导,依据学校自身的性质、特点、条件以及可利用和开发的资源,由学校成员自愿、自主、独立或与校外团体或个人合作开展的,旨在满足本校所有学生学习需求的一切形式的课程开发活动,是一个持续和动态的课程改进的过程。[③] 可以说,校本课程开发有着深刻的国际和国内背景。

---

① 转引自:吴刚平.校本课程开发[M].成都:四川教育出版社,2002:39.
② 崔允漷,杜萍.校本课程开发:辩护与批判[J].教育发展研究,1999(11):32-36.
③ 徐玉珍.校本课程开发:概念解读[J].课程·教材·教法,2001(4):12-17.

一、国际背景

（一）自上而下的全国规模的课程改革运动的失败

美苏竞争使得美国于 20 世纪 50 年代末发起了一场旨在提高全民科学素质，增强国防力量的全国性课程改革运动。美国联邦政府直接拨款资助，并组织各个领域的专家制订了一套全新的课程计划和教材体系，但未到五年的时间便宣告失败。继美国课程改革之后，其他许多国家也发动了全国性的课程改革运动，但是效果同样不尽如人意。这种由政府发布、学校执行的自上而下的大规模课程改革的失败，深深刺激了课程改革的发起者、研究者和参与者，他们开始怀疑这种自上而下的改革模式的可行性和时效性。经过反思，学者们认为这场新课程改革失败的原因是没有吸收教学实践一线的广大教师的参与，致使课程决策和课程实施两大系统之间相互隔离。因此，从 20 世纪六七十年代开始，西方发达国家的一部分教育理论工作者试图寻找一种以学校为基地的课程开发模式，即校本课程开发模式。

（二）全球民主化运动的高涨

第二次世界大战以后，西方各国经历了十多年的稳定、繁荣、发展时期。富足的物质生活和丰富的现代信息，使得人们更加注重个体的自我价值，并反叛工业社会的文化价值和政治制度。20 世纪 60 年代中后期，发生了以法国和美国为代表的席卷全球的学潮风暴。70 年代又兴起了一股强大的女权运动，民主运动一时高涨。进入 80—90 年代，不论是集权制国家还是分权制国家，都出现了一股强劲的"去中心化"思潮（即反对权力集中，呼吁权力下放的民主思潮），民众希望能够参与公共生活，愿意对公众事务发出自己的声音。这种强调个体价值的"草根式"的民主运动，对教育产生了巨大的冲击。学校呼唤自主的管理权限，教育的所有纳税人都希望参与教育的决策过程，而校本课程开发的理念要求课程决策应该由涉及决策结果所要涉及的人员的参与，回应了这种民主的呼声。

（三）教师专业自主的需要

课程改革把教师摆到了显著的位置，教师的专业精神和专业技能是任何教育改革成败的关键，这一点引起了诸多研究者的注意。1966 年联合国教科文组织发表的《关于教师地位的建议》中提出："教育工作应被视为专门职业。这种职业是一种形态的公众服务，它需要教师的专业知识及特殊技能。而且，这些知识和技能需要经过持续的努力与研究才能获得并维持。"这实际上是在正式认定：教师职业是一种专门职业，教师是一个专业工作者。成为专业工作者的一个重要条件，就是要拥有专业自主权，即能够对自己专业内的事务有充分的决定权。校本课程开发回应了教师对这种自主权的需求。校本课程开发要求教育决策权的下放,这种权力下放的趋势中隐含着这样一个教育理念的转变:课程决策应该由实施它们的教师来做出。

（四）多样化和个性化人才的需求

有学者从当前社会对人才规格的不同要求的角度出发,认为校本课程开发适应了知识经济时代对多样化和个性化人才的需求。知识经济是以人为中心的、多样化的经济形态,当人们的基本需要得到满足后,高层次的精神需要就体现出了多样性的特点,所以人的发展本身需要多样化。现代科技的发展使得个人的特长显得越来越重要,在这样的时代,国际教育改革体现了个性化和现代化的趋势,新时期的教育应是人尽其才的教育,即每一个人的个性能得到充分的发展,潜在能力能得到充分发挥的教育。校本课程的开发以其多元性和个性化特点适应了社会对人才发展的需求。

20世纪60年代末期,对国家课程开发的反思推动了校本课程开发的兴起,其历史轨迹大致分为三个时期,即兴盛时期、回落时期和转型时期。20世纪70年代至80年代,校本课程开发成为一股强大思潮,这一时期校本课程开发虽然在各个国家的具体情况存在差异,但是普遍受到各国政府的大力支持和鼓励,得到基层学校的纷纷响应。到20世纪80年代末期以后,国家课程开发再次受到重视,国家对于课程开发的干预有加强的趋势,校本课程开发走向低谷。到20世纪90年代后,由于社会变迁的脚步加快,公众对于学校课程的关注更加强烈,新兴的课程议题不断涌现,需要学校对此做出反应,校本课程开发又一次受到重视,并且成为许多国家教育改革的口号之一。

二、国内背景

在我国,随着各项改革的深化和经济社会的发展进步,课程开发中的各个要素,包括社会、知识、学生、教师和开发者等之间的力量对比和功能效应发生了很大的变化,国家课程开发一统天下的政策基础有所松动,为我国大陆地区校本课程开发提供了前所未有的机遇。

（一）基础教育课程改革

1. 三级课程管理模式的确立

社会政治生活的民主化与经济文化的多元化发展,对学校课程的需求日益多样化和个性化,地方和学校的课程决策自主权进一步加大,责任也相应增加。长期以来高度集中统一的课程管理,不仅周期长,而且很难甚至根本不可能照顾到所有学校的具体特点,也很难调动地方和学校参与课程管理的积极性和能动性,这种管理模式越来越不适应基础教育迅速发展的实际情况了。

1999年6月召开的全国教育工作会议，确定试行国家、地方和学校三级课程。到2001年6月《国务院关于基础教育改革与发展的决定》和《基础教育课程改革纲要（试行）》两份重要文件正式确定试行三级课程管理模式，为进一步明确地方与学校的课程权力与责任奠定了政策法规基础，为校本课程开发提供了巨大的需求可能、政策支持和发展空间。

三级课程管理政策确立了校本课程开发的合理地位，《义务教育课程设置实验方案》明确规定了国家课程的门类、总课时和课时分配比例，同时又为地方课程和校本课程留出了一定课时。目前在我国追求多样化发展的背景下，进行校本课程开发不但符合社会各界对于学校课程与教学改革的强烈愿望，符合教育发展的根本利益，也是与我国整个经济政治体制改革的目标追求相一致的。三级课程管理方针的确立，使课程管理模式由中央集权转向学校自主、由专家权威转向学校教师，因此校本课程开发促进了课程多样化的实现。

2. 课程改革的实践基础

近年来，课程改革为校本课程的发展奠定了相当的基础。1986年，我国中小学的教材制度由国定制改为审定制，开始实行编审分开，提倡一纲多本。单一的中央集权课程计划开始向中央、外围课程计划相结合的方向发展。现在，凡是有条件的单位和个人都可以编写教材。编写出来的教材经过中小学教材审定委员会审查通过的，可供全国选用。经地方审查通过的，可供地方选用。其中，上海市被批准先走一步，由此市制订课程计划和课程标准，而且上海市的课程改革有一个重要特点，就是在课程计划中给学校预留了更大的空间，几乎三分之一的课程需要学校自己安排决定。浙江省也被授权进行符合此省省情的课程改革试点工作。从全国来看，目前义务教育的教材已有多个版本。从目前国家基础教育课程改革试验区来看，教材多样化和校本课程开发已进入全面实施阶段。一些地方和学校在课程开发方面的积极性高，他们进行的校本课程开发的尝试已经取得了一些阶段性的成果，有了一定的经验积累。这些实践表明，校本课程开发在我国是切实可行的。

(二) 特殊教育学校课程改革

1. 义务教育课程设置实验方案的颁布

与基础教育相比，特殊教育发展严重滞后，特殊教育学校课程亟待改革。原因主要是，首先，特殊教育对象发生了变化。如自20世纪80年代开展随班就读以来，越来越多的轻度智障学生进入普通学校接受九年义务教育，使得培智学校的招生对象由原来的以招收轻度智障学生为主改变为以招收中重度智障学生为主。其次，特殊教育课程理念、培养目标和课程内容明显落后于时代发展和特殊教育发展要求。从特殊教育理念上说，只注重缺陷补偿，忽视潜能开发,培养目标不适应时代发展的要求和特殊学生的特点,对文化课过分重视而忽视了对学生毕业后参与社会生活、从事劳动所必须具备的个性品质、身体素质和劳动技能的培养。① 因此,课程内容严重偏离学生的生活实际和生活经验。最后,课程设置过于偏重学科本位,课程结构单一、缺乏整合和弹性,课程管理统得过死,学校与教师缺少课程开发的自主权,难以满足特殊学生多样化的个别需求和特殊教育需要,等等。因此,特殊教育学校课程改革势在必行。

2007 年教育部颁发了三类特殊教育学校课程设置实验方案,作为特殊教育课程改革的指导性文件。其培养目标和课程功能强调使每一个特殊学生获得整体、和谐发展和对特殊学生进行潜能开发及缺陷补偿。课程内容上既注意课程门类与义务教育课程设置方案大体一致,又注意根据特殊学生的身心特点和特殊需要增设专门课程。课程结构上兼顾学科知识逻辑和特殊学生身心发展的规律,综合课程和学科课程相结合,整合学科知识和学生的生活经验;课程实施注重学生的自主与合作,根据学生的个体差异,因材施教;课程管理方面既面向全体学生,又注意根据不同地区、学校和学生的个体差异,增强课程的选择性和灵活性,主要是通过增加课程课时弹性比例,扩大校本课程开发空间,增加选修课程等方式加以实现。比如,聋校课程方案明确要求"学校应创造条件,积极开设选修课,开发校本课程";培智学校课程方案"选择性课程"占整个课程比重的 20%~30%,且课时比例的选择弹性很大;盲校的校本课程和其他选择性课程也占到 15.1%。

2. 特殊教育学校义务教育课程标准发布②

2016 年,教育部正式发布了《盲校义务教育课程标准(2016 年版)》《聋校义务教育课程标准(2016 年版)》和《培智学校义务教育课程标准(2016 年版)》。这是我国第一次专门为残疾学生制定的一整套系统的学习标准,是对我国多年来特殊教育发展和教育教学改革经验的集中总结,是当前及今后一个时期我国特殊教育教学改革的顶层设计,对于进一步提升特殊教育质量、办好特殊教育、促进教育公平具有特殊的重要意义。

三类特殊教育学校义务教育课程标准共涉及 42 门学科,其中盲校 18 门、聋校 14 门、培智学校 10 门。课程标准规定了特殊教育学校义务教育课程的性质、目标和主要内容,明确了不同阶段残疾学生在知识与技能、过程与方法、

---

① 杜亚洲.特殊教育学校课程设置与改革的设想[J].中国特殊教育,2002(2):7-9.
② 中华人民共和国教育部.教育部发布实施盲、聋和培智三类特殊教育学校义务教育课程标准[EB/OL]. http://www.moe.gov.cn/jyb_xwfb/gzdt_gzdt/s5987/201612/t20161213_291720.html, 2016-12-13.

情感态度与价值观等方面的基本要求，提出了教学、评价和实施建议。三类特殊教育学校义务教育课程标准在政治性、思想性和重大原则方面与普通学校课程标准保持一致，全面落实党的教育方针，特别对培育和践行社会主义核心价值观、落实立德树人根本任务、强化法治教育等做了系统规划与安排。同时，根据残疾学生的身心特点和学习成长规律，对普通学校课程标准做了科学调整与转化。结合我国特殊教育实践经验，专门研制开发了一批特色课程，如盲校《定向行走》、聋校《沟通交往》、培智学校《康复训练》等，重点解决残疾学生的潜能开发和功能补偿问题，促进他们全面发展、更好融入社会。

3. 课程改革实践基础

在特殊教育学校义务教育课程设置实验方案的指导下，特殊学校基于本校各类特殊学生的身心特点以及学校的教育教学的实际需要纷纷致力于开发校本课程，以满足学校教育对课程和教材的迫切需求。

我国培智学校进行校本课程研究始于20世纪90年代后期，先于国家的特殊教育课程改革。校本课程改革先于国家课程改革的主要原因是：随着随班就读工作的开展，培智学校教育对象由轻度智障学生变化为中重度智障学生，致使原有的教学计划和课程计划不能适应现实的中重度智障学生的需求。学生毕业后，智障学生离开学校走上社会后无法独立生活、无法适应社会。在上述背景下，众多培智学校积极行动，借鉴国外和我国港台地区的经验，结合自身的特点，纷纷进行校本课程改革的探索。例如：浙江杭州杨绫子学校建立了以生活语文为核心的校本课程；浙江温州市新马道学校的中度智障学生生活化课程；北京宣武培智学校、北京海淀培智学校、上海卢湾辅读学校以生活板块为主线的主题化课程；上海市卢湾区辅读学校的中度智力障碍儿童生存教育的课程；广东佛山市顺德区启智学校以社会化、体能、图形操作、情绪分化为板块的校本课程。

各地区聋校和盲校也根据课程改革的精神，结合听障和视障学生的特点和本地区的区域特色开发校本课程。以聋校为例，四川省成都市特殊教育学校根据"铸造健全人格，练就生存技能，融入主流社会"的办学思想，发掘独特的地理优势，开发了"沟通与交往"课程体系、义务教育阶段技能培训体系和高中职业教育课程体系等，编制了相应的校本教材；浙江省衢州市聋哑学校提出"以文化教育为中心，以职业教育和艺术教育为两翼"的办学策略，进行了艺术和职业教育校本课程开发的实践；河北省唐山市盲聋哑学校根据聋生语言和交往能力的缺陷，开发了"沟通与交往"校本课程；江苏省皋市特殊教育学校坚持以人为本，开发安全教育课程和盆景园艺职教课程，满足学生生存和劳动就业需要等。

虽然我国特殊教育学校校本课程开发进行得轰轰烈烈,但也需注意到,因各地区学校的发展不平衡、校本课程开发的监督和评价机制尚不健全等原因,在实践中也出现了一些问题。如我国培智学校进行了众多的校本课程改革,但很多学校在进行校本课程研究时,经常照搬套用我国港澳台的智障教育课程,缺乏对课程基本原理、理论及问题的研究,忽视国家课程对校本课程的基本指导作用,同样导致了我国培智学校校本课程的实践经验没有科学的验证,缺乏总结和理论上的提升;或者所开发的校本课程内容雷同,特色不明显,造成资源的浪费等。对这些问题的清楚认识能够为以后校本课程的开发提供指导,使校本课程开发更具规范性和科学性。

第2节 深圳元平特殊教育学校校本课程开发的历程

深圳元平特殊教育学校作为一所为视障、听障、智障、脑瘫、自闭症和多重障碍的特殊学生提供从义务教育到高中职业教育"一条龙"服务的全日制特殊教育学校,学校创办以来,一直受到党和政府及社会各界的关怀,目前已发展成全国同类学校办学条件优良、办学水平较高的特教强校,是广东省特殊教育基地、中央教育科学研究所特殊教育实验基地、华中师范大学特殊教育专业实习基地等。为更好地实现其"育残成才"的目标,学校于2001年开始实施课程改革,开发适合本校五类特殊学生的校本课程,此过程经历了起步阶段的各项准备,已编写并出版适合轻、中、重度障碍学生的多门课程的课程标准、教材、教学指导手册、评估手册等。目前学校的校本课程开发已进入了多元阶段,正在形成覆盖全校所有部门的所有学生的多元化和系统化的校本课程体系。

一、起步阶段(2001—2002)

(一)成立组织

2001年,学校开始推进课程改革,课程改革从智障教育开始逐渐推进。2001年,学校成立了智障教材编写小组对智障教育校本课程进行了全面改革。2002年,学校成立了以校长为主任、副校长为副主任、科研办牵头的校本课程改革与发展委员会,主要负责规划、核定及执行校本课程改革,并适时监评实施成效,从而加强课程改革管理。同时下设生活适应、阅读(语言沟通)、绘画与手工、唱游、信息技术、运动与保健、感知、自闭症儿童感觉统合训练、脑瘫儿童运动康复训练等9个课程研制开发小组。在委员会的带领下,研究并制订了课程改革实施方案,建立了定期(每周)的研讨制度。

成立校本课程委员会和相应的课程研制开发小组,不仅为整个校本课程开发提供必要的组织保证,而且它本身也应该成为一个进行宣传和动员,提供支持和服务,增进交流、对话和理解,增强凝聚力和归属感的过程。其成员具有广泛的代表性,体现出学校教师主体的特点,坚持民主、开放、科学和合作的精神,促进教师专业自主性的充分发展和体现。

(二)分析特殊教育学校校本课程开发现状

现状分析包括需求评估、资源调查和问题反思等环节。需求评估是要对学生的发展需求、家长期望、社会和社区的要求以及学校预期等因素做出有说服力的判断;资源调查的目的是要弄清校本课程开发的条件和限制,比如教师的数量、知识经验和能力,教辅人员的情况,各种课程材料和设备及其相应的资金情况,办公设备和用品,课程计划的弹性空间,社区潜在资源,学校教师、教育督导、学生和家长的可能反应等;问题反思则是要在想做什么和能做什么之间取得一种动态的平衡,即要澄清现实和理想之间的差距,澄清我们应该做而且有条件做好但却没有做好的方面,以及如何改进的措施,学生现有的知识水平和能力状况,现行课程标准和课程结构是否与学校的实际相结合,是否能够激发学生的学习动机等等。

(三)明确学校校本课程开发的总目标

学校的各项工作需围绕学校的培养目标展开,学校始终坚持"以生为本,育残成才"的办学宗旨,并结合学校的培养目标,根据《基础教育课程改革纲要(试行)》《全日制弱智学校(班)教学计划》和《中度智力障碍学生教育训练纲要(试行)》等特殊教育相关文件的精神,基于"以人为本"的课程理念,制定了学校校本课程发展的总目标,即以适应为中心。

(四)实施师资培训计划

校本课程开发使教师成为课程开发的主体,确立了教师的专业自主地位,赋予了教师课程开发的权力和责任,因此校本课程开发对教师的课程素质和专业素养提出了更高的要求,教师会面临着从评估需要到拟定目标、选择材料和经验、设计基本的活动结构以及跟踪评价学习效果等一系列课程问题。因此,教师良好的课程意识和课程能力是实施校本课程开发的重要保障之一。学校为促进教师的专业发展,制订了"滚动式三年培训计划",有计划地组织学科教师分期分批参加各类培训和交流活动。近年来,学校充分开发校骨干教师的资源,通过研究、探索、培养,建立了一支"专家型"的教师队伍。

二、发展阶段(2002—2007)

(一)智障教育和康复类校本课程开发

经过一年时间的准备工作,包括学校课程的现状调查论证,相关信息资源收集分析,组织建设和师资方面的准备等,2002年,学校开始进行轻、中、重度智障学生、自闭症学生、脑瘫学生的课程标准、教学指引、教材、教师指导手册和评估表的编写工作。2003年9月,在中央教育科学研究所举办的首届"全国特殊教育学校优秀校本课程评比"中,学校轻度阅读、重度生活适应、自闭症感觉统合教学指引获得3个最高奖"优秀奖"。2004年10月,学校承担了由教育部组织、中央教科所牵头的全国培智学校康复类感知训练课程标准的研制工作。经过六年的时间,截至2007年学校编写完成了适用于轻、中、重度智障、自闭症、脑瘫等学生的24门学科的课程标准,主要包括生活适应、生活语文、唱游与律动、绘画与手工、运动与保健、信息技术、感知训练、自闭症儿童感觉运动、脑瘫儿童物理治疗等学科,共240个教学单元主题;完成了1224册(以一个主题单元为一册)校本教材的编写,经北京师范大学特殊教育专家审定正式出版了6本《中度智力残疾儿童生活适应课》1—3年级教材,并被七十多所兄弟学校借鉴使用;编制完成了《智障儿童语言训练指导手册》《自闭症儿童感觉统合训练指导手册》《脑瘫儿童肢体康复训练指导手册》3本教师版康复训练指导手册。

(二)校本课程资源库建设

2006年,受教育部委托,学校独立开发了以学校校本课程为主线的《中国特殊教育学校资源库(智障版)》。此资源库以校本课程开发建设为核心,结合学校研制开发的校本教材,整合了包括教材、图片、课件、视频、音频、个训案例、教学案例、论文、数字图书、政策法规等各类相关资源,按照不同的教学功能和知识属性进行分类编辑,使之形成具有整体联系性的知识网络,建立起一个立体的、多层次的、多媒体的校本课程体系,并完成了包括适应(中度)、生活适应(重度)、常识(轻度)、脑瘫运动康复训练、孤独症感觉统合训练、实用语文、语言沟通(重度)、唱游、感知、绘画与手工、运动与保健、信息技术、实用数学等13个学科资源库以及公共资源库、案例库、文献库、课件/积件库等内容。资源库通过了教育部组织的专家评审,并在全国一千六百多所特殊教育学校推广应用,该成果获深圳市首届教育教学科研优秀成果一等奖,广东省第七届普通教育教学成果二等奖。

(三)课程硬环境建设

"以校园环境为载体的课程硬环境建设"是学校课程改革的特色之一。课程硬环境包括与校本课程开发和实施相配套的各种教学仪器设备、康复设施、职业训练的场地、文体器材和图书资料等物质支持。学校为保障校本课程的顺利实施,在教学设备方面专门制定了《电教设备和器材管理制度》,形成了制度化的管理;学校已建成了六十多间对智障、听障、视障、脑瘫和自闭症等各类学生进行教育、康复和职业训练的功能教室;学校定期购买图书,建设校园网络,进行校园的绿化和运动场地的维护等。学校硬件环境的建设为校本课程的有效实施提供了条件,同时它本身也是一种隐形的课程,体现着学校的教育理念,对学生和教师进行着潜在的教育和熏陶。

三、多元阶段(2007年至今)

2007年,教育部颁发了三类特殊学生义务教育课程设置实验方案;2016年,出台了三类特殊教育学校课程标准。有关文件的出台为深圳元平特殊教育学校校本课程开发提供了理论指导和政策支持,极大地推动了学校校本课程的开发。学校在国家课程设置实验方案的基础上制定了学校《智力残疾学生义务教育课程设置实验方案》《自闭症学生义务教育课程设置实验方案》《脑瘫学生义务教育课程设置实验方案》。

至此,学校校本课程开发进入了多元深入发展阶段,具体表现在以下方面:一是校本课程的适用对象从中度扩展到轻度和重度障碍学生,学校校本课程开发转向了"一本多用",使所开发的校本课程适应不同障碍程度学生的需要。二是校本课程的学科范围扩展,形成包括基础性课程(生活语文、生活数学等)、功能性课程(感知、康复)和技能性课程(自理、适应、常识、劳动技能以及职业教育专业课程)等三大类课程的完整的校本课程体系。学校成立了校本课程研制组开展相关的研制工作。研制组成员基本上都是利用课余时间进行研讨和编写,已完成了生活数学、生活英语、劳动技能、艺术休闲等领域课程标准的出版。三是校本课程开发成果的多样化。目前学校已经完成各类课程的课程标准编制,截至2016年12月,学校共编订了适用于智障、脑瘫、自闭症、听障、视障学生的30门学科课程标准,包括生活适应、生活语文、感觉运动、西式面点、特奥运动、物理治疗、信息技术、沟通与交往等学科,共240个教学主题,16本教学指导手册,1224册校本教材。

近年来,学校校本课程开发经历了起步阶段、发展阶段和多元阶段,学校取得了一些可喜的成绩,并积极争取更高水平的发展。在深圳市第一、二届"中小学素质教育特色学校创建"活动中,学校获得课程改革特色创建资格。在课程改革特色的创建方案中提出了"力争生活适应(智障)、感觉运动(自闭症)、物理治疗(脑瘫)、特奥运动(体育)、西式面点(职业教育)五门课程成为全国培智教育示范性课程"。以此为契机,进一步推动学校校本课程开发工作,努力完成《生活适应课程标准》的整合工作,《智力残疾学生中度生活适应》教材通过广东省中小学地方课程教材的立项,辐射和带动全国特殊教育学校校本课程改革。完成其他四类课程的课程标准,教学指导手册和评估手册的编写和出版工作,四类课程的教学指导手册通过广东省中小学地方课程教材的立项,通过五类特色课程的建设,全面提升学生的生活自理能力、感觉运动能力、社会适应能力和职业适应能力等。

第3节　特殊教育学校校本课程开发的理念

一、特殊教育理念的演变

从特殊教育诞生至今,人们对特殊教育的认识不断地进步和完善,可以说特殊教育的理念演变是与社会的进步和科学研究的发展同步的。如陈蓓琴等人从特殊教育发展历程解读了特殊教育理念和课程的演变:[1] 18世纪至20世纪初期在启蒙运动的影响下,出现了隔离式的特殊学校,开始对残疾人进行教育,这一时期注重通过教育对残疾人进行感觉替代及认知补偿能力训练,使其获得维系生活的一技之长;20世纪中叶至90年代中期受"一体化"和"回归主流"运动的影响,更多的残疾儿童进入普通学校接受教育,而特殊教育学校的培养目标也逐渐与普通学校教育趋同,注重特殊学生基础知识、基本能力、公民基本道德素养和为未来的学习与生活打基础;20世纪90年代以后,全纳教育在世界范围推进全民教育的背景下被提了出来,全纳教育在价值取向上更加强调教育公平,关注学生的个别差异和特殊教育需要的满足,确保每一个学生接受平等的教育。具体而言,全纳教育不仅注意学生基本知识、基本技能的掌握,教会他们学会学习,而且更加注重特殊学生情感、意志、积极进取精神和人生观、价值观的培养,教会他们学会关心、学会合作、学会共同生活;不仅注意对残疾学生进行缺陷补偿,而且更加注重他们的潜能开发,尤其注意从特殊学生身心缺陷及发展的薄弱环节方面加强康复训练和整体教育,以促进特殊学生认知、情感、语言和社会适应等方面和谐的发展。

与此过程相似,邓猛等人[2]从社会科学范式变迁的角度分析了特殊教育的发展过程,认为实证与建构主义、现代性和后现代的冲突与交融改变了特殊教育的理论模式和实践方式。首先,早期的特殊教育受欧洲文艺复兴运动倡导的科技革命和理性影响发展了心理—医学模式,认为残疾是个体生理和心理

---

[1] 陈蓓琴,谈秀菁,丁勇.特殊教育理念的嬗变与课程的发展——关于特殊教育学校课程发展的比较研究[J].中国特殊教育,2009(11):8-12.

[2] 邓猛,肖非.隔离与融合:特殊教育范式的变迁与分析[J].华中师范大学学报(人文社会科学版),2009(7):134-140.

缺陷所致，应对残疾人进行医学的诊断、训练与缺陷补偿，在隔离的学校和机构对他们进行教育。这一范式从18世纪末到20世纪中期一直占据统治地位。其次，第二次世界大战之后，建构主义逐渐取代实证主义成为揭示社会现象、人类经验和客观事实的主要范式。建构主义者认为社会现实主要是通过社会互动主观建构与认知的，残疾的产生与境遇受到特定社会政治文化特点的影响。20世纪80年代以后人们重视社会平等的理想逐步转向改革社会的结构，教育公平的理想需要学校的变革来实现，特殊教育从重视学校的缺陷转向重视学生的能力，希望通过学校人与物等资源的优化组合，改进学校管理，提高学校教育教学质量。第三，后现代主义是20世纪60年代以来西方的社会文化思潮和建构主义一起成为融合教育的哲学理论基础。融合教育赞成异质平等的后现代观，承认学生的个别差异是普遍存在的，每一个儿童都有独一无二的个人特点、兴趣、能力和学习需要。融合教育尊重多元，学校应该尊重日趋多样的学生群体与学习需求，多元化带给学校的不应该是压力而应该是资源。因此学校应达成所有的儿童都有学习能力与获得成功的权力的共识，学校应成为每一个儿童获得成功的地方。但作者也指出，我国并没有融合教育得以发展的后现代主义文化土壤，其背后的平等、个性自由、多元等西方的哲学观念在我国没有或很少得到强调，因此我国需要借鉴西方的特殊教育模式，探索适合我国国情的特殊教育发展模式。

2008年改革开放30年之际，孟万金提出了"以人为本"的大特殊教育理念，主张"尊重个体，尊重差异"，倡导"人人都有特殊需要，人人都需要特殊教育；人人都关心特殊教育，人人都享有特殊教育"的大特殊教育体系。[①] 以人为本的特殊教育理念从广义上讲，"人"是指受我国法律保护的全体社会成员中的受教育者，从狭义上讲"以人为本"的特殊教育理念则不再受传统的普通教育与特殊教育二元体制的局限，坚持让所有学生受益的原则；不再囿于专门针对残疾问题或仅涉及特殊学校，而还可能为普通学校中的学生提供额外帮助；不再仅以特殊学生为主体、以补偿特殊学生的缺陷和满足特殊学生的需要为己任，而是以班级和班级集体中的每个学生为本位，以提高对所有学生的教育质量为使命，在处理学生的个别化教育需求与班集体中其他同学的关系上主张集体主义与个人主义相结合，即在班级整体教学质量优先的前提下，尊重和保障每个人的个别化教育需求。

---

① 杜晓萍.解读全纳教育，建构全纳学校——人本特教视角[J].中国特殊教育，2008(10)：16-21.

二、特殊教育校本课程开发的理论基础

特殊教育校本课程开发有着其深厚的思想基础,其中既包括与普通学校校本课程共同的思想基础,如施瓦布的实践模式和斯腾豪斯的过程模式,又有着自身特有的理论思想,如陶行知的生活课程理论和人本主义课程理论等。这些理论思想共同指导着特殊教育校本课程开发的实践。

(一)课程开发的实践模式和过程模式

校本课程开发的思想基础主要代表人物是美国的约瑟夫·施瓦布(Jeseph Schwab)和英国的劳伦斯·斯腾豪斯(Lawrence Stenhouse)。施瓦布在总结美国的"新课程运动"失利的教训基础上建立了"实践性课程模式",发起推动了"走向实践运动";而斯腾豪斯则确立了"过程模式",发起并领导了"教师即研究者运动"。两者的理论建构和实践探索不谋而合,相得益彰,共同奠定了校本课程开发的思想基础。

1. 施瓦布的实践模式

施瓦布是美国著名的课程理论专家和生物学家。他的实践模式理论表现了以下特点:(1)实践的课程哲学思想强调课程的终极目的是"实践兴趣"。实践兴趣不强调对课程目标、效率和行为控制,而指向的是建立在对意义的一致性解释基础上、通过与环境的相互作用而理解环境的基本兴趣。(2)实践的课程模式把教师和学生看作课程的主体和创造者。教师是课程的主要设计者,或者可以在执行课程的实践中根据特定的情境发挥自己的创造性,学生则有权对于什么样的学习和体验是有价值的以及如何完成这种学习和体验等问题提出怀疑和要求解答。(3)实践课程模式强调课程开发的过程和结果、目标和手段的连续统一。课程开发中关注的焦点应该是课程系统诸多要素间相互作用的连续过程,尤其是学习者的兴趣和需要,把学习者和学习群体置于研究的中心。(4)实践课程模式强调通过集体审议来解决课程问题。集体参与课程审议不仅是做出合理行动决定所必需的,而且是参与者彼此互动、相互启发的教育过程。

2. 斯腾豪斯的过程模式

斯腾豪斯学派的课程行动被称为实践的行动研究,也可以定义为一种自我反思性研究,是课程实施者个体或集体未来突出和发展其专业知识基础而对实践进行的批判性和系统性审查。它包含着教师专业发展的独特概念,因为它假定批判性反思过程提高了教师作为实践者的专业理解能力,同时也提高了他们教育行动的质量。

斯腾豪斯主张教育目的应该把价值和标准界定在教育过程之内,而不是

教育过程的外在结果。在课程开发的过程模式基础上,斯腾豪斯主张"教师即研究者"。在他看来,教学的艺术就是向学生阐明知识的意义,而不是把生硬的结果传授给他们。对于课程的关键问题不是应该传授什么知识,而是知识作为社会互动中学习的媒介应该如何契合和处理的问题,这就意味着课程行动研究中教师所做的研究就是他们的实践。既然教师是研究者,那么学校就是课程研究和开发的中心,校本课程开发成为课程开发过程的必然要求。

(二)陶行知生活课程理论

伟大的人民教育家陶行知先生在批判传统教育的基础上创立了生活教育理论,深刻地影响了我国的教育,对当前的新课程改革有着重要的现实意义。作为生活教育理论的重要组成部分的课程理论,受杜威实用主义教育思想的直接影响,表现出了两个重视:一是重视课程内容的社会生活性、实用性和时代性;二是重视课程对象,即儿童的兴趣和发展需要,重视儿童的活动,强调做中学。

陶行知的生活课程观包括课程目标观、课程内容观、课程资源观、生活实施观和课程评价观。陶行知的生活课程目标首先是让人成为人,成为"真"人,成为"活"人,即培养学生的健全人格。他认为生活即教育,课程的目标应是改善生活,应是让学生在以后过上更好的生活;课程内容应是以生活为中心的活的知识,而没有以生活做中心的书本是死书本;生活课程的资源来源于社会,社会的教育资源也就是学校的课程资源,社会到处是生活,也就是社会到处是教育资源和课程资源。陶行知先生认为,课程的实施需要做到使理论与实践相结合,陶行知提倡教学做合一,重视课程实施过程中的实践。在课程实施过程中需要课程与具体生活相结合,教师要充分考虑学生的经验,重视学生的学习兴趣,关注社会的现实。同时,陶行知先生反对传统意义上的课程评价制度,反对为考试而教、为考试而学的做法,课程评价应关注学生的创新能力和实践能力的培养。

根据生活教育理论,陶行知多次提到编写教材的要求,归纳起来主要有以下几个原则:第一,社会、个人及生活事业本体需要的原则。教材需兼顾社会需要、个体需要和兴趣以及学科发展本身的特点等。第二,以实际生活作中心的原则。教材内容是社会生活所需要的内容。第三,用处最大最多最急的事物在课程中占有优先权的原则。第四,活的生动有趣的原则,即教材的插图是活生生的,文字是生动的,内容是有趣的。第五,课程专家、学科专家、中小学教师以及出版专家共同参与的原则。

(三)人本主义课程理论

人本主义课程论产生于20世纪70年代的美国,到目前,已经发展成为更加完善的一种新的课程观。人本主义心理学家马斯洛(A. Maslow)、罗杰斯(K. Rogers)等人强调学校教育要尊重学生的本性和需要,因此,人本主义课程又称为人性中心课程。它从面向完整的机体——学生的课程这一立场出发,批判学问中心课程仅把重点放在认知的发展与智力的优异性上,强调人的情意、情感和人格的重要性。

人本主义课程理论的基本特色包括:(1)人本主义课程以需要理论为基石,以自我实现的人格理想为法定的核心。课程的目的就是促进个人的成长和个人潜能的自我实现,进而促进人性的全面发展和人格的自我完善。(2)强调人的情意发展和认知发展的统一,进而强调情意教育和认知教育相统一,要求突出课程的情意基础,将教育内容和方法植根于情意的"土壤"之中。(3)设置并行和合成课程,着眼于整体人格发展。并行课程包括正规的学术课程及有计划的课外活动、社会实验课程和"自我实现"课程。学校课程由知识课程、情意课程和合成课程三种课程整合而成。(4)注意课程的个性化,发挥学生的主体参与作用及社会的教育功能。

因此,基于人本主义课程理论,学校在课程决策时需要遵循以下原则:(1)课程决策须以尊重学生为前提,课程目标、内容及实施应适合于学生身心发展特点。根据这一原则,课程必须适合每一个学生,学生存在个别差异,因此课程应是因人而异的。(2)课程决策应充分考虑课程内容与学生生活及社会现实的紧密联系。因为儿童是生活在现实社会中的,不可避免地与社会生活发生各种联系和相互作用,因此人本主义者也强调课程的社会相关性,这样才能体现儿童学习的主体性。(3)课程决策应顺应课程朝综合化发展的时代主流,将课程从多方面综合。人本主义课程论强调整合的原则,在认知、情感和行为三者的相统一的基础上,将知识课程与情意(体验)课程整合。(4)课程决策应注意发挥儿童、家长及社区的积极参与作用。人本主义课程论注重吸收学生及社区参与课程计划及其实施方案的决定,将所有人——全体学生、教师、家长、行政人员、居民纳入课程的要素之列,从而形成了一个包括显性课程和隐性课程在内的大课程观。

三、特殊教育学校校本课程开发的理念

(一)学校的办学理念

在当今这种尊重文化多样性和个性化发展的时代,学校的持久生命力越来越取决于学校自身独特的教育哲学思想和办学理念,这种教育哲学思想要渗透到校本课程的开发之中,正是学校的教育哲学思想和办学宗旨的贯彻落实,才开始了具体的校本课程开发的实践过程,反过来而言,没有明确的教育

哲学思想和办学宗旨的学校是不可能成功地进行校本课程开发的。

学校始终坚持"以生为本,育残成才"的办学宗旨,在此基础上学校坚持"以人为本""服务至上""资源整合""科研兴校"等四种理念。具体而言,第一,以人为本的"本"是指人的一切行为活动的出发点、手段和目的。以人为本即要求我们的一切行动都要以人本身及其需要为准则,所有的制度安排、生产、消费、交易、管理行为都应当把满足人的需要作为目标。第二,"服务至上"的理念着重突出学校的服务功能,这是与"以人为本"的理念一脉相承。特殊教育学校既不是一个以管理为主的行政单位,也不是以营利为目的的企业单位,而是为学生和教师发展提供服务的组织。第三,"资源整合"理念要求学校不仅需要整合内部资源来推动学校的发展,也要善于利用各种社会资源,营造有利于学校发展的外部环境,更好地体现"以人为本""服务至上"的理念。第四,"科研促教、科研强师、科研兴校"已成为现代教育的本质特征。深圳元平特殊教育学校提出"科研兴校"的办学理念,目的在于在当今社会和科技文化日新月异的时代,鼓励教师不断学习与创新,保持学校持续不断发展动力。

(二)学校校本课程开发理念

深圳元平特殊教育学校办学理念在校本课程开发过程中的渗透具体体现在校本课程开发所秉持的"以人为本"的课程理念、"全员参与"的合作精神、"追求个性化"的创新精神。

1."以人为本"的课程理念

在课程改革的过程中,学校始终坚持"以人为本"的课程理念,以生活适应为核心,以现实生活为载体,以生涯发展为方向,坚持整合课程资源,在"做中学,学中做",将教育、康复、职业训练等活动贯穿生活的整个过程、渗透生活的各个方面。通过不同学习领域的活动或训练,使学生最终学会照顾自己,养成良好的学习、生活的习惯和进行社会交往的正确态度,掌握适应社会生活必需的技能,帮助学生更好适应社会、参与社会和终身发展。

2."全员参与"的合作精神

校本课程开发强调教师是课程的决策者,并且这些决策应该由决策结果所要涉及的所有人参与,在校本课程开发过程中需要以教师为主体,形成由校长、课程专家、学生及家长以及社区人士共同开发课程的共同体。因此,学校采用的是"自下而上"全员参与的课程改革。

3."追求个性化"的创新精神

勇于改革和创新是学校的重要办学理念,为此学校提出树立科研兴校的思想、创新出特色的思想、科研为教学实践服务的三大思想,进一步深化学校内涵发展。以校本课程开发为依托,学校鼓励教师围绕教学实践开发校级课题,申报市级、省级、国家级课题,通过自由申报、专家评审等形式,支持教师自带课题参与学校课程的开发与建设。为提高教师教科研意识,学校制定了《科研课题管理办法》,对课题加以严格管理,投入大量经费,并及时兑现奖励。至2016年共完成课程改革方面4个国家级课题、14个省级课题、32个市级课题、80个校级课题的研究工作,教师的科研能力、教学水平以及创新能力得到了突飞猛进的提高。在2010年深圳市首届"中小学素质教育特色学校创建"工作中,学校课程改革特色申报方案经过专家提名和集体票决的初评从全市273所学校中成功入围复评。在创建资格复评中,经过教育专家、专业人士、人大代表、政协委员组成的评委团现场打分评选,学校课程改革特色申报取得总分第二名的成绩,获得创建资格。2013年,在深圳市第二届"中小学素质教育特色学校创建"工作中,学校体育改革特色申报取得总分第一名,获得创建资格。

第4节　特殊教育学校校本课程开发的流程

一、设计校本课程的目标

在贯彻国家教育方针政策的基础上,通过对每类教育对象进行基础的生涯规划,初步确定不同程度特殊学生培养的总目标。以智力障碍学生为例,基于"以人为本"课程理念,学校确定了智障学生宝塔式分类推进的教育总目标:第一层次(最基础的层级),要具有能够融入生活、融入家庭的能力,也就是基本的生存能力,力争所有的学生基本能够达到。第二层次(中段层级),即要掌握一定的劳动技能,获得一定的生存质量,促使大部分的学生能够达到。第三层次(塔尖层级),帮助部分学生接近普通人的发展水平,获得较高的生存质量。

为了便于编制和实施课程计划,教育总目标按照学生教育发展阶段拟定为三个阶段目标,即小学阶段包括初小阶段以"学会生存"为学习目标(小一至小三),高小阶段以"学会共处"为学习目标(小四至小六),初中阶段以"学会发展"为学习目标(中一至中三),高中阶段以学会自立为学习目标(高一至高三)。这些目标主要是根据学生在各阶段的成长发育情况,适应和解决个人、家庭、社会问题所需要的能力,应持的态度来拟定。

在不同阶段学习目标的指导下,从认知、技能、情感三个范畴对课程目标进行分类。其中,知识目标主要以"学科取向课程模式"为指导,保证文化知识传授的系统性和循序渐进性;思想态度目标和生活技能目标主要以"功能性课程模式"和"行为障碍取向课程模式"为指导,保证知识传授的实用性和生活性(图1-1)。

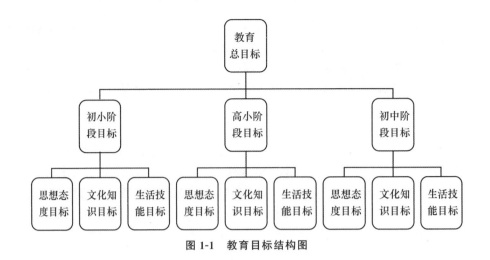

图 1-1　教育目标结构图

案例 1-1

"绘画与手工"课程目标

一、总目标

学生以个人或集体合作的方式参与各种美术活动,学习美术基础知识和基本技能,尝试各种工具、材料和制作过程,丰富视觉、触觉和审美经验,体验美术活动的乐趣,获得对绘画与手工学习的持久兴趣;了解基本美术表现方式和方法,表达自己的情感和思想,美化环境与生活。在绘画与手工的学习过程中,培养学生的观察能力、想象能力、形象思维能力和创造能力。

二、具体目标

(一) 通过活动培养学生兴趣。

(二) 学习简单的表现形式,进行与生活相关的创作。

(三) 培养良好的观察能力,发展想象力。

三、阶段学习目标

把九年义务教育划分为三个阶段,低年级(小一至小三),中年级(小四至小六),高年级(中一至中三),学生在各学习阶段有着不同的目标,这些目标主要根据学生在各阶段的生理及心理成长发育情况,安排适当的教学内容,努力提高学生在绘画与手工方面的兴趣及诸项技能。

(一) 低年级(小一至小三)学习目标

1. 引导学生接触周围环境和生活中美好的人、事、物,丰富他们的感性经验和审美情趣,激发他们表现美、创造美的情趣。

2. 通过多种形式的美术活动,使学生体验到美术活动的乐趣,提高学生对美术活动的兴趣。

3. 学习观察生活、了解生活,提高学生的观察力、记忆力、思维能力,培养学生良好的个性品质。

4. 运用各种线条和图案大胆地表现在生活中感受过的物体的基本形象和主要特征,大胆地画画。

(二) 中年级(小四至小六)学习目标

1. 新奇、特别的材料可以提高学生的兴趣,激发他们探索的欲望和好奇心,使他们产生丰富的想象。多种材料的运用,有利于学生开阔视野,增长知识。

2. 最大限度地给予学生体验和感知美的机会,充分运用多种手段,引导学生自觉建立起良好的审美感觉,激发他们的艺术情感,形成表现美和创造美的强烈兴趣。提供自由表现的机会,鼓励学生用不同艺术形式大胆地表达自己的情感、理解和想象。

3. 留意身边的废旧材料,通过教师的适当引导,发现材料之间搭配的韵律美,使学生充分表达自己的感受和体验,发挥主动性。主动性来源于兴趣,学生对事物一旦有了兴趣,往往会集中注意,仔细观察事物,感受也就深刻,就容易把握事物的特点。

4. 改变学生单独作画、缺乏交流的活动形式,可以减少学生的枯燥乏味感。增加一定量的集体合作作画活动,可以增强学生的合作意识、交流意识,使学生通过合作与交流了解他人的感受与经验,理解个体与群体之间的关系。使学生通过广泛的合作与交流,共同完成表现美和创造美的过程。

(三) 高年级(中一至中三)学习目标

1. 能感受并喜爱环境、生活和艺术中的美。

2. 通过各种形式,体验美术活动的乐趣,提高学习兴趣。

3. 学习通过观察生活、了解生活,并通过绘画、手工等美术活动,提高观察力、记忆力、想象力和创造能力。

4. 能大胆运用各种线条和色彩去表现在生活中感受过的物体的基本形象和主要特征,能大胆地按自己的意愿画画。

5. 能大胆地通过各种艺术手段表现自己的情感体验和独特感受。

6. 学习运用各种工具材料大胆地进行手工活动,对手工活动有兴趣,能用自己喜欢的方式进行手工活动。

二、确定校本课程的内容

课程是对学校教育目标、内容、活动情景及进程的整体设计和安排,受教育目标的制约并反映教育目标的要求,特殊教育的最终目的是通过不同学习领域的教育活动,学生最终学会照顾自己,养成良好的学习、生活、劳动、卫生的习惯和进行社会交往的正确态度,掌握适应社会生活必需的技能即适应个人、适应他人、适应社会。为适合学校学生的实际需要,学校按学习领域将课程划分为:① 基础性课程(语文、实用数学、美育)以形成较系统的知识体系和奠定终身学习的基础;② 功能性课程(感知、康复)以针对特殊学生的特殊需要,解决身心障碍造成的学习和生活的困难;③ 技能性课程(自理、适应、常识、劳动技能以及职业教育专业课程)以接受较完整的生活经验,有效应付现实的挑战。在课程内容组织方面,传统的分科课程体系较为重视学科内在的知识系统性,过分强调知识的纵向联系,忽视了课程之间的横向联系,人为地割裂了课程之间的联系,因此特殊教育课程设置日益强调综合化,据此学校的校本课程确立了以生活适应作为核心课程,把有关联的各学科知识有机融合在一起,既保证了学科的纵向联系,也保证了其横向联系,在校本课程开发过程中围绕此核心课程开发其他类课程。在教材的内容上主要选择与学生生活息息相关的内容,帮助学生掌握从适应环境到解决生活问题的各方面的知识和能力。在教材内容的组织方面,遵循由浅入深、循序渐进的螺旋式发展原则。

三、实施校本课程

校本课程是以学校为核心,以校长、教师、学生、家长和社区成员为主体,从学校的条件和特色出发而开发研制的课程。校本课程的实施是将通过规划、组织而形成的校本课程方法或计划付诸实践的过程,也是在校本课程理念的指导下,使校本课程方案或计划进入教学的过程。特殊教育学校校本课程的实施具体体现在特殊教育教学方面,特殊学生因残疾类别和残疾程度以及年龄等方面存在很大的差异性,特殊学校很难提出广泛适用的教学方法,但对于特殊教育校本课程的教学需遵循一些相同的原则。

第一,个别化原则。校本课程本质是体现人本化和主体化特征的课程,是彰显个性、差异性、多元相容性和动态性等特性的课程,所以校本课程的本质特性要求对于校本课程的实施即教学要求体现个别化。另外学校的校本课程开发坚持"以人为本"的课程理念,并根据学生的需要提出了宝塔式分类推进的课程目标,为学生制订个别化教育计划,使学生个体得到生态化的发展,这些个别化的教育思想需渗透在具体的课堂教学之中。

第二，生活化原则。基础教育课程改革、2007年教育部颁发的三类特殊学生义务教育课程实验方案以及2016年颁发的三类特殊教育学校课程标准均要求加强课程与生活的联系，体现课程生活化的理念。为此学校的校本课程开发提出了"生活即教育"的课程生态观，学校在校本课程的实施上需以此为指导，教师在课堂教学中积极探索生活化的教学方法，使生活化课程在真正意义上提高学生的社会适应能力。

第三，整合化原则。此处的整合具有多层含义，包含教学目标的整合、教学资源的整合、教学内容的整合、教学方法的整合、教师资源的整合等。具体而言，教学目标需根据课程目标的要求兼顾各层次学生的知识、技能和情感态度价值观的发展；在教学资源上需立足校内，利用校外，使广阔的社会和自然成为教学素材；教学内容方面不再仅限于某门学科领域，特殊学校的教学需打破学科的界限，实施单元主题教学，保证学生学习经验的完整性；教学方法方面综合使用观察法、教授法、游戏法、情境教学法、角色扮演等方法，重视学生经验和体验；课程的综合要求教师从个体教学走向协作教学，发挥各自的专业优势，从师资方面保障校本课程整合性的实现。

案例 1-2

生活语文生活化教学的实践探索①

深圳元平特殊教育学校　康小英

《培智学校义务教育课程设置实验方案》（以下简称《方案》）设立了一般性课程和选择性课程，生活语文作为一般性课程中的必修课，强化了培智教育要"以生活为核心"的教育思想，在教学实践中，我们从以下几个方面体现生活语文教学的生活化。

一、教学目标生活化

教学目标是教学过程中师生预期的学习结果和标准，在方向上对教学活动的设计起指导作用，为教学评价提供标准和依据。所以在生活语文教学目标确定时要做到生活化。《方案》已明确指出，生活语文要着眼于学生的生活需要，以生活为核心组织课程内容，使学生掌握与其生活紧密相关的语文基础知识和技能，具有初步的听、说、读、写能力。具体到每一节生活语文课我们都要围绕这个总目标来制定符合中重度智障学生情况的可在生活中操作的目标。如在学习常用的家用电器时，可以这样确立教学目标：

---

① 康小英.生活语文生活化教学的实践探索[J].现代特殊教育,2010(4):21-22.

① 能认读常见家用电器的名称；② 能列举常见家用电器；③ 能看图写出（或描写出）常用家用电器的词语。教学目标的生活化可以将学生的生活实际内容和教学有效地联系起来，让学生把学校中所学到的语文知识迁移到生活中，有效提高他们的社会适应能力。

二、教学内容生活化

王荣生教授指出，先进的理念首先关乎教学内容，要落实到"教什么"上。对生活语文教学来说，教学内容更为重要、更为关键。要充分体现"以生活为核心"的培智课程教学目标，教学内容必须贴近学生生活。在教学内容的安排上可以生活单元的形式编写课文，再通过对课文的理解促进学生生活能力的提高。如，在指导学生学习"蔬菜"这一词语时，可以结合儿歌《菜园里的歌》："豆角青青细又长，黄瓜身穿绿衣裳。茄子高挂打灯笼，萝卜地下捉迷藏……"来指导学生理解词义；也可以编写《买菜》一文，如，星期天，我和妈妈去菜市场买菜，菜市场里的蔬菜真多呀！有白菜、豆角、茄子、西红柿……结合生活的教学内容可使学生带着生活经验来学习，让学生有熟悉感，可以有效促进学生语文能力的提高。

三、教学方法生活化

当今的教育理论界有着一系列的教学方法，如，美国布鲁纳积极倡导的"发现法"、德国教育家瓦根舍因和克拉夫首倡的"范例教学法"、美国教育家布卢姆提出的"掌握学习"教学法，以及我们经常会用到的讲解法、演示法、参观法等，教师可以结合学生生活使用相应的教学法。如，在指导学生理解"跑"字的字义时，可以采用观察法——收看学校运动会中跑步的视频，表演法——去操场带领学生跑步，模仿法——模仿"跑"的动作等来理解"跑"的字义；在指导学生学习掌握"跑"的字形时，可以采用观察法——左边是"足"、右边是"包"，"足"字在做偏旁时，最后的"捺"笔要变为"提"笔，操作法——拼字游戏（给学生准备好"足""包""句""是"等形近字的字卡，让学生根据自己的认知正确地进行拼字）等方法指导学生掌握字形；在学习"跑"的发音时，可以用模仿法——模仿教师的发音，朗读法——大声朗读"跑"字，比赛法——比一比谁的声音又准确又好听等来指导学生学习"跑"字的读音。也就是说，在生活语文课的教学中，教学方法的使用越贴近学生的生活就越能促进学生对语言文字的理解，越能激发学生表达交流的愿望。

四、教学活动生活化

教学活动是实现教育目的的主要途径，中重度智障学生的感性知识贫乏，头脑中生动的表象少，生活化的教学活动能有效激发他们对抽象知识的理解和表达。我们可以根据教学内容组织学生参加一些能提高他们语言表达能力的教学实践活动,如在"美味的肯德基"单元教学时,可以组织学生到肯德基餐厅,让学生通过"点餐""付钱""就餐"等环节来用语言表达自己的意愿——我想要一杯可乐、一个不辣汉堡……通过这样的实践环节能有效地提升中重度智障学生在生活中使用语言的自主性和主动性。

五、教学环境生活化

中重度智障学生的思维具体直观,所以我们要给他们提供一个生活化的语文教学环境,而不应该局限在一间普通的没有生活特点的教室里。据研究,在一种环境下发生的学习行为倾向于迁移到类似的环境中,生活化的教学环境更容易激发学生学习的正迁移。在一个生活化的语文教学环境里,有着许多与中重度智障学生日常生活相类似的细节,当学生在似曾相识的环境里学习语文的时候,他们已有的知识经验、语言储备会自然而然地被调动起来,他们表达交流的欲望也会随之而增强。如,在学习词语"滑滑梯"时,可以带学生到小区或公园的游乐场,让学生在一个具体生活的环境里认识"滑梯",体会"滑滑梯"的动作,表达"我很喜欢滑滑梯"的心情,理解在滑滑梯时应遵守的一些规则,等等;在学习课文《我的家》时,可以带学生到家政室中,指导学生学习认识"客厅""卧室""厨房"等词语。

六、学生评价生活化

中重度智障学生的评价具有特殊性,不能简单地用纸笔测验的形式进行,而应结合生活实际对学生听、说、读、写的语文素养有针对性地进行评价。我们在对学生评价"听"能力时,可以这样进行:首先教师先朗读一段和学生生活密切并且适合他们理解的小短文,如,"小红家的客厅可漂亮啦,里面有软软的沙发、长方形的茶几、42寸的电视机,每天晚上她们全家人都会围坐在沙发上看电视。"接着以问题的形式让学生说出短文中所提到的人物、事件,或复述出刚才所听到的内容等。对学生"说"的能力进行评价时还可以先利用多媒体技术播放几个风光旖旎的校园景色片断,然后让学生用自己的语言对所见所闻进行口语表达,有学生可能只会用名词来表述自己看到的景色"楼""操场""教室"等,有的学生会用形容词来形容"高高的楼""大大的操场""明亮的教室"等,还有的学生会在形容完校园景色后加上自己独特的感受,"我喜欢美丽的校园"等,这样教师就可以通过学生使用词语表达的情况对学生进行一个评价。在"读"方面可以给学生呈现一段适合学生理解的小短文:"下课了,同学们来到操场上,有的踢足球,有的打羽毛球,还有的在跑步。"让学生根据自己的理解,正确地读出这段话。在"写"的方面,可以给学生呈现一幅生活场景图,如,逛超市,让学生写出图上所表述的时间、地点、事件等。

陶行知先生指出,"教育要以生活为中心",必须将教育改革的视野向现实生活世界回归,向人的生活世界回归,所以在培智生活语文教学中充分开发生活化的教学资源和手段,对促进中重度智障学生掌握与其生活紧密相关的语文基础知识和技能,具有初步的听、说、读、写能力,有着重要的现实意义。

四、教育评估

教育评估是对学生的学习成果进行价值判断的过程,教育评估是教育的一个重要环节,对学生的评估可以发现和判断学生的优势和不足,为教育人员提供资料,据此调整教育内容和方法等,以便为学生提供更高质量的教育。按评估的作用来分,评估可分为终结性评估和过程性评估:终结性评估主要是确认学生的学习效果,确认学习结果与目标的吻合程度;过程性评估强调在学习的过程中收集反映学习质量的材料,通过反馈使评估和学习过程整合成为促进学生发展的途径,即在学习的过程中进行评估,促使教育者和学生对学习过程进行积极的反思和总结。按评估的方法来分,评估分为量化评估和质化评估:量化评估是指将学生的特性量化,并将其所得到的量化分数与常模或标准相互比较,所用的工具为各种标准化的测验和试卷;质化评估是通过自然的调查,全面充分地揭示和描述评价对象的各种特质,以彰显其中的意义,促进理解。强调在自然的情景中,综合物理环境、社会环境和个体自身等多方面影响,运用文字语言对个体的表现进行描述和解释。

特殊学生的学习是在教师的组织指导下,有目的、有计划、有组织地进行,以最大限度获得适应社会生活的综合能力。特殊学生的学习方式、教育目标等与普通教育的目的存在质的区别,因此传统的定量评估方式不足以客观地反映特殊学生教育的成果,因此深圳元平特殊教育学校对学生的评估实行过程性评估和终结性评估相结合,量化评估和质化评估相结合的评估方式。根据评估功能分为诊断性评估、形成性评估和总结性评估,具体评估的内容和工具举例可见表1-1,1-2,1-3,1-4。学校采取适合本校特殊学生特点的评估方式:① 智能测量方式:主要由心理学专业人士在不同的时期对学生进行评测。② 调查测评方式:主要由教师、家长、社会人士对学生在某一特定环境或事件中的表现做出评价。③ 情景测评方式:主要应用于考查学生在现实生活中对所掌握知识的综合运用能力。④ 行为发展测评方式:按照教育目标和发展的顺序,观察和记录功能性课程的学习成果。

表 1-1　深圳元平特殊教育学校生活数学课程诊断性评价表

姓名：_____　性别：_____　年龄：_____　班级：_____

残疾类别：① 肢体(　　)　② 智力(　　)　③ 综合(　　)

智力障碍程度：① 轻度(　　)　② 中度(　　)　③ 重度(　　)

项目	评价的内容		评价者										
		具体表现	家长评价				小组评价				教师评价			
			A	B	C	D	A	B	C	D	A	B	C	D
知识技能	认识数字，掌握简单计算，并能解决日常生活中的简单问题	能认识数字 1												
		知道一个和许多												
		能读出数字 1—10												
		能写出数字 1—10												
		能读又能写数字 1—10												
		能数数												
		简单计算(5 以内加减法运算)												
		简单计算(10 以内加减法运算)												
		能说出爸爸妈妈的电话号码												
		能自己拨打电话												
		能说出自己家的门牌号												
		知道年月日												
		简单理解加减的应用，如："有两个苹果吃了一个还有几个?""有一只鸟，又来了一只，现在有几只?"												
		了解物体与图形关系，认识简单的图形，对图形与变换有感性认识												
		能收集整理数据，初步了解统计与概率												
		在观察、操作、推理等活动中，学会从数学的角度去观察事物、思考问题，自己提出问题												
该项总评分														
实践与应用		有图像的认识及空间观念，发展思维能力												
		有提出问题、理解问题、解决问题的能力												
		能描述数据												
		遇到问题能主动请教他人												
		能自我评价、反思、矫正												
该项总评分														
情感与态度		能积极参加数学学习活动，对数学有求知欲望和兴趣												
		能获得成功的体验，树立自信												
		有实事求是的态度												
		能自己独立思考												
		有克服困难的信心与勇气												
该项总评分														
总评分														

家长对学生的简评与对教学的意见及建议：_____

_____

_____

教师对学生的简评：_____

_____

_____

表 1-2　深圳元平特殊教育学校生活数学课程形成性评价表 1（二年级上）

班　　级：_____　姓　　名：_____　评价日期：_____
授课教师：_____　　　　　　　　　　　评价教师：_____

领域	次领域	知识点	评估					备注
			听讲	发言	书写	思维推理	准确率	
数前概念	比较上下	能以其他客体为中心正确说出物体所处的上下方位						
		能根据要求正确摆放物体上下位置						
	比较前后	能以其他客体为中心正确说出物体所处的前后方位						
		能根据要求正确摆放物体前后位置						
	比较多少	能指出多个物品哪个最多、哪个最少						
		能按多少进行分类						
		能按物体多少规律排序						
	比较曲直	能比较曲直						

说明：1. 本评估表适用于义务教育阶段的轻、中、重度智障儿童。

2. 每个月评估一次。

3. 评价等级分为：A. 优秀　B. 良好　C. 及格　D. 继续努力。

表 1-3　深圳元平特殊教育学校生活数学课程形成性评价表 2(二年级上)

班　　级：_____　　姓名：_____　　评价日期：_____
授课教师：_____　　　　　　　　　　　评价教师：_____

评估细则		教师评价	学生自评	家长评价	备注
参与情况	上课认真听讲,注意力集中				
	积极举手发言				
课堂表现	按照教师要求完成学习				
	有好奇心,求知欲				
	小组活动中积极参与并合作良好				
	作业书写工整、准确				
思维发展	独立思考,敢于质疑				
	发现问题,找到解决问题的途径				
	注意发现数学知识的规律并运用规律举一反三				
	能够解决生活中的数学问题				
综合评语					

说明：1. 本评估表适用于义务教育阶段的轻、中、重度智障儿童。

2. 每个月评估一次。

3. 评价等级分为：A. 优秀　B. 良好　C. 及格　D. 继续努力。

表 1-4　深圳元平特殊教育学校生活数学课程总结性评价表(二年级)

班　　级：_____　　姓名：_____　　评价日期：_____
授课教师：_____　　　　　　　　　　　评价教师：_____

	评价细则									综合评价
	情感与态度			过程与方法					实践能力	
评价内容	能积极主动地参与学习活动,学习兴趣高	认真听讲,善于思考,积极发言	能认真地独立完成作业	学习过程中思维活跃,反应敏捷	能以把前学习的知识引入到学习当中	能用多种渠道获取相关知识	能与同伴合作和交流	不断地更新自己的知识	能顺利地完成学习任务	能积极参与实践活动,获得初步的实践活动经验	能用所学的知识解决生活中的实际问题	

续表

数前概念									
数的认识									
空间与图形									
生活数学									
综合实践									

说明：1. 本评估表适用于义务教育阶段的轻、中、重度智障儿童。

   2. 每个学期评估一次。

   3. 评价等级分为：A. 优秀　B. 良好　C. 及格　D. 继续努力。

五、反馈与修订校本课程

  特殊教育的教学除了应根据教学指引的要求实施外，还应关注特殊学生的实际情况，让教师有足够的空间灵活处理教材的教与教育对象的学之间的矛盾，以适应学生的需要。特别需要强调的是，因为教师、学生、家长既是最直接的使用者，也是修订信息的主要提供者，所以每门学科的教学指引与相应教材的适用性程度可以在教师的教学学生的学习与家长实践中很容易显现出来。综合这些因素，学校确定了预测式修订和总结式修订两种形式的三级修订机制。

  每个单元教材在使用前的一个月，首先要实施预测式修订三级机制：第一级是个人修订，教师收集自己、学生、家长反馈的信息，由施教者根据教学指引，提出内容、安排方式、实施方法等；第二级是基层修订，由教研组收集、整理个人修订的内容并进行集体讨论、拟定；第三级是由学校课程改革与发展委员会对基层提交的修订意见进行讨论并决定修订的方式。

  每学期结束以后，必须实施总结式修订三级机制：第一级是通过教师填写反馈表(表 1-5),收集教师、学生、家长对学期各单元教材使用情况的反馈意见;第二级是由教研组收集、整理各种意见,提出修订的内容;第三级是由学校课程改革与发展委员会对提交的修订内容进行审订并决定修改的方式。修订的主要方式有:①技术性修订:对表述、内容安排的次序、教学工具和手段的选择等技术性问题,通过充分讨论,改革与发展委员会达成共识后立即进行补充、删减。②备案性修订:对目标、要求和无法达成共识的技术性问题进行备案记录,并通过开展专题的研究和实践加以解决。

表 1-5　深圳元平特殊教育学校 2009—2010 学年社会交往课程标准使用反馈表

科目:＿＿＿＿＿＿　　主题:＿＿＿＿＿＿
授课时间:＿＿年＿＿月　班级:＿＿＿＿　教师:＿＿＿＿

项　　目	反馈内容
教学内容	
教学目标(教学目标是否合适、分解层次是否得当)	
活动建议	
教学资源	
学生对教学内容的掌握率(%)	完全掌握——(　　); 基本掌握——(　　); 部分掌握——(　　); 在教师协助下完成——(　　); 完全不能掌握——(　　)
教师小结	

注:请各任课教师在每个主题教学完后,准确填写此表,反馈课程标准的可行性。

第 2 章　校本课程体系

深圳元平特殊教育学校将康复、职业教育引入到特殊学生的教育中，打造了"教育、康复和职业训练一体化"的新型特殊教育学校办学模式，并在国内率先构建起满足不同残疾程度和不同类型学生需求的"教育、康复、职业训练"相结合的课程体系。该课程体系在学校自主研发和课题研究的带动下，三大类课程相互衔接，构成了一个有序运行、动态发展的整体。

第 1 节　课程体系的设置

深圳元平特殊教育学校是一所全日制的特殊教育学校，学生类型主要包括智障、听障、视障、自闭症和脑瘫学生五类，分别安置在智障教育教学部、听障视障教育教学部、康复教与教学部和职业教育教育部。学校自创办以来就以坚持"以生为本，育残成才"为办学宗旨，将培养特殊学生适应社会的能力，为特殊学生将来平等、充分参与社会生活创造条件为办学目标。因此……基于此种认识，学校探索出了"教育、康复、职业训练一体化"的办学模式，并在此基础上满足不同残疾程度和不同类型学生需求的"教育、康复、职业训练"相结合的课程体系，将学校的课程分为三大类，即教育类、康复类和职业训练类。教育类课程包括生活语文、生活数学、生活适应、唱游与律动、绘画与手工等，在于提高学生的认知水平和生活适应能力；康复类课程包括物理治疗、作业治疗、沟通与交往、感知觉训练等，在于对学生的身体缺陷和功能障碍进行恢复；职业训练类课程包括劳动技能、办公文员、客房服务、西式面点、中式厨艺、中国结艺、洗衣服务、插花艺术，通过对特殊学生进行职业训练，使学生具备一定的职业技能。这三大类课程实现了对学生的教育、康复、职业训练等，以保证学生能够独立生活，融入社会，并服务社会。

自国家特殊教育学校义务新课程设置方案及三类特殊教育学校课程标准出台后，学校在设置本校义务教育阶段课程方案时，在培养目标、课程设置的原则、课程设置以及课程设置的有关说明四个方面总体和国家的课程设置实验方案保持一致，并着力打造学校"教育、康复、职业训练"相结合的课程体系。

高中阶段,由于目前国家对职业高中阶段的课程并没有统一的规定,因此,学校从智障、脑瘫、自闭症三类学生中选取程度较轻的学生编入智障职业教育班,将听障学生编入听障职业教育班,学校职业教育阶段的课程主要依据学校的条件和学生的需求进行设置。下面就深圳元平特殊教育学校五大类学生的课程设置方案进行简单的介绍,本书第 3 章教育类校本课程开发、第 4 章康复类校本课程开发以及第 5 章职业训练类校本课程开发将对学校的课程设置进行细致的介绍。

一、智障学生课程设置

(一) 义务教育阶段课程设置

《培智学校义务教育课程设置实验方案》立足于智障学生的发展需求,整体设计九年一贯的培智学校课程体系,构建了由一般性课程和选择性课程两部分组成的培智学校课程体系。学校根据国家实验方案,结合宝塔式分类推进课程目标,构建了针对轻、中、重度智障学生的由一般性课程、选择性课程、活动课程三部分组成的义务教育课程体系,在国家实验方案的基础上增设了活动课程。学校的课程设置与国家的课程设置基本一致,但是在不同程度、不同年级的课程安排上有所不同(表2-1)。

义务教育阶段所开设的所有课程中,教育类课程包括一般性课程中的生活语文、生活数学、生活适应、唱游与律动、绘画与手工、运动与保健等,选择性课程中的信息技术、心理健康、生活英语、艺术休闲、特奥运动以及所有的活动性课程;康复类课程主要是针对智障学生感知速度慢、感知容量小和感知觉不够分化的特点开设的感知训练课;职业教育类课程主要包括为职业教育打基础的劳动技能课。由此,学校构造了智障学生义务教育阶段的"教育、康复、职业训练"相结合的课程体系。

(二) 职业高中阶段课程设置

智障职业教育课程(表2-2)的教育对象主要以智障、自闭症、脑瘫三类学生为主。因此,智障、自闭症、脑瘫学生的智障职业教育课程在此统一介绍,自闭症、脑瘫学生的职业教育阶段的课程在后面不再做单独职业高中阶段课程设置的介绍。

表 2-1 深圳元平特殊教育学校智障学生义务教育课程设置(2008年)

课程\年级	一般性课程							选择性课程						活动课程		
	生活语文	生活数学	生活适应	劳动技能	唱游与律动	绘画与手工	运动与保健	信息技术	感知训练	心理健康	生活英语	艺术休闲	特奥运动	班会	团队活动	课外活动
轻度课程类别																
低年级(1—3)	4	2	4	1	4	3	3		4			1	1	1	1	3
中年级(4—6)	4	3	3	2	3	3	3	3			1	1	1	1	1	3
高年级(7—9)	4	3	4	2	3	2	2			2	1	1	1	1	1	3
中度课程类别																
低年级(1—3)	4	2	4	1	4	3	3		4			1	1	1	1	3
中年级(4—6)	4	2	3	3	4	3	3	2	2			1	1	1	1	3
高年级(7—9)	4	4	3	3	2	2	2				2	2	1	1	1	3

重度课程类别\年级	一般性课程							选择性课程			活动课程		
	生活语文	生活数学	生活适应	劳动技能	唱游与律动	绘画与手工	运动与保健	感知训练	艺术休闲	综合实践活动	班会	团队活动	课外活动
低年级(1—3)	4	2	5	1	3	3	3	4	1	1	1	1	3
中年级(4—6)	4	2	3	2	3	3	3	4	1	1	1	1	3
高年级(7—9)	4	1	4	4	2	2	4	3	1	2	1	1	3

(单位:节)

智障学生职业高中的文化基础课程主要包括生活语文、生活适应、家政、信息技术、运动与保健、职业道德、心理健康7门课程,主要目的在于培养学生扎实的文化知识基础和基本劳动技能,发展学生身体和心理等方面的基本素质,为完成高中学历教育和进一步学习职业技术打好基础,而不单单培养学生某一职业所需的知识和技能。专业课程是根据深圳当地的残疾人就业需求、学生技能水平、学校现有设施而开设的课程,主要包括办公文员、客房服务、西式面点、中式厨艺、中国结艺、洗衣服务、插花艺术七类,旨在培养学生从事某一类或多类职业的能力和素质。活动课程包括班会、团队活动和课外活动等。每周的班会课主要是对学生进行自我管理和自我教育。团队活动是对学生进行思想道德教育,丰富学生学校生活的主要方式。课外活动主要包括实习和见习,是配合专业课学习的实践活动课程,旨在帮助学生了解职业环境,提供实际操练的机会,提升学生的职业技能。其中文化课程和活动课程为学校的学校教育类课程,六大类专业课程为学校的职业训练类课程。

表2-2　深圳元平特殊教育学校智障学生职业训练课程设置(2010年)

年级＼课程	文化课程							专业课程							活动课程		
现行课程类别	实用语文	社会适应	信息技术	体育健康	职业道德	心理健康	布艺	手工	插花艺术	客房服务	西式面点	中式厨艺	洗衣服务	中国结艺	办公文员	日常清洁与维护	班会	团队活动	课外活动
高一	3	2	2	2	/	1	/	/	按专业分流走班,每班每周14节							4	1	1	1
高二	2	1	2	2	1	2	2									2	1	1	1
高三	/	1	2	2	2	1	2	2								2	1	1	1

(单位:节)

二、自闭症学生课程设置

学校的自闭症学生教育课程是根据教育部1994年颁布的《中度智力残疾儿童教育训练纲要》和教育部2007年2月新颁布的《培智学校义务教育课程设置实验方案》的具体精神设定课程结构(表2-3)。在教育类课程和职业训练类课程上,与智障学生的课程类别相同,但由于自闭症学生与智障学生在身心发展各方面存在很大的差异,所以在课程时间安排上与国家课程以及智障学生的课程有较大差异(具体将在第4章中集中介绍和说明)。考虑到自闭症学生语言发展以及人际交往能力方面存在严重的缺陷,以及自闭症学生在感觉统合方面存在的障碍,学校为自闭症学生开设的康复类课程主要包括社会交往课和感觉运动课,贯穿学生的整个义务教育阶段。

表2-3 深圳元平特殊教育学校自闭症学生义务教育课程设置

课程\年级	一般性课程							选择性课程					活动课程
国家实验方案课程类别	生活语文	生活数学	生活适应	劳动技能	唱游与律动	绘画与手工	运动与保健	信息技术	康复训练	第二语言	艺术休闲	校本课程	国家方案没有设置这部分课程
低年级	3—4	2	3—4	1	3—4	3—4	3—4	6—9					
中年级	3—4	2—3	2—3		3—4	3—4	3—4	6—9					
高年级	4—5	4—5	1		3—4	2	2	2—3	6—9				
拟设课程类别	生活语文	生活数学	生活适应	劳动技能	唱游与律动	绘画与手工		感觉运动	艺术休闲	社会交往		团队活动	班会	课外活动
低年级	6	1	4	1	4	2		7	1	1		1	1	3
中年级	5	1	4	2	4	2		6	1	2		1	1	3
高年级	5	1	4	3	4	2		5	1	2		1	1	3

(单位:节)

三、脑瘫学生课程设置

根据《中华人民共和国义务教育法》《国务院关于基础教育改革与发展的决定》《基础教育课程改革纲要(试行)》和《培智学校义务教育课程设置实验方案》构建符合素质教育要求的新的特殊教育课程体系精神,学校立足脑瘫学生的发展需求,根据课程设置的原则,注重以生活为核心的思路,整体设计九年一贯制的课程体系。方案充分考虑了学校脑瘫学生的需求和特点,构建了由一般性课程、选择性课程、活动课程三部分组成的脑瘫学生义务教育课程体系(表2-4)。脑瘫学生的教育类课程和职业训练类课程与智障学生的课程设置基本保持一致,但在康复类课程设置上则有明显的差异。学校根据学校的现有资源以及脑瘫学生的康复需求开设了具有学校特色的作业治疗课、物理治疗课和运动功能训练课,具体内容将在第4章进行详细介绍。

表 2-4　深圳元平特殊教育学校脑瘫学生义务教育课程设置

课程\年级	一般性课程							选择性课程					活动课程
国家实验方案课程类别	生活语文	生活数学	生活适应	劳动技能	唱游与律动	绘画与手工	运动与保健	信息技术	康复训练	第二语言	艺术休闲	校本课程	国家方案没有设置这部分课程
低年级(1—3)	3—4	2	3—4	1	3—4	3—4	3—4	6—9					
中年级(4—6)	3—4	2—3	2—3		3—4	3—4	3—4	6—9					
高年级(7—9)	4—5	4—5	1	3—4	2	2	2—3	6—10					

	一般性						信息技术	康复训练				第二语言	艺术休闲	班会	团队活动	课外活动
拟设课程类别	生活语文	生活数学	生活适应	劳动技能	唱游与律动	绘画与手工		运动功能训练	作业治疗	物理治疗	心理健康	生活英语				
低年级(1—3)	4	2	3	1	3	3		6	3	2				1	1	3
中年级(4—6)	4	2	3	1	3	3	2	4	2	2				1	1	3
高年级(7—9)	4	4	1	2	2	2	2	2	1	2	1	1	1	1	1	3

(单位：节)

四、听障学生课程设置

（一）义务教育阶段课程设置

学校对听障学生义务教育课程设置时，在培养目标、课程设置的原则、课程设置以及课程设置的有关说明等四个方面与 2007 年国家教育部颁布《聋校义务教育课程设置实验方案》保持一致。但是在结合听障学生教育教学实际，学校对课程设置中的综合实践课、学校课程、科学、历史与社会、沟通与交往、职业技术等课程作了具体的安排(表 2-5)。

在所开设的课程中,康复类课程主要为发展听障学生说话能力和交往能力的沟通与交往课,开设的年级为一至六年级,职业训练课为四至五年级开设的劳动技能课,六年级开设的专业方向的信息技术课和七至八年级开设的专业职业训练课,除此之外的课程均为教育类课。

表2-5 深圳元平特殊教育学校听障学生义务教育课程设置(2008年)

		一	二	三	四	五	六	七	八	九
品德与生活		2	2	2						
品德与社会					2	2	2			
思想品德								2	2	2
历史与社会								2	2	2
科学	科学				2	2	2			
	生物							2		
	物理								2	2
	化学									3
语文		9	9	9	8	8	8	9	9	8
数学		5	5	6	6	6	6	6	6	6
沟通与交往		3	3	3	2	1	1			
外语*					英2	英2	英2	3	3	3
体育与健康		4	4	3	3	3	3	3	3	3
艺术	律动	2	2	2						
	美工	2	2	2	2	2	2	2	2	2
劳动	生活指导	1	1	1						
	劳动技术				1	1		信2		
	职业技术								专2	专2
综合实践活动				信2	信2	劳1	信2	信2	专2	
学校课程				信2			心1	心1	心1	心1

[注]信:信息技术;心:心理健康;劳:劳动技术;英:英语;专2:实施分流教学,包括信息技术与美术。

(单位:节)

(二)职业高中阶段课程设置

听障学生职业训练阶段的课程与培智职业训练的课程存在差异,在教育类课程方面,听障学生的课程偏向于文化知识的学习,主要包括语文、数学、英语、政治与法律基础、体育健康、职业道德、美术和手工以及所有的活动课程,其中美术、手工和职业道德为听障学生的专业基础课;职业训练类课程主要是针对听障学生视觉优势和形象思维为主导的特征而开设的办公文员、计算机应用技术、电脑美术设计、插花艺术和版画课(表2-6)。

表2-6 深圳元平特殊教育学校听障学生职业训练课程设置(2010年)

现行课程类别 年级	文化课程												专业课程								活动课程		
	语文	数学	英语	政治与法律基础	体育健康	职业道德	就业指导	心理健康	美术	行政管理	陶艺	手工	办公文员	计算机应用基础	美术设计	电脑美术设计	动漫制作	插花艺术	西式面点	版画	班会	团队活动	课外活动
高一	4	3	4	1	2	/	1	2	/	/	/	/	4	10	/	/	/	/	/	/	1	1	1
高二	2	2	2	/	2	2	/	1	/	/	/	2	/	/	2	8	/	2	4	2	1	1	1
高三	2	2	2	/	2	/	2	/	/	3	2	2	/	/	/	7	2	4	/	/	1	1	1

(单位:节)

五、视障学生课程设置

学校为改进教育教学工作、科学制订视障学生的义务教育课程设置方案,于2007年3月成立了课程设置研制小组。研制小组在国家颁布的新课程设置实验方案的基础上,结合深圳实际以及学校视障学生的教育教学工作,现已研制完成了视障《义务教育课程设置实验方案(讨论稿)》,整体设置九年一贯的视障学生义务教育课程,包括国家安排课程和地方与学校安排课程两部分,以国家安排课程为主,地方、学校安排课程为辅;既开设普通学校的一般性课程,也设置必要的特殊性课程(表2-7)。课程内容涉及:人文与社会、语言与文学、体育与健康、数学、科学、艺术、技术、康复、综合实践活动等九个学习领域。其中,康复类课程主要包括一至三年级开设的综合康复,一至六年级开设的定向行走,学校在具体操作时,将定向行走纳入到综合康复课中,合并为综合康复一门课(注:四至九年级的社会适应课,学校开设为心理健康课,归为学校教育类课程中);学校教育类课程在低、中年级阶段以综合课程为主,高年级阶段设置分科与综合相结合的课程,开设了思想品德(低年级开设品德与生活,中年级开设品德与社会,高年级开设思想品德)、语文、数学、外语(三年级开始)、体育与健康、艺术(或分科选择音乐、美工)、科学(高年级或分科选择生物、物理、化学)、历史与社会(或分科选择历史、地理)、信息技术应用和综合实践活动等课程。

表 2-7　深圳元平特殊教育学校视障学生义务教育课程设置(2008 年)

课程门类	课程		一	二	三	四	五	六	七	八	九
	品德与生活		2	2							
	品德与社会				2	2	2	2			
	思想品德								2	2	2
	历史与社会	历史							2	2	2
		地理							2	2	
	科学	科学			2	2	2	2			
		生物							2	2	
		物理								3	3
		化学									4
	语文		7	7	6	6	6	5	5	5	5
	数学		5	5	5	5	5	5	6	6	6
	外语				2	2	2	4	4	4	4
	体育与健康		2	2	2	2	2	2	2	2	2
	艺术	美工	2	2	2	2	2	2	1	1	1
		音乐	2	2	2	2	2	2	1	1	1
	康复	综合康复	2生1感	1生1感	1感						
		定向行走	1	1	1	2	2	2			
		社会适应				1心	1心	1心	1心	1心	1心
	信息技术应用		1	1	1	1	1	1	1		
	综合实践活动		1综	1综1信	1综1信	2综1信	2综1信	2综1信	1综1信	1信	1信
	学校课程		1器1班	1器1班	1器1班	1器1班	1器1班	1器1班	1班	1班	
周总课数(节)			28	28	30	32	32	33	33	34	34
学年总时(节)			980	980	1050	1120	1120	1155	1155	1190	1122

[注] 生:认识初步与生活指导;感:感知觉训练;综:综合实践活动;信:信息技术;器:器乐;班:班会课。

第 2 节　课程体系的衔接

课程体系衔接是指学校的课程内容在组织时,各门课程以及各个阶段的课程应当彼此衔接、互相沟通,包括课程的横向和纵向衔接,也就是泰勒所提出的课程的横向关系(从一个领域到另一个领域)和课程的纵向关系(从一个时刻到另一个时刻)。① 为了实现教育、康复与职业训练三大类校本课程的衔接,形成整合、系统的课程体系,学校在开发教育类、康复类和职业训练类校本课程时,以社会适应能力为核心目标,以生活适应为核心课程,以特殊学生的各阶段发展需要为依据,把有关联的各学科知识有机地融合在一起,既保证了各学科"纵向顺序",也保证了学科之间"横向联系",充分体现了"以学生之经验为组织重心,借着直线式的发展、同心圆式的扩展、螺旋式的累积等组织方式,达到统整各项学习之目的"的核心课程理念。

一、课程的横向衔接

课程的横向衔接,是指使学校课程教学系统中被分化了的各要素及其各成分形成有机联系的整体,强调课程的整合。我国传统的课程组织形式单一,采用的是国家统一编制的、各学科相互独立的学科课程,这种课程组织形式分科过细,忽视各学科之间的联系,容易脱离学生生活实际。② 由于特殊学生的特殊性,特殊学校课程和普通学校课程有很大的区别,特殊学校除了需要开设传统的文化课,还要开设满足特殊学生康复需求的康复课程和使特殊学生具备职业技能的职业训练课程,课程种类多样,课程内容复杂。但特殊学生的分析、综合能力发展较差,思维水平大多停留在直观形象阶段,如果仅仅教给他们一些分散的、联系不太紧密的知识,他们将很难获得对世界的完整图像,难以将所学知识很好地运用于今后的工作和生活之中,③从而会影响其社会适应水平,难以融入社会。因此,在开发特殊学校各类校本课程时,必须注意到各类课程间的横向衔接,使各种课程成为一个整体,而且任何课程的开设都要考虑学校的整体发展目标、学校特有的教育哲学和课程理念,只有这样,学校开发的丰富多元的课程在整体上才会"形散而神聚",在结构上才会"多而不杂""错落有致"。

(一)培智课程通过"生活适应"实现课程整合

特殊教育课程研究的重点始终试图将课程的内容、方法和结果与学生认知发展、社会适应和生活的需要相对应,实现课程内容与学生生活经验的统一。特殊教育课程的价值取向也逐渐从单一的补偿性或发展性课程转向功能

---

① 〔美〕泰勒.课程与教学的基本原理[M].施良方,译.北京:人民教育出版社,1994:67.
② 陈侠.课程论[M].北京:人民教育出版社,1989:238.
③ 王辉.培智学校现行培养目标和课程问题的探析[J].中国特殊教育,2003(2):35-40.

性、生态性甚至是集多种课程模式为一体的多元整合型课程。[①] 我国培智学校课程在课程改革的大背景下,不断尝试打破学科界限,使传统孤立的、与学生生活脱节的课程形成相互联系的有机整体,为学生的生活服务。例如,北京的宣武培智学校在进行课程改革时,依据课程目标,学生适应将来社会生活所需的能力,划分为社会技能、沟通、认知、劳动、运动、娱乐休闲六个领域,然后通过主题活动的形式来统整各个学习领域的内容。[②] 北京海淀培智学校进行生活适应性课程改革实践,依据美国智能障碍协会1992年智能障碍新定义中提出的适应技能编写的适应性功能课程,将学习内容分为十个领域,例如,实用语文、实用数学、体育、美术、音乐、康复、劳动等,形成了以生活板块为主线的单元主题课程结构。这些课程都注重把知识、经验与生活相联系,强调课程内容的整合性体现了一切为了特殊儿童的生存和发展的课程理念。

学校在国内培智学校大力进行课程改革的大背景下,改革学校的培智课程,形成了具有特色的以生活适应为核心的圆心扩展的课程体系,该体系主要针对智障、脑瘫、自闭症三类学生。当今的基础教育改革强调"课程应面向生活,学生最终要走向社会、走向生活。课程唯有反映社会及生活的需要,帮助学生了解社会及生活,使学校成为社会、生活的一部分,才能体现课程的本质功能"[③]。这要求特殊学校的课程设置要确立"以生活质量为导向"的设计理念,从特殊学生生活、学习中遇到的实际问题选择学习经验,从学生中来,到学生中去,使学校课程真正符合适应生活、适应社会的理念。生活适应课是以提高学生的生活能力为目的,以学生当前及未来生活中的各种生活常识、技能、经验为课程内容,培养学生具有生活自理能力、简单家务劳动能力、自我保护能力和社会适应能力的一门课程,其内容可涵盖特殊学生个人生活、家庭生活、学校生活和社区生活的方方面面,该门课程的设置体现了"以生活适应为核心"的课程理念,是对我国培智教育实践经验的提炼与总结。因此,学校在开发培智校本课程时,将生活适应课作为学校的核心课程,通过核心课程衔接其他课程,形成了同心圆扩展的课程组织形式(图2-1),达到统整各项学习经验的目的,保证了课程的整体性。

学校从2001年开始开发智障教育各类校本课程时,在学校成立了生活适应、语言沟通、美工、唱游、信息技术、体育健康、感知7个课程研制开发小组。各开发小组首先集体商定生活适应课程的主题单元和内容,他们根据特殊学

[①] 盛永进.特殊教育课程范式的演进及其转向[J].中国特殊教育,2011(12):21-25.
[②] 孙颖培.培智学校课程统整的实践研究[J].中国特殊教育,2004(4):33-38.
[③] 王辉.培智学校校本课程研究案例分析[J].中国特殊教育,2004(9):40-46.

生发展的身心特点,结合深圳的社会环境、地方文化、经济发展的特点,围绕学会生存、学会适应、学会发展三大目标,安排了涉及认识自我、个人生活、学校生活、家庭生活、社区生活、社会生活六大生活领域的 72 个主题单元,将特殊学生各个生活领域的内容连接起来。在确定生活适应课程的内容后,其他各类课程开发小组便依据生活适应课程的内容设置其他课程的内容,形成生活适应性功能的大单元课程模式。以主题单元"过马路"为例,这一技能属于社区生活技能和健康、安全技能领域,是儿童能独立适应生活的内容之一,需要通过生活适应课达到目标,与此同时,其他领域也要依据"过马路"这一主题选择出有效支持的实用技能,例如生活语文课认识"红、黄、绿"等生字,学习有关安全方面的儿歌;美术课认识颜色,画信号灯;体育课加强行走训练……这样就形成了多科目根据一个主题编排课程内容的模式,有利于学生形成对事物整体、综合的认知,使其功能得以改善,适应生活能力提高。

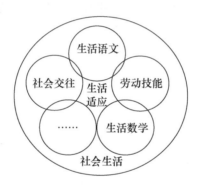

图 2-1 同心圆扩展课程体系

(二)听障、视障课程通过信息技术实现课程整合

学校的听障和视障学生的课程设置方案,在培养目标、课程设置的原则、课程设置以及课程设置的有关说明等四个方面,与 2007 年 2 月国家教育部颁布《盲校义务教育课程设置实验方案》《聋校义务教育课程设置实验方案》保持一致。但听障和视障学生由于感官功能受损,认知和思维发展特点与普通学生存在差别,抽象逻辑思维发展相对缓慢,传统的、纯粹的分科教学使这两类学生难以形成完整的学习经验。为此,学校通过特色课程"信息技术"将各类独立的课程串联起来,形成直线贯穿的课程体系。

1. 贯穿教育类课程

信息技术课课程目标的安排是与学生年级知识相对应,让学生在信息技术课上通过动手操作和体验，将所学的科学文化知识进行运用，同时通过便利的信息技术平台，为学生提供丰富的信息，辅助学生对科学文化知识的学习和理解，使信息技术课成为学生重要的学习途径。信息技术课是为了使学生在最短的时间内检索到想要获取的相关信息，所以在"信息获取"单元中与学生的学科课程结合起来，让学生搜寻与所学学科内容有关的知识，比如在历史课上学习盛唐时期有关知识，学生就可以通过因特网找到所有与盛唐相关的资料，这样可以加深学生对学科知识的理解，拓宽知识面，实现自我学习。另外，课程中"用计算机画画"的主题单元，让学生学会用相关软件学会绘制各类线条、几何图形、艺术图形，让学生学会用电脑涂色等，这些知识与学生的数学、绘画与手工等课程衔接起来。"汉字输入法"主题单元让学生学会认识汉语拼音、会使用金山打字通练习全拼打字，练习的内容要求和学生的生活语文课结合起来，实现信息技术课和生活语文课的衔接。信息技术课中的"用计算机制作多媒体作品"单元，让学生设计并制作多媒体作品，例如"可爱的家乡""保护水资源"等，要求采用小组合作方式确定主题、规划内容、选择媒体、策划创意、设计信息呈现方式，完成作品，并在班级或年级内展示，相互交流、共同欣赏。这是对学生各种综合能力的考量，让学生将所学知识活学活用，解决生活中的问题，实现学生的全面发展。

2. 贯穿康复类课程

为听障学生、视障学生开设的康复课分别为综合康复、沟通与交往课。信息技术课不仅可以将康复的内容融入其中，还可以通过相关软件和网络技术为康复课的实施提供形象、直观、有趣的途径和大量学生感兴趣的信息。例如，信息技术课的指法练习、金山打字、绘制图形等内容可以训练视障学生的手指灵活性、手眼协调、双眼协调、视觉辨别等感官能力，还可以训练他们的残余视力。"信息技术与社会"这一单元教会学生学会通过网络与人沟通交流，例如会使用腾讯 QQ、会发送邮件等，让学生掌握文明礼貌的人际沟通与社会交往规范，促进语言和交往能力的发展，特别是可以为听障学生提供一条便捷的与外界沟通的渠道。学校涂春蕾老师便在信息技术课教学中融入了对听障学生语言能力、阅读能力和社会交往能力的训练，将信息技术课与康复课结合起来，具体内容请参看案例 2-1《在信息技术课中补偿听障学生的语言能力》。

案例 2-1

在信息技术课中补偿听障学生的语言能力[①]

深圳元平特殊教育学校 涂春蕾

"语言是一切智力发展的基础和一切知识的宝库,对一切事物的理解都要从它开始。"然而,与健全人相比,听障学生的语言能力明显较弱,我们常常听到聋校教师发出这样的感叹:我们的听障学生在学校学习了七八年,可是大部分连通顺的话都写不出几句,一张留言条写得病句百出,惨不忍睹。难怪一百多年前,著名盲聋女作家海伦·凯勒就说出这样一句名言:"盲,隔离了人与物;聋,隔离了人与人。"

聋教育课程改革方案提出:聋教育课程应加强潜能开发,注重语言发展,改变课程实施过程中长期存在的语言沟通障碍,提倡沟通方式的多元化和教学方法的多样性,培养学生搜集和处理信息的能力、获取新知识的能力、分析和解决问题的能力以及沟通、交往与合作的能力,进而提高学生适应社会的能力。因此,形成和发展听障学生的语言是特殊教育学校的一项极其重要的特殊补偿任务,如何全面提高听障学生的语言能力,成为一代又一代特殊教育工作者努力的目标。

我们知道,语言的形成是一个复杂的系统工程,语言能力的发展需要各方面因素的相互支撑,教育系统论的原理告诉我们:各科知识和各项教育活动之间是相互联系的。也就是说,学校所有的教育、教学活动都必须承担培养听障学生掌握语言这个特殊任务,在进行课堂教学时,各学科教师都要尽力创造一个良好的语言环境,采取恰当的手段让学生多动脑,多动口,最大限度地补偿听障学生的语言,使获得基础知识和基本技能的过程同时成为学会沟通和形成语言能力的过程。本文就在信息技术课中对听障学生开展语言能力补偿(培养)的可行性做一些探讨。

一、在课堂教学中渗透语言训练

对听障学生来说,语言是学习的工具,更是学习的对象。信息技术课的重要功能就是教会学生处理各种信息和文字,对学生的语言能力提出了很高的要求。所以,作为信息技术课的教师,应不失时机地在课堂教学中渗透语言训练。

[①] 黄建行.教育·康复·就业·训练一体化办学模式的探索与实践[C].深圳:海天出版社,2006:332-338.

词是语言最基本的组成单位,要形成和发展语言,必须先积累一定数量的词汇。而信息技术课中一些专业性较强的词汇,听障学生在日常生活中接触的机会较少,这方面的词汇量几乎为零,更谈不上形成语言了。因此,在给低年级学生上信息技术课时,教师要非常注重帮助学生积累专业词汇,如在学习鼠标操作时,把"鼠标、左键、右键、单击、双击、移动、拖动"等这些词语制作成卡片,并标注上拼音,让学生读、认、听、说。在此基础上,再让学生把词语按照动作或事物出现的顺序连接起来,慢慢地,学生们的专业词汇丰富起来,还会把"用鼠标指向图标,双击鼠标左键"等简短的操作步骤,形成简单的专业语言。对于高年级的学生,我则采取让学生多读题、复述操作步骤的方法来渗透语言教学。如:在范例讲解的过程中,我会让学生自己先读题,在读熟、读懂之后才开始演示操作,以加深记忆;我还把一些题意相近的、容易混淆的试题单列出来让学生比较,在对词意、句型对比的过程中加强学生的理解和分析能力。对于一些操作比较复杂的题目,如:Excel中的合并数据、分类汇总、建立数据透视表等题,教师把操作步骤详细地列出,先让学生按照自己对文字的理解进行操作,然后再对学生的操作正确与否进行检查,对普遍存在的问题重点指导,最后让学生复述操作步骤。这样,以学习内容为手段,激发学生认知能力的发展,学生对文字的感悟能力便随之提高。

二、在综合应用中强化阅读理解

提高语言能力最有效的办法是加强阅读,大量的课外阅读能够弥补听障学生因听觉缺陷所造成的接受信息贫乏的不足,培养他们敏锐而丰富的语感,良好的阅读能力还是听障学生将来自立于社会的必要条件。强化阅读必须借助于学生的主体性活动,教师应尽可能把阅读内容设计成学生的各种自主的实践活动,让学生做学习的主人,用自己的方法和步骤来加强师生间的积极互动。因此,在信息技术学科的教学过程中,每个学期,我都要求学生制作电脑小报,力求在制作小报的过程中提高听障学生的阅读能力。

我们知道,要制作出一份高质量的小报,首先要确立一个主题,然后按主题去收集各种素材,在所有的素材中,文字素材是必需的,而且大部分文字素材必须经过删减和整理才能使用,这就需要学生对文字内容作深入的了解,阅读成为必需的步骤。一般来讲,听障学生比较害怕阅读,因为理解能力所限,但由于小报的主题是学生自己选取的,所以他们对所收集的文字素材(它不同于课本上的文字材料)有着浓厚的兴趣,这种阅读对丰富学生的内部语言非常有利,不仅有利于促进记忆,更有利于听障学生理解和运用语言能力的培养,能有效地提高学生的语言表达能力。需要注意的是,在这个过程中,教师不能越俎代庖,直接告诉学生该删减哪些内容,而应该让学生经过思考、领悟后,自己做出选择。

此外,为了让版面更加生动,学生们还会添加一些小标题,而小标题的设置也是对学生语言能力的一次考验。所以,只要教师注意把语言训练渗透在课堂教学的各个环节中,做到事事、时时、处处融入生动而规范的语言教育,是能够逐步培养听障学生运用语言的能力的。

三、借助网络环境搭建语言交流的平台

众所周知,快速而高效地掌握一种语言的方法是置身于这种语言的语言环境中,学以致用,以用促学。听障学生由于社交范围窄小,以至于很少有练习主流语言的环境,而计算机和通信网络的出现,为听障学生自由地融入主流社会,与他人进行沟通和交流,提供了一个良好的练习平台。网络聊天,作为新的交流媒体,与常规的语训有着异曲同工之效。首先,学生们在聊天的过程中可以看到别人的语句表述,它可以强化听障学生的主流语言体系观念,使他们明白什么才是正确的表达方法;其次,由于自我意识的作用,在与健全人交流时,他们总是十分注重自己的形象,担心在任何一个方面被对方否定,不希望对方知道他(她)有听觉障碍,所以他们会尽力地用准确的表达方法去表述,这可以促进他们记忆一些正确的语法。由于这种推进作用是自发的,而不是在教师的要求下被动完成的,所以其功效是不言而喻的。

当然语言学习是一个从不完善到完善的过程,要允许学生犯语言错误,让学生通过对语言知识的形成和理解来达到掌握和运用语言的能力。一开始,我们常常看到听障学生的语句中出现词语颠倒、动名互换、名动互代、代词的指代不清、结构助词的乱用等语病,比如,他们会在电脑上打出"我是五笔""我的性格是活泼、开心,爱好是上网、游戏、旅游"等这样一些病句,以致他们常常会被对方质问:"你是不是外国人?怎么你说话时用的都是英语的语法?"面对这些情况,我细心地收集学生们在聊天时出现的病句,在适当的时候集中讲解、加以纠正,慢慢地,这些错词病句明显减少,学生在聊天的过程中遇到不能确定的表述方式时还会主动问我,收到了事半功倍的效果。网络聊天不但使听障学生的交往更加方便和有效,实现了聋人之间的文化交流和观念交换,同时也拉近了师生间的距离。我们欣喜地看到,听障学生

虽然生活在无声的世界中,在现实生活中他们被隔离在主流社会之外,但通过网络平台,他们渴望与人交流的愿望得到了补偿,在网上他们可以倾诉心里的烦恼与快乐,生活变得丰富多彩。

"高级的心理机能来源于外部动作的内化,这种内化不仅通过教学,也可以通过日常生活、游戏和劳动来实现",因此,信息技术课要利用多种途径对听障学生进行语言熏陶,创设语言情境,提供实践机会,明确具体任务,使学生全身心投入教学活动,有充分的时间去思考,有丰富的经历去体验,形成和发展听障学生的语言能力,提高自我效能感,在此基础上培养学生自尊、自信、自强的精神。当然,听障学生语言能力的培养需要坚持不懈的努力,要彻底改变听障学生从直观的形象思维方式向符合一般语法规则的抽象逻辑思维方式的转变,它是一个艰难而漫长的过程。教学实践证明,听障学生拥有巨大的语言发展潜力,只要所有的教师在教育、教学活动中注重对听障学生的语言能力补偿,教育方法科学,创设良好的语言环境,就能帮助他们克服语言障碍,加快听障学生回归主流、纳入正常社会的交往与沟通的步伐。

3. 贯穿职业训练类课程

当今社会是一个信息化的社会,各工作单位在招聘工作人员时,都要求基本的电脑操作技术和办公软件处理技术,这对残疾人也不例外。信息技术课让学生学会计算机的基本操作和使用,使学生具有获取、传输、处理和应用信息的能力,成为职业训练类课程的专业基础学科。此外,信息技术课与职业训练类课程的直接衔接体现在信息技术课与办公文员专业的结合。办公文员专业课程的总体目标是训练学生掌握计算机的基础理论和知识,掌握 Office 操作系统基本办公软件的应用,并利用 Internet 所提供的各种服务共享和传递信息,以满足文员工作的实际需要;训练学生运用打印机、复印机、传真机、碎纸机、过胶机、打孔器等常用办公设备,教会学生分送公文、信件、邮件、报纸杂志、传真件的收发等工作。而这些内容在信息技术课中都有专门的单元,为学生办公文员专业的学习打下了基础。

(三)三大类课程通过相互渗透,实现课程整合

学校在对教育类课程、康复类课程、职业训练类课程三大类课程内容进行编排时,强调课程内容相互渗透,采用渗透式的课程整合体系,使三大类课程既相互独立,又相互联系,三者相辅相成,环环相扣,构成一个不可分割的整体学校(图2-2)。

图 2-2 深圳元平特殊教育学校三类课程相互衔接

1. 教育类课程的渗透

教育类课程包括生活语文、生活数学、生活适应、劳动技能、体育等课程,是学校的基础课程,目的是让学生掌握基本的语文、数学知识,生活常识和生活技能等,是其他课程的学科基础,在康复类课程和职业训练类课程中都有渗透。以生活适应课为例,学校提出"生活即教育"的课程理念,提出要将教育、康复等活动贯穿在生活的整个过程、渗透于生活的各个方面,将"生活适应课"作为学校其他类课程的基础,要求其他的课程都要围绕学生的生活进行设计,都要渗透生活适应的内容。感知觉训练课程的目的是训练学生的视觉、听觉、味觉、嗅觉、肤觉、运动觉、平衡觉、机体觉等八大感知觉能力,但是每一项能力的训练都是借助学生的生活活动,例如训练学生的嗅觉辨别能力时,借助的是分辨常见食物、蔬菜、水果、植物、油漆、腐烂物、煤气、烟、烧焦等发出的气味等内容;训练手眼协调能力时,借助的是叠高物品、穿珠、拼图、系鞋带、扣扣子等内容,与学生的生活适应内容相结合。此外,生活适应课程和职业训练课程关系密切,生活适应课程的目的是培养学生具有生活自理能力、简单家务劳动能力、自我保护能力和社会适应的能力,使之尽可能成为一个独立的社会公民,而职业适应是社会适应的一项重要内容,尤其是对于高年级段的轻、中度智障学生而言,职业适应在生活适应课程中显得更为重要。所以,可以说职业教育是生活适应课程在高年级阶段的体现,是生活适应课程对高年级的程度较轻的特殊学生提出的更高要求。

2. 康复类课程的渗透

学校针对特殊学生在肢体、感知觉方面存在的障碍,开设了物理治疗、作业治疗、运动功能训练、感知觉训练、感觉运动等康复课程,但为了增加训练的趣味性、拓宽康复的渠道和提高训练的密集程度,体现"医教结合"的康复训练形式,在教育类的相关课程中渗透了医疗康复的内容。

(1) 语言治疗在生活语文课程中的渗透

特殊学生大多存在语言发展迟缓、沟通交流困难、沟通意愿缺乏的问题。

例如,听障学生由于听力损失,无法通过听的途径学习说话,因而不能形成说话能力,整个语言发展及社交沟通均受到限制;自闭症学生语言发展缓慢,语言的主动性严重不足,缺乏沟通能力等。因此,学校要为特殊学生开设专门的语言训练和社会交往训练课程。但是语言的发展和社会沟通能力的提高是长期的过程,仅靠某一门单一的课程无法达到理想的效果,而且语言的训练最好是在学生的日常学习生活中进行。因此,学校各门课程在实施时都要求注重对学生语言和沟通能力的训练。比如,由于语文课程的特殊性,该门课程从内容和教学目标上就直接渗透了语言和沟通交往能力训练的内容,因此,语文课是对特殊学生言语沟通能力进行缺陷补偿的重要方式和重要手段。学校在编写语文课程的校本教材时,从课程目标上规定语文课培养特殊学生最基本的听、说、读、写能力,其中的"说",即增强学生的说话能力,以表达自己的思想感情,培养日常口语交际的基本能力。

(2)身体功能康复在唱游与律动、绘画与手工、运动保健、艺术休闲课程中的渗透

在唱游与律动课中,将音乐律动与舞蹈、游戏相结合,通过音乐教学、音乐游戏和律动训练培养和发展学生的听觉、节奏感和音乐感受能力,补偿学生的认知缺陷,提高学生的动作协调能力,促进学生身心和谐发展;在绘画与手工课中,培养和发展学生的观察、绘画、手工制作能力,训练学生的精细动作和感知觉能力;在运动保健课中,通过各类田径运动和球类运动,提高学生大肌肉群活动能力、反应能力和协调平衡能力,刺激大脑机能的发展;在艺术休闲课中,除了引导学生参与程度适宜的艺术、体能、社交、益智、观赏及其他休闲活动等多种活动,还借助艺术休闲活动使学生的手、眼、大肌肉、小肌肉的协调能力得到一定的锻炼,进而提高他们的语言智能、音乐智能、空间智能、身体—动觉智能、人际关系智能、内心智能,从而达到提高生活质量的目的。

3. 职业训练类课程的渗透

学校的职业训练实行宝塔式分类推进培养目标,第一层级(塔底层级)要求所有学生具有最基本的生存能力;第二层级(塔中层级)要求大部分学生获得一定的生存质量;第三层级(塔尖层级)要求部分轻度智障学生获得较高的生存质量。为了实现第一层级和第二层级的目标,学校义务教育阶段重视所有学生生活适应能力和劳动能力的培养,据此学校义务教育阶段的课程中都不同程度地渗透了职业训练课程的思想和内容,形成了与职业高中部相衔接的融合职业训练课程体系。

(1)在教育类课程中的渗透

教育类课程包括语文、数学、劳动技能、唱游与律动、绘画与手工、运动与

保健等,这些课程都是着眼于学生适应生活、适应社会的基本需求。对特殊学生教育的最终目的是让他们具备生活自理能力和社会适应能力,掌握一技之长,实现自食其力,提升他们的生存质量。因此,作为特殊教育学校主体的教育课程,都应围绕对特殊学生的培养目标展开,在部分课程中渗透职业适应的内容。以劳动技能课为例,为满足智障学生在个人、家庭和社会工作方面的生存需要,劳动技能课选择了家政服务、客房服务、园艺劳动和社区服务等劳动技能内容,这些课程内容直接渗透了职业教育的内容,成为职前技能训练的主体,与学校高中职业教育接轨。

（2）在康复类课程中的渗透

康复类课程包括物理治疗、作业治疗、语言治疗、运动治疗等课程,对学生上下肢的粗大动作和精细动作以及学生的感知觉等方面所做的康复训练,为职业技能学习提供了生理基础；对特殊学生社会交往、沟通与交往等方面的能力所做的训练,为职业教育提供必要的语言沟通技巧。因此,康复类课程是职业训练课程实施的基础,特殊学生身心基本功能的发展是其获得劳动知识与技能的前提和保障。除了为特殊学生的职业教育提供身心功能的保障外,康复类课程中还直接融入了劳动技能训练的内容。以作业治疗课为例,作业治疗课的第三单元为职业前技能训练,其内容包括家政（衣物清洁、室内清洁、厨房清洁、物品整理）、家居（电器使用、电器维修等）、编织作业、书法与绘画、园艺、雕塑,通过与职业教育有关的内容训练学生的上肢功能,同时又让学生了解掌握职业教育相关的知识和技能。

二、课程的纵向衔接

课程的纵向衔接,指将选出的课程要素按逻辑顺序和心理顺序由浅入深、由简到繁组织起来,强调课程内容的纵向组织。在课程发展史上,关于课程内容的纵向组织,主要形成了按直线式、螺旋式、逻辑顺序和心理顺序等多种不同的组织形式。直线式就是把一门课程的内容组织成一条在逻辑上前后联系的直线,前后内容基本上不重复。而螺旋式则要在不同阶段上使课程内容重复出现,但逐渐扩大范围和加深程度。[①] 逻辑顺序是指根据学科本身的系统和内在的联系来组织课程内容,强调学科固有的逻辑顺序的排列,至于这种逻辑对学生有什么意义则不考虑。心理顺序则是按照学生心理发展的特点来组织课程内容,强调要根据学生身心发展的特征,以及他们的兴趣、需要、经验背景

---

① 施良方.课程理论：课程的基础原理与问题[M].北京：教育科学出版社,1996：116.

等来组织课程内容,学生是课程的中心。① 以上几种课程组织形式各有其利弊,在课程发展史上,对于采用何种组织形式一直争论不一,现在很少有人会固执一端,更多的人更倾向于几种组织形式的统一。

深圳元平特殊教育学校结合学校实际情况,在考虑特殊学生的身心发展特殊性的基础上,吸取各种课程组织形式的优点,发展出了符合学校实际情况的特殊课程组织形式。首先,从整体结构上坚持三类课程动态、有序发展。其次,在具体每一类课程的发展上,坚持"综合交叉,螺旋上升"、学科逻辑顺序与儿童心理顺序相结合的课程组织形式。

(一)坚持动态性与有序性的原则

学校的课程主要包括教育类课程、康复类课程、职业训练类课程,这三大课程板块在纵向的发展上不是相互独立、平行发展的,而是相互衔接、动态、有序地发展,构成了一个完整的课程系统。主要表现为:在不同阶段,三类课程的设置与课时比例有所不同,其依据是学校为特殊学生制定的三个阶段目标,即小学阶段以学会生存、学会共处为学习目标,初中阶段以学会发展为学习目标,高中阶段以学会自立为学习目标。这三个阶段的目标是学校所有课程制定、编排和实施的依据,随着学生的发展,三个阶段的教育课程内容及目标会有所变化,但其变化是有序的,前者是后者的基础与铺垫,后者是前者的发展与延伸。

以轻度智障学生的课程设置为例(表 2-8)。初小阶段课程目标为学会生存,教育重点是对学生进行早期干预、缺陷补偿,并提升学生的生活自理能力,让学生尽快适应学校生活。所以这个阶段的课程以康复类课程中的感知训练和教育类中的生活适应、生活语文课程为主,每周均为 4 节。此阶段学生的逻辑思维发展水平低,所以生活数学课安排较少,每周仅 2 节,而且由于对低年级阶段学生的职业技能要求低,与职业教育有关的劳动技能课每周只有 1 节。高小阶段课程目标为学会共处,此阶段教育内容以教育类课程为主,开设的课程有生活语文、生活数学、生活适应、劳动技能、唱游与律动、绘画与手工、运动与保健,每周共 21 节,占所有课程的 65%。在课程中融入与学生生活密切相关的生活内容,提高学生的沟通交往能力,实现学生全方位的发展。经过初小阶段密集的感知觉康复训练后,学生的感知觉能力得到发展,高小阶段不再安排专门的康复课,而是将康复的内容融入教育类课程中,实现学生的综合康复。

初中阶段的教学目标为学会学习,重点在于提高学生的认知水平,让学生掌握与日常生活密切相关的文化知识。此阶段的教育内容以教育类课程为

---

① 施良方.课程理论:课程的基础原理与问题[M].北京:教育科学出版社,1996:117.

主,康复类教育课程为辅,同时开始重视学生的职前教育的发展。初中阶段学生的抽象逻辑思维大有提升,是发展学生认知水平的关键阶段,生活数学课由初小阶段的每周 2 节升为每周 4 节。此阶段,学生进入青春期,学生容易出现心理问题,所以学校增设了每周一节的心理健康课。此外,经过初中阶段的学习,部分学生即将走入社会,部分学生将进入高中阶段,接受系统的职业教育。然而对于所有的这些学生来说,掌握一定的职业技能都十分重要,所以此阶段,需要重视学生的职前教育。为此,学校增加了与职业教育相关的劳动技能课的课时,由初小阶段的每周 1 节升为每周 3 节。

高中阶段的课程设置的教学目标为让学生学会自立,主要目的在于对学生进行专业的职业教育,让学生具备一定的职业技能,为顺利就业、实现独立生存做准备。高中阶段的教育类课程主要有生活语文、生活适应、信息技术、运动与保健、职业道德,每周 10 至 11 节,职业训练课程主要有家政、办公文员、客房服务、西式面点、中式厨艺、中国结艺、洗衣服务,每周 14 至 17 节。康复类课程主要为针对学生心理教育的心理健康课,每周 1 节,形成了以职业训练课程为主,教育类课程和康复类课程为辅的课程系统。

表 2-8　深圳元平特殊教育学校轻度智障学生课程设置(2008 年)

课程设置＼课程类别	生活语文	生活数学	生活适应	劳动技能	唱游与律动	绘画与手工	运动与保健	信息技术	感知训练	心理健康	生活英语	艺术休闲	特奥运动	班会	团队活动
初小(1—3)	4	2	4	1	4	3	3		4			1	1	1	1
高小(4—6)	4	3	3	2	3	3	3				1	1	1	1	1
初中(7—9)	4	4	2	3	2	2	2	3			1	2	1	1	1

高中	实用语文	社会适应	信息技术	体育健康	职业道德	心理健康	布艺	手工	插花艺术	客房服务	西式面点	中式厨艺	洗衣服务	中国结艺	办公文员	日常清洁与维护	班会	团队活动	课外活动
高一	3	2	2	2	/	1	/	/	按专业分流走班,每班每周14节							4	1	1	1
高二	2	1	2	2	/	1	2	2									2	1	1	1
高三	/	1	2	2	/	1	2	2									2	1	1	1

(单位:节)

(二)坚持循序渐进螺旋上升的原则

螺旋式课程组织形式强调课程内容应该采取由浅入深、循序渐进的分学段上升编排的方式,复杂的概念可在不同学段重复出现,使学科的基本结构不断拓展和加深,呈"螺旋式"上升态势。特殊学生的思维能力大多停留在直观形象阶段,分析、综合能力发展较差,对于较抽象的概念和知识需要以不同的形式多次重复才能掌握。因此,学校在组织课程各要素时,遵循"螺旋上升"的发展原则,对学生较难掌握的内容,在后续年段可以重复出现,但要求也相应提高。螺旋式的课程组织原则照顾到了学生的认识特点,加深了对课程内容的理解。

为有效地达到学习目标,学校采取单元策略来处理学科教材,即将每一学年学生所需要学习的内容适当地组织起来,拟订若干个学习单元,教师可以根据学习目标、教学内容、学生特点制订不同的教学计划、教学主题实施教学。前一个单元是后一个单元的基础,按照顺序逐渐达到所拟订的课程学年目标。教学内容遵循由浅入深、循序渐进的"螺旋形式"发展原则进行安排。智障学生的学习内容要经过仔细选择,才能符合他们的能力和需要。一般来说,小学阶段的学生着重基础概念的认识,学校生活、家庭生活的适应,简单的思维和技能训练等。中学阶段要学习社会基本常识,扩展生活圈子,运用已有的知识和技能解决独立生活、交往、准备就业、自我学习等方面的问题。在进行教学内容安排的时候,需要不断地进行课程之间的横向比较,以确定哪些内容在何阶段、何课程中体现最切合学习的需要(图 2-3)。

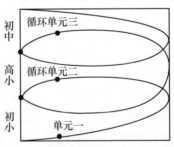

图 2-3 教学内容螺旋式安排图[①]

以生活数学课程为例,生活数学根据特殊学生的思维特点和数学知识的难易程度安排了数与计算、空间与图形、统计、实践与综合活动四个部分的内容,详细规定每个年级需要掌握的具体知识点。从生活数学的整体结构来说,

---

① 黄建行,陆瑾,黄建中.智障教育校本课程开发的探索与实践[J].中国特殊教育,2004(9):35-39.

课程四部分的内容是相互衔接、逐步加深、层层递进的关系,空间与图形中的角的测量、面积的计算等内容是基于数与计算的基础上,是对数的进一步拓展。第三部分"统计"中各种统计图的绘制和计算是以数与计算、空间与图形为基础。第四部分的实践与综合活动是对前三个部分的总结和运用。从某一部分具体知识内容来说,遵循从易到难、从直观到抽象的发展过程。以数概念的掌握为例,为了让学生掌握和运用1—100的数字,首先只要求他们会1—100的唱数、点数和倒数,当学生的认识水平有所提高后,开始让学生会读、会写1—100的数字,然后发展到让学生会在生活中运用1—100的数字,例如年月、星期、生日、时间、高度、长度、重量、温度、人民币等,最后让学生学习更加抽象的数字1—100的加法和减法的运算以及探索数字间的规律,使知识在直观到抽象、简单到复杂的螺旋上升中,得到延伸和扩展。

(三)坚持学科逻辑顺序与学生心理顺序相统一的原则

每一门学科都具有严谨的内部逻辑性和系统性,课程在组织时要考虑按照知识的逻辑顺序依次呈现,力图使课程体系化,使整个知识领域的分类及其每门科目内容的组织具有较强的逻辑性、等级性和连贯性。[1] 但是,如果课程完全以知识的逻辑顺序为出发点,课程外在于儿童,忽视学生的心理特点和生活经验,远离学生的真实生活世界,会导致学生无法将所学知识运用于他们的生活实际。皮亚杰的发展阶段论认为,课程材料序列化的重要基础是学生的心理发展阶段,每一种学习活动都有最佳年龄,在他提出的心智发展阶段的假设中,0~2岁是感觉运动阶段,在这个阶段,儿童开始用词汇或手势来表示或象征性表示事物;2~4岁是表象阶段,儿童学会用象征性手段来表示客体;4~7岁开始进入逻辑思维的最初阶段,而且能够通过识别异同将一堆物体进行分类;7~11岁是具体运算阶段,儿童学会通过具体预期结果来解决有形的问题;10~15岁是形式运算阶段,学生已学会使用假设进行推理,从事有控制性的实验。皮亚杰的发展阶段论肯定课程的安排必须与儿童思维结构相匹配,因此,坚持按照学科逻辑顺序与学生心理顺序相结合的原则对课程内容进行纵向衔接必不可少。[2] 学校在保证课程的科学性的前提下,强调课程排列的顺序要合乎学生学习的心理发展水平,坚持逻辑顺序与心理顺序相结合的纵向衔接原则,主要有以下几条:

1. 教育类课程,低年级以心理组织为主,高年级心理组织与学科组织并重

低年级的儿童处于前运算阶段,他们的思维表现出很大的直观性,主要凭

---

[1] 彭虹斌.学科课程的理论基础与组织原理[J].湖南师范大学教育科学学报,2007(7):42-46.
[2] 陈滔娜.试论课程整合[J].湛江师范学院学报,2001(8):127-128.

借表象来进行思维,而且这个阶段学生的语言发展尤为关键。因此,低年级课程内容的设计主要考虑学生的心理发展特征。而高年级阶段的学生认知水平处于具体运算阶段,学生有了守恒概念,掌握了群集运算、空间关系、分类和排序等逻辑运算能力,但是特殊学生由于个体间差异大,而且认识水平发展慢,所以高年级课程内容的组织,坚持心理组织与学科逻辑组织并重。

首先表现为语言学科、生活适应学科重心下移,数理学科重心上移。以中度智力障碍学生的课程为例(表2-9),低年级阶段,训练学生抽象思维能力的数学课每周只有2节,在教育类课程中所占的比例只有9%,而基于学生直观的生活经验,训练学生生活自理能力的生活适应课每周共4节,所占比例为19%,以学生形象思维为基础的绘画、唱游、运动与保健课每周共10节,所占比例合计为47%,强调学生语言发展的生活语文课每周4节,所占比例为19%。但在高年级阶段,数学课上升为每周4节,而强调学生生活适应能力的生活适应课下降为每周3节。考虑到特殊学生认知发展的局限性,高年级的生活数学课程内容主要来源于学生的生活,例如高年级的数学课《空间图形》一章中,为了让学生认识特殊图形,便通过让学生寻找生活中的梯形、心形、水滴形、十字形、五角形、多边形等来加深对特殊图形的理解。

表2-9 深圳元平特殊教育学校中度智障学生课程设置(2008年)

课程类别 \ 课时 年级阶段	低年级(1—3)	中年级(4—6)	高年级(7—9)
生活语文	4	4	4
生活数学	2	2	4
生活适应	4	3	3
劳动技能	1	2	3
唱游与律动	4	4	2
绘画与手工	3	3	2
运动与保健	3	3	2
信息技术	0	2	2
感知训练	4	2	0
心理健康	0	0	2
生活英语	1	1	2
艺术休闲	1	1	1
特奥运动	1	1	1
班会	1	1	1
团队活动	1	1	1
课外活动	3	3	3

(单位:节)

其次,就某一门具体学科而言,低年级阶段的课程内容以学生生活经验为基础,高年级的课程内容随着课程内容的拓展和学生认知水平的发展,难度和抽象程度不断加深。例如,生活语文课中,关于主题单元"奇妙的身体"共分为三个阶段,奇妙的身体(一)是一年级第三单元的主题,内容为学生最为熟悉的五官,主要让学生认识手、牙、七、八、九、十、大、小等生字以及眉毛、眼睛、耳朵、鼻子、嘴巴、舌头、牙齿、大小等词语,内容简单;奇妙的身体(二)是四年级第三单元的主题,课程内容根据身体躯干部位,安排有上肢、下肢、四肢、肌肉、骨头、心脏、关节、大脑、皮肤等内容;奇妙的身体(三)是七年级第三单元的主题,内容开始由体表结构转入人体内部的各种组织,例如鼻、腔、咽、喉管、肺、咽管、胃、肠,内容难度加大,更加抽象。

2. 康复类课程的组织,主要依据学生的身心发展规律

康复类课程着眼于学生个别化发展需要,注重学生身心的缺陷补偿、潜能开发,强调满足学生的个体康复需求,体现学生发展差异的弹性要求。所以,康复类课程的编排更加注重学生的身心发展顺序。儿童心理的发展存在"关键期",在某个时期,儿童最容易学习某种知识技能或形成某种心理特征,错过了这个时期便难以弥补。康复训练课程的安排需要掌握特殊学生的生理和心理发展特征,抓住各种发展关键期,对特殊学生进行及时的干预与训练。以针对智障学生的感知觉训练课程为例,根据感受器的不同,学校将感知训练的内容按各领域细化为视觉、听觉、味觉、嗅觉、肤觉、运动觉、平衡觉、机体觉、视知觉、听知觉、视听知觉、嗅知觉、触知觉。在细化的各种感知觉内容的基础上,学校根据学生的心理发展阶段对感知训练内容进行相应的匹配和组织,这样的呈现形式使教师更快捷地掌握学生在各学习领域所能达到的实际年龄水平。

第3节 课程体系的课题研究

校本课程的开发是一个持续的研究过程,是不断地发现问题和解决问题的探索过程,不仅仅需要权利的再分配和组织结构的调整,更重要的是需要一种重视研究的学校文化。[①] 课题研究是教育科学研究的一种重要方式,是校本课程研究中的重要内容,是提升教师科研能力和实践水平的重要途径。学校自办校以来,就十分重视课题研究,提倡"科研兴校、科研强校"的办学思路,让教师成为研究者。为了加快科研进程,学校成立了专门的科研办公室,负责学

---

① 徐玉珍.校本课程开发的理论与案例[M].北京:人民教育出版社,2003:44.

校的各种科研立项,并制定了《科研课题管理办法》和《科研成果申报与奖励办法》,逐步建立以教研组、学术组、课题组为依托的学校科研网络。除此之外,还成立了课程改革与发展委员会和学术委员会,专门负责学校的各项课题的申报和审核工作。

在课题申报方面,学校通过申报国家级、省市级课题,通过自由申报、专家评审等形式,鼓励和支持教师自带课题参与学校课程的开发与建设,并积极开展教育行动研究工作,把教学实践和教学研究紧密结合起来,形成了"组组有课题,人人都参与"的研究氛围。自2001年学校开始开发校本课程以来,截止到2016年,共组织开展了130项课题研究,其中4个国家级课题、14个省级课题、32个市级课题、80个校级课题,按照课题的研究内容可以分为课程开发过程类课题、课程设计类课题、课程实施类课题、课程评价类课题。

课题研究带动整个学校校本课程开发的进程,学校教师科研水平得到提升,大大推动了学校课程体系的建设和教学质量的提升,至2016年,学校教师在 International Journal of Psychological Studies、《心理科学》《中国特殊教育》《现代特殊教育》《中国医学康复》等杂志发表文章共311篇。更重要的是,学校通过课题研究建立起了"科研—教师—课改"三者有机结合、互动共进的校本课程开发机制,教师边实践边研究,不仅仅是课程的实施者,更是课程的开发者和研究者,增强了教师课程改革的自觉性和主动性,有效地推动了校本课程的开发与实施。同时,教师在实践中形成的新理论,又为课题研究提供了新的视野,在动态发展的过程中,带动校本课程的不断更新和完善,做到在实践中研究,在反思中提升,在实践过程中动态生成课程。①

一、校本课程开发过程类课题研究

课程开发(Curriculum Development)是指通过需求分析确定课程目标,再根据这一目标选择某一个学科(或多个学科)的教学内容和相关教学活动进行计划、组织、实施、评价、修订,以最终达到课程目标的整个工作过程,②包括课程目标、课程内容的选择与组织、课程实施、课程评价四个要素。学校校本课程开发过程类的课题包括国家级课题"现代信息技术在特殊教育中的应用"、省级课题"生本式学前班聋童语言训练的校本实践研究"、市级课题"培智学校校本课程的开发与实践研究",这三项课题起点高、研究内容广,紧紧围绕校本课程开发的整个过程,力求开发一套适合特殊学生的校本课程体系,对于完善

---

① 黄法祥.以课题研究引领课程改革[J].校长论坛,2007(14):13-15.
② 课程开发[EB/OL].http://baike.baidu.com/view/428105.htm,2012-4-6.

学校的校本课程体系,推动教学改革,更新教学手段,开辟教学研究新领域,促进教师的自我发展和专业成长起到了重要的推动作用。

(一)现代信息技术在特殊教育中的应用

国家级课题"现代信息技术在特殊教育中的应用"是在世界全面进入信息化社会、各国努力发展信息技术在教育领域的应用的背景下展开的。信息技术越来越广泛地应用于教育领域,在给教育带来更多生机的同时,对教育活动的主体——教师和学生——提出新的要求和挑战。现代信息技术教育具有直观性、生动性、互动性的特点,符合特殊学生的身心特点和认知规律,能够调动他们学习的积极性,因此,要求教师能够熟练地运用信息技术辅助教学。信息技术素养是学生自主学习、个别化学习以及顺利走上工作岗位的基本素质要求,需要学生掌握基本信息的操作技术以适应社会的需求。除此之外,构建信息化环境,将学校教育同家庭教育、社会教育、大众传播媒介等的隐性教育融为一体,是培养学生信息技术素养、构建终身学习体系的最佳途径。基于以上考虑,课题组将课题目标确定为:结合特殊学生实际,确定适合智障、听障、视障三类特殊学生特点的现代信息技术教育的内容;设计信息技术教育方案,进行师资培训(包括校本培训和校外培训,专业教师培训和科任教师培训);实施信息技术教育计划,为建立特殊教育网上资源库准备素材(包括开设信息技术教育课程和制作教学课件);建设特殊教育资源库;建设信息管理平台,服务学校的管理工作。该课题从2002年6月开题至2005年12月结题,历时3年7个月,取得了丰硕的研究成果,主要体现在以下几方面。

1. 制定并实施信息技术课教学指引

课题组制定并实施了听障、视障、智障三类学生的信息技术课教学指引,确定了三类学生信息技术课程的阶段目标以及每个阶段的课程内容,推动了学校信息技术校本课程的建设。特别是对于以国家课程为中心的听障学生和视障学生,信息技术课程的开设大大促进了各类学科课程的衔接,也为学生的职业技术教育打下了基础。为促进听障学生的学习,学校根据教学指引还自主开发了《五笔字根练习的游戏软件》和《拼音输入法和五笔字型输入法》的教材,因此,信息技术课程教学指引在教学中发挥了很好的指导作用,使特殊学生信息素养得到了较大程度的提高。

2. 对教学管理人员及学科教师进行了信息技术培训

从2002年开始,学校制订了信息技术培训计划,由信息中心的专业教师采取分班授课、讲座、个别辅导等方式,系统地对全校教师进行 Windows 系统维护和 Internet 应用技术、Word、Excel、Powerpoint、Office 软件、Photoshop 图形图像处理、Frontpage 网页制作、Authorware、Flash、几何画板等软件及互联网知识、数码相机、数码摄像机等产品使用的培训。经过系统培训,学校教师的信息技术素养大有提高。从2002年起,学校每年都选送计算机专业教师参加计算机专业、网络管理员、机房管理员等相关的专业培训。截止到2016年,学校信息中心有8名计算机专业教师,其中2人获得网络安全员证书,1人通过微软MCSE认证系统工程师和思科CCNA网络管理员考试,1人获得全国软件设计师证书,1人获得程序员证书,2人获得intel未来教育证书。经过系统的信息技术培训,学校逐步形成了一支有实力、能掌握最新技术的专业技术教师队伍,保证了学校信息技术课程的有效实施。

3. 建成校园网,方便教师和学生的学习

2002年9月,学校的校园网建成。目前校园网上的资源主要有超星电子图书馆(有5000多册电子图书)、鹏博士多媒体素材库、小学语文视频资料库、精典课例、香港特殊教育相关资源、Flash动画素材库以及教师们收集和自制的校本课程资源库,较好地满足了教师备课的需要。另外,为方便教职工参加培训,学校把手语讲座、信息技术讲座等众多声像资料放在校园网上,供教师们随时学习和调用。学校图书馆还建立了电子阅览室,全天候地为学生提供网上阅览、资料查找和在线学习等服务。

4. 建设全国智障教育资源库

2004年9月,学校本着"走进教室、面向学生、应用教学"的原则,从学生的实际需要出发,从教育教学改革的需要出发,从发挥辐射作用的需要出发,全面开展智障教育资源库的开发、制作、评价等系列工作。在全校教师的积极努力下,完成了第一阶段的资源库的开发建设工作,开发建设了包括公共资源库、文献库、案例库、课件/积件库和学科教学资源库五大分类的智障教育资源库。资源库建设也为学校的智障教育教学提供了丰富的教学资源和学习资源,提高了学校的教育信息化应用水平,促进了信息技术与学科教学的整合,为教师运用信息技术提高教学质量和效率提供了有力的资源支持。教师们的教学活动更加丰富多彩、生动活泼,学生们的学习兴趣明显提高,学生的个性也得到全面发展。

5. 全面实现信息技术在教育教学中的应用

在特殊教育课程理念指导下,学校积极探索信息技术与特殊教育课堂教学的整合,充分利用信息技术、信息资源、信息方法为教育教学服务,把它们有机地与课堂教学内容结合起来,共同完成教学任务。例如,在智障领域的教学中,让教师在学会利用多媒体资源、网络资源为自己的教学服务的基础上,熟练掌握以计算机应用为主的信息技术,将信息技术较好地融入自己的教学课堂中。在校本智障课程教材建设方面,除了图文并茂的校本教材外,学校还研究开发了跟教材同步的多媒体资源、教学资料,将文字、声音、图像、动画、录像以及模拟的三维图像等有机地集成起来。

(二)生本式学前班聋童语言训练的校本实践研究

为了提高听障学生的语言理解和表达能力,提高他们的言语交际能力,学校申报了省级课题——"生本式学前班聋童语言训练的校本实践研究"。该课题研究的主要内容为:调查学校学前班聋童语言能力的现状与特点;编写学前班聋童语言训练的校本教学指引;研究学前班聋童语言训练的教学形式;研究学前班聋童语言训练的有效辅助手段。2006年至2008年,经过两年的研究,课题组完成了《聋幼儿听力语言训练教学指引》的第一学年上、下学期内容的编写,包括"上学了""好孩子""特别的我""好吃的食物"等与学生生活密切联系的16个主题单元,对听障儿童早期语言干预提供了课程依据。在课程实施方面,学校在课题研究的过程中,通过对教学指引的实践,总结了对听障儿童进行语言训练的各种教学策略,大大提升了听障儿童语言训练效果,此方面学校教师撰写的文章主要有《如何对聋儿进行听觉训练》《大龄听障儿童听力语言康复训练的个案研究》《如何对聋儿进行语言训练》《哪些因素会影响聋儿康复的效果》《适合孩子的教育就是最好的教育》《从"生本教育"理念看聋儿听力语言康复的若干问题》《聋儿听力语言训练形式刍议》《整合多种资源,促进聋儿康复》等。在《从"生本教育"理念看聋儿听力语言康复的若干问题》一文中,课题人员结合特殊教育以及新课程改革,从"生本教育"的视角审视听障学生听力语言康复过程中存在的若干问题。针对听障儿童的语言康复课题组提出,首先,要从孩子的实际出发,充分尊重孩子的个体特点进行教学,选择合适的教学手段,才是真正的生本教育;其次,教材内容要以"学生的好学而设计教学"和"以学为本的教学"为原则;最后,让听障儿童体验到成就感。

(三)培智学校校本课程的开发与研究

随着社会的发展,培智学校的教育对象由以轻度智障学生为主发展为以中、重度智障、自闭症、脑瘫学生为主。目前我国已有的《全日制弱智学校(班)教学计划》(1987年)和《中度智力特殊学生教育训练纲要(试行)》(1994年),其内容受普通教育影响较大,不能从实际角度培养学生的就业能力和适应能力。虽然我国很多培智学校进行了大量的校本课程改革,但在进行校本课程研究时,经常照搬套用港澳台的智障教育课程,缺乏对课程基本原理、理论及问题的研究,忽视国家课程对校本课程的基本指导作用,因此导致了我国培智学校校本课程的实践经验没有科学的验证,缺乏总结和理论上的提升。在此背景下,学校申报了市级课题"培智学校校本课程的开发与研究",按照深圳市委的要求,积极推行"教育、康复、职业训练体系"一体化的特殊教育模式,为全国特殊教育改革探路。该课题研究内容主要包括：探索培智课程新的理论基础；组织教师进行不同智力层次学生的课程设置、课程标准、编写校本教材和康复训练方面的教师指导手册；探索适合不同智力层次学生、不同学习领域的教学模式；建立动态的课程评价体系；进行个案研究，开发学生潜能；组织教师制作、积累课程的相关课件，建设丰富的智障教育课程资源库。整个课题涉及课程开发过程中的课程目标制定、课程设计、课程实施、课程评价四个要素，大力推进了教育类、康复类、职业训练类课程体系不断完善。主要表现在以下几方面。

1. 构建了培智学校校本课程的基本理论

在《培智学校义务教育课程设置实验方案》的基础上，课题组探讨了培智学校校本课程原理的理论，经过探索与实践，课题组提出，泰勒、奥利瓦、塔巴等课程原理在培智教育教学中具有较强的指导意义，在实践中，从课程目标、内容选择、组织与实施、教学评价、教材编写五个方面深入分析了培智学校课程的基本原理，为培智学校开发校本课程提供了理论指导。

2. 探索了校本课程的课程设置和课程标准

课程设置方面，课题组根据《中华人民共和国义务教育法》《国务院关于基础教育改革与发展的决定》《基础教育课程改革纲要（试行）》和《培智学校义务教育课程设置实验方案》构建符合素质教育要求的新的特殊教育课程体系精神，设置了学校智障、脑瘫、自闭症学生义务教育课程。课程设置体现了先进的特殊教育思想，符合特殊教育的基本规律和特点，遵循特殊学生身心发展规律，适应构建和谐社会的要求，为特殊学生的全面发展奠定了基础。根据新的课程设置，学校提高了康复类课程在总课程中的比例，增加了治疗类课程，为学校进一步探索"医教结合"的康复模式打下了基础。

课程标准方面，学校成立了学科课程标准研制小组，各研制小组通过深入学习新课程理念和课程基本原理、理论知识及问题的研究，进行课堂观摩、交流访问、案例研习、小组研讨，研究并制定了符合国家课程要求、适合不同智力层次学生身心发展需要的各学科课程标准，包括：生活适应、生活语文、生活数学、生活英语、感知训练、劳动技能、艺术休闲、绘画与手工、唱游与律动、运动与保健、特奥运动、综合实践活动、作业治疗、物理治疗、感觉运动、社会交往、信息技术、心理健康等课程的标准，涵盖了智障、自闭症、脑瘫三类学生，贯穿了培智九年义务教育，规定了各门课程的性质、目标、内容框架，提出教学和评价建议。课程标准的制定为各个学科的教学提供了科学的依据，保障了教学和学习的连续性和有效性。更重要的是，新研制的课程标准关注学生的兴趣与经验，密切教学内容与学生生活以及现代社会的联系，打破单纯地强调学科自身的系统性、逻辑性的局限,实现了学校三大类课程的整合和衔接。

3. 修订和出版了一系列校本教材

学校结合深圳的社会环境、地方文化、经济发展的特点,遵循由浅入深、循序渐进的"螺旋式"发展原则,开发了一系列校本教材。截至2016年12月,学校共编订了适用于智障、脑瘫、自闭症、听障、视障学生近60万字的课程标准,包括生活适应、生活语文、感觉运动、西式面点、特奥运动、物理治疗、信息技术、沟通与交往等24门学科,共240个教学主题,16本教学指导手册,1224册校本教材,并被全国400多所特殊教育学校借鉴使用。

4. 编写了教学指导手册

教学指导手册的编写注重学生潜能开发、缺陷补偿、身心的康复,强调给学生提供高质量的相关服务,体现学生发展差异的弹性要求。2008年至2016年,学校编写了《物理治疗训练指导手册》《脑瘫儿童肢体康复训练指导手册》《感觉运动康复训练指导手册》《西式面点教学指导手册》,保证了教学的有效实施。

5. 探索了有效的课堂教学模式

在教学实践中,学校利用校本课程资源,以生为本,积极探索适合特殊学生的各种教学模式,主要有个别化教学模式——为每位学生制订一份个别化教学计划;游戏化教学模式——针对特殊学生认知能力差、行为消极的缺陷,在课堂教学中教师们普遍采用游戏教学法,引导他们在音乐游戏、角色游戏以及各种竞赛游戏中学习各种知识和技能;情境教学模式——学校根据具体的知识点要求,设置相关的教学情境,利用相关的资源教室和社区资源来辅助学校达到相关的教学目标。通过课堂教学模式的探索,促进教师们的互动和交流,不断提高教师的课堂教学水平,有助于实现教学目标。

6. 构建了培智学校发展性评价体系

课题组在构建评价体系前,研究了我国培智学校学生评价现状,提出国内培智学校的学生评价在评价观念方面体现出多元化和发展性、评价内容呈现出多样化和具体性、评价方法以非正式评估为主,并引进多种评量方法,并在实践的基础上开始构建适合培智学校学生的发展性评价体系框架。

二、课程设计类课题研究

除了学校自上而下组织的校本课程开发课题外,学校教师还在教学实践中不断地进行反思,通过自下而上的课题申报的方式,自发进行课程设计。王瑛等教师在"单元主题教学法在聋儿语言训练中的应用"课题中,对低年级的听障学生实施单元主体教学法,并在实践的基础上,以听障学生的语言训练为目标,以校本课程开发为契机,通过校本课程开发活动,完成单元主题教学教材指引、教材的编写,形成听障学生语言训练的校本教材,以促进听障学生听、说、读能力的提高,并使之逐渐在其他科目中综合应用。最后在2003年7月形成了"单元主题教学教材"指引和两份个别化训练报告。指引共分8个主题,16个单元,每个单元中都包括了学习发音、学说词语、掌握语法、了解常识、交往要求五个部分。2003年9月,课题组根据上一阶段制订出"聋幼儿听力语言训练指引",按主题和单元讨论制订出其他各科的教学计划,并根据制订好的教学计划在各科中开始应用,同时开始了"聋幼儿听力语言训练教材"的编写工作。至2005年1月,根据实践及教材编写的情况,对指引初稿进行了修订,并形成了一份新的个别化训练报告和"聋幼儿听力语言训练教材"。

在自闭症学生课程设计方面,由于学校自闭症学生年龄差异大,病情较重,多无语言沟通能力,不良情绪行为相当严重,如何根据学生实际设置课程、编写教材、研究适合他们的教学方法是亟须解决的问题。邓永兴等教师为了解决实践中遇到的难题,在学习美国"应用行为分析"和借鉴香港"结构化教学"经验的基础上,申报了课题"应用行为分析、结构化教学课程、教材、教法研究",旨在研究适合学校自闭症学生的课程标准、教材和教法,全面提高教育教学质量,促进自闭症学生的全面发展。通过两年时间的研究,完成《应用行为分析和结构化教学》教材的编写,并完善了与教材使用相配套的教学环境。在教学环境得到改善后,结合学校主题教学内容,在语言沟通、生活适应两门学科教学中采用应用行为分析、结构化教学方式进行了大胆地尝试。

三、课程实施类课题研究

课程实施是课程开发的要素之一,是将课程设计运用于学生,并实现教学目标的过程。教学目标能否实现,各类课程和教材最终能否发生效用,关键在于课程实施阶段。课程实施类课题的研究主要表现为一线教师在教学过程中的行动研究,是教师在实践校本教材过程中的不断反思和经验总结,不仅能够提升教师的教学水平和理论素养,还可以推动校本课程的不断发展。学校不仅鼓励全体教师参与到校本课程的开发中来,还鼓励教师在教学实践中不断反思,让教师根据自己的实践经验自带课题参与课题研究。学校给予教师充足的经费支持,调动了教师课题研究的积极性,2002年至今,仅由学校教师自发申报的课题便有130项,大大推动了校本课程的实施和进一步发展。

(一)视障、听障类课题研究

视障课题实施方面,视障组的教师申报了课题"盲校小学语文教学创新的实践研究",教师在语文教学的过程中,发现盲校传统语文课程结构不尽合理,主要表现为普遍存在的重视语文学科课程,忽视语文活动课程;重视语文的显性课程,忽视语文的隐性课程等;学生主体作用没有得到充分发挥。和普通学生相比,视障学生课外阅读的盲文书籍非常少,语文学习视野狭窄,语文知识量明显不足,限制了视障学生语文创新能力的发展,造成学生不容易融会贯通教师课堂上讲的内容,学生的创新能力得不到及时的和有深度的训练。根据创新教育理论和目前学校视障部小学语文教学中存在的问题以及学校现有的教育教学条件,课题组重新审视学校视障部小学语文课程的内部结构及其相互关系,并在"以学科课程为主,实现学科课程、活动课程和潜在课程的整合"的语文课程结构的基础上,把创新作为一项基本原则贯穿于语文课程的编制与实施的各个环节,通过教育创新来实施创新教育。通过该课题的研究,实验教师在教学中关注视障学生的发展,关注学习过程,加强方法指导,培养视障学生的创新意识与能力。以视障学生"三项素质"(语文综合能力,创新能力,情感意志、习惯个性等非智力因素)和谐发展为重点,通过"三个课堂",即改革小课堂(教育课堂)、拓展中课堂(校内课堂)、开辟大课堂(社会课堂),抓住阅读、作文、口语交际这三条主线,形成大语文教育的框架,促进以语文素养为主的综合素质和谐发展,构建有利于视障学生自主学习、创造性学习的开放教学模式。

听障类课题实施的研究,集中于信息技术课堂的研究,通过信息技术课实现课程的衔接,为听障学生创造更广阔的学习空间。课题"中小学阶段聋生信息技术课中游戏化教学模式的实践与应用",在信息技术课堂中开发了鼠标球、三角动物拼图、特种任务、五笔字根、猜字母等游戏,提高学生对鼠标、键盘、字根输入法的掌握能力,增加了课堂的趣味性和吸引力。通过教学实践,课题组发现在听障学生信息技术课中运用游戏化模式教学,能激发他们的求知欲和学习兴趣,开阔他们的眼界,同时使听障学生长时间把精力集中在信息技术学习上,显著提高学习效率。课题"信息技术与聋校数学课堂教学整合的实践与研究",将信息技术作为工具进行探究性教学,将信息技术融入数学学科的教学设计、课件设计、教师指导性活动的设计、教法设计过程中,努力构建信息技术与数学学科整合的课堂教学模式。课题"汉字输入技能对听障学生缺陷补偿的作用研究",主要探讨了如何更好地对听障学生进行汉字输入技能的培养、汉字输入技能对听障学生语言能力的补偿作用、提高听障学生的语言表达与沟通能力对其提高汉字输入技能的反作用三方面的问题。针对以往学生在学习五笔字型的过程中汉字输入练习内容枯燥、学生容易失去兴趣的弊端,学校打破了以往学到哪一区字根就练习哪一区的汉字的常规,让学生在一开始学习五笔字型时就以练习实用语句为主,如:我们在小学五年级的五笔字型教学过程中,引入了"自我介绍"的汉字练习内容,收到了较好的教学效果。经过实践发现,汉字输入技能的提高、语言能力的发展,增强了学生与社会的交流和沟通能力,使学生的情绪、心理向良好的一面得到发展;学生语言能力提高较明显的学生,其汉字输入速度也提高较快。

(二)自闭症、脑瘫类课题研究

对自闭症、脑瘫学生课程实施的研究,主要集中于对康复方法和手段的运用与改进,以便更有效地对学生进行干预,尽早恢复学生的功能。

脑瘫学生教学方面,课题"上田治疗法应用于脑瘫儿童康复的研究",采用日本上田正发明的治疗脑瘫的运动疗法,对实验组学生进行康复训练,该疗法包括上田颈部法、上田肩部法、上田腰部法、上田上肢法、上田下肢法。经过一年上田疗法的康复训练,和实行常规训练的对照组相比,发现实验组的学生疗效更加明显,而且该疗法动作简单,容易操作,适合家庭和社区应用,课题组由此推广了上田疗法在脑瘫学生康复训练中的运用,大大提高了脑瘫学生的康复效果。秦涛、王树毅等教师在"特殊教育学校脑瘫儿童游戏课程的开发与实践研究"课题中,探索了可以训练学生精细动作、粗大动作、上下肢和躯干功能、手眼协调能力的各种游戏,把学生感兴趣的游戏融入康复训练中,增加训练的趣味性。课题组在脑瘫学生游戏课程的开发与实践研究过程中,发现游戏作为一种教学活动的手段,可以承载不同学科的信息,将学生所学的学科知识融入游戏当中,在干预的过程中实现学科的衔接和知识的整合。因此,在教育教学过程中,游戏可以作为不同学科之间合作的桥梁,可以促进学科间的合作。

自闭症学生的教学方面,邓永兴等教师通过个案研究法和实验前后对比法,探索了听觉治疗对自闭症学生攻击性行为的影响,认为通过听觉统合治疗,使大脑听觉皮层重新组织,促进对所有频率的知觉,减少对听觉信号的歪曲,通过过滤掉某些超敏频率的声音,减少内耳和(或)大脑中某些区域的敏感性,以此来矫正学生听觉系统对声音处理失调的现象,并刺激脑部活动,从而改善学生情绪行为问题。王霄等教师在"自闭症儿童问题行为及其对策研究"的课题中,对学校30名自闭症学生的问题行为进行观察,通过对教师、家长的访谈,对问题行为进行归类并对问题行为背后的原因进行探讨,并通过正强化、负强化以及感觉统合训练对自闭症学生的问题行为进行矫正和干预,取得了良好的效果。

(三)智力障碍类课题研究

林晓敏等教师在"引导式教学法在弱智学前语言教学中的应用"的课题中,编写了《智障幼儿语言能力基线评估表》和分析学生情况的《语言能力基线侧面图》，在此基础上编写了《引导式语言教学活动设计》，探索了引导式教学法在智障幼儿语言教学中的操作模式，对学校学前班的幼儿实施引导式教学，以智障幼儿为主体，以教师为主导，教师根据智障幼儿的兴趣和需要合理安排教学活动，引导他们观察问题、思考问题，让学生勤于开口、乐于开口，突破了原来的班级讲授模式。杨明等教师在教学实践中发现，尽管是按年龄把智力相近的学生安排在同一个班授课，但学生的心理和性格特征实际差异依然很大。照搬现行的全国培智学校音乐、美工教材要求和内容，统一授课，不能适应智障学生的个体发展需要。因此，杨明等教师申报了"个别化教学在智障儿童美术教学中的实践与研究"课题，开始探索个别化教学模式在智障学生美术教学中的应用，根据每个智障学生的实际情况，制订方案实施个别化教学，使智障学生真正在美术学习与美术活动中感受到快乐，从而使其情感和身心得到补偿。

四、课程评价类课题研究

传统的教育评估是通过标准化的测验来了解学生的智力水平以及学业成就等，但无法了解学生的学习潜能，无法了解经过一定的教学或训练之后学生将会发生哪些改变，而且对特殊学生的评价不能只靠单一的测验方法，如智力测验，还要选择恰当的评价方法对其情感状况、沟通技能、适应行为等方面作出综合评价。为了构建适合特殊学生的评价体系，学校申报了省级课题"培智学校学生发展性评价体系的研究"。该课题的目的是为了制定学生发展性评价指标体系和发展性评价的实施策略。课题组为了解广东省培智学校教师和家长对学生评价的基本态度和建议，编制了《培智学校学生评价》教师版和家长版的调查问卷，在深圳元平特殊教育学校、中山特殊教育学校、湛江特殊教育学校、广州越秀区启智学校等11所广东省特殊教育学校进行了调查。在掌握充分的理论依据和实践依据的基础上，学校初步构建了培智学校学生的发展性评价体系框架（图2-4），并提出了操作性强的发展性评价的实施策略：① 识读学生，把握需求，实施教学前诊断性评价，学校制定了基线评价表；② 改进教学，修正学习进度，实施形成性学生评价，制订了17个领域的《学科领域的评价表》《学校家庭教育联系册》。其中《学校家庭教育联系册》不仅为学校和家长搭建了沟通平台，而且还是一本动态的学生成长档案，发挥了成长档案袋的作用；③ 实施总结性学生评价，制定了《期末评估报告单》。另外，在评价主体方面，通过学生自评、学生互评、教师评价、家长评价、校领导评价等评价方式对学生的发展水平进行考察；在评估的范围方面，有综合评估、学科评估、单项技能评估；在评估形式方面，有动态评估、静态评估；在评估方法方面，有评估、测试、测验(试卷或口头)。为了更好地对学生实施发展性评价,学校对参与课题的成员进行教育评价专题培训及相关的信息技术培训,并寻求学校信息中心的技术支持,将本评价体系做成实用性和技术性相结合的高效评价平台。

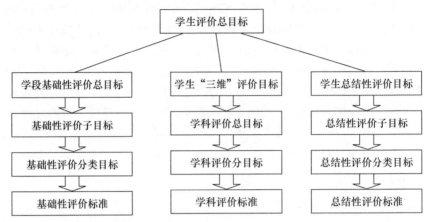

图 2-4 学生评价指标体系结构示意图

第4节　课程体系的发展

社会的发展日新月异,对人才的规格和质量也在不断地提升,为了使特殊学生能跟上时代的步伐,适应社会的新要求,并努力挖掘特殊学生的潜能和优势,为特殊学生创造更多的生存空间,学校构建了动态的、不断发展的同心圆扩展课程体系,只要是能够促进特殊学生发展的、能提高特殊学生社会适应能力的内容都可以纳入课程体系中。近年来,学校的课程体系有了新的发展,主要体现在信息技术进课程、特奥项目进课程、家长参与进课程、家政服务进课程四个方面。

一、信息技术进课程

信息社会已经来临,初见端倪的知识经济预示着人类经济社会生活将发生新的巨大变化,信息的获取、传输、处理和应用能力将作为人们最基本的能力和文化水平的标志。以计算机技术、微电子技术和通信技术为特征的现代信息技术,已在社会各个领域中得到广泛应用,正在改变着人们的生产与生活方式、工作与学习方式。为适应时代的要求,国家在《中共中央国务院关于深化教育改革 全面推进素质教育的决定》中指出:"大力提高教育技术手段的现代化水平和教育信息化程度。""在高中阶段的学校和有条件的初中、小学普及计算机操作和信息技术教育,使教育科研网络进入全部高等学校和骨干中等职业学校,逐步进入中小学。"因此,教育部决定加快中小学信息技术课程的建设,信息技术教育和信息技术的应用成果在全国推广应用。

特殊学生掌握一定的信息技术能力,对适应信息社会的学习、工作和生活,顺利融入社会十分重要。学校为了使特殊学生毕业后能够顺应信息社会的要求,1991年建校伊始,学校就率先从聋教育部小学开始开设电脑课,后调整为信息技术课。学校信息技术课主要为智障学生、听障学生和视障学生开设,考虑到三类学生不同发展特点和康复需求,三类学生信息技术课的开设情况有所差异。

1. 智障学生信息技术课开设情况

智障学生从四年级开始开设信息技术课程,内容分为三个学段:四、五年级为第一学段,六、七年级为第二学段,八、九年级为第三学段。轻度班每周3课时,中度和重度班每周2课时。四至五年级主要是培养学生的信息技术学科兴趣,掌握基本的计算机操作基础知识,掌握键盘几个功能区的分布和键位,掌握英文字母大小写,掌握固定电话和移动电话的使用方法。六至七年级是学习操作系统的一些基础知识,文件操作,学习中文录入方法,学会使用数码相机和打印机。八至九年级是掌握办公软件和上网的有关知识,学会使用扫描仪、传真机和复印机。

2. 听障学生信息技术课开设情况

听障学生从三年级开始开设信息技术课程,贯穿六个年级,各个年级每周均为2课时。内容分为两个学段:三至五年级为第一学段,六至八年级为第二学段。第一学段:重点学习计算机入门的基础知识,学习图形的绘制与处理以及简单的操作系统的相关知识,了解信息技术基本工具的具体内容及其使用方法,着重学习一种汉字输入的方法及字处理的软件 Word 的使用。第二学段:主要学习演示文稿的制作、字表处理软件的使用、图像、动画、视频等多媒体素材的处理及网页制作等信息技术的综合应用,并进一步熟练掌握一种汉字输入方法。

3. 视障学生信息技术课开设情况

根据国家新课改的理念,盲校基础教育阶段,信息技术教育应该遵循视障学生不同年龄生理心理的需求和特点,也应该考虑视力补偿、各种能力的培养,学校对视障学生从一年级开始开设信息技术课程,贯穿九个年级,内容分为三个学段,每一学段由浅入深分为三个年级。一至三年级为第一学段,课程内容包括信息技术初步知识、操作系统简单介绍、计算机辅助学科教学、利用计算机进行欣赏四部分。四至六年级为第二学段,课程内容包括盲用语音软件、信息获取模块、信息加工与表达、信息技术与社会、文字处理模块五大模块。七至九年级为第三学段,课程内容包括信息技术简介、操作系统简介、计算机系统的硬件与软件、网络基础及其应用、用计算机处理数据五大模块。

二、特奥项目进课程

　　特奥运动是学生在教师课堂教学的组织、引导下,力所能及地参加以特殊奥林匹克运动为主体的一门体育运动课程,旨在使学生增强体能,开发智能,提高社交活动能力,从而促进其生理和心理的康复,为他们平等参与社会生活创造条件和机会。国家每四年举办一次特殊奥林匹克运动会,为智障学生参与日常奥林匹克体育训练及竞赛创造条件和机会,使他们发挥潜能、勇敢表现。学校一直以来十分重视训练智障学生的特奥运动技能,尽量让更多的学生参加特殊奥林匹克运动会,并成为全国特奥培训基地。学校特奥技能训练经验丰富,学生基础广泛,师资力量雄厚,设施场地完善,具备开发特奥课程的相关资源。因此,学校根据学生特点和学校优势条件,在原有课程的基础上为轻度和中度智障学生开设了能够体现学校特色的特奥运动课,并编写了特奥运动课程标准和教学指导手册。

　　特奥课程内容的编写结合特奥运动的项目和学校实际情况,结合体育与健康课程学习的内容领域,将特奥运动课程内容划分为运动参与、运动技能、身体健康、心理健康和社会适应五个学习领域。其中运动技能的内容是在充分利用学校的资源优势,设立了游泳、硬地滚球、羽毛球、足球、高尔夫、轮滑等优势特奥运动项目,充分发挥了学校作为中国特奥培训基地和深圳市残疾人体育训练基地的作用。

　　特奥课程主要为轻、中度的智障学生开设,这两种类型的学生从一年级开始开设特奥运动课程,贯穿九个年级,每个年级特奥运动课时安排均为每周一节,并根据学生身心发展的特点,遵循特奥运动的主要特点,将课程内容划分为3个阶段,分别为一至三年级、四至六年级、七至九年级。考虑到学校和学生各方面的差异性,特奥课程根据其能力安排相对应的学习目标和内容。例如针对运动技能这一领域,要求一至三年级学生能知道简单的特奥运动动作的术语;初步掌握简单的特奥运动技术动作(如拍球、投篮和运球等);四至六年级学生知道所练习项目的术语,能观看特奥运动比赛,能初步掌握特奥运动的基本技术,并初步具有参加特奥队制比赛的能力和自我保护意识;七至九年级学生要求了解所学特奥运动项目的简单技战术知识和竞赛规则,并能观赏特奥运动的比赛及关注国内外的重大特奥赛事,同时,具有一两项特奥运动的基本比赛技能,具有参加特奥队制比赛的能力和较好的自我保护能力。

三、家长参与进课程

家长是儿童早期发展最重要的影响因素,是儿童的第一任老师,家长和儿童的联系最紧密、最持久;而学校是对儿童进行教育的场所,是儿童入学后主要的生活场所。相对于与其他社会环境的关系,家庭和学校间的联系更直接、更紧密。如果学校和家长建立良好的合作关系,就能相互促进,并更好地发挥各自的作用,为孩子的健康发展创造一个优良的外部环境,从而最大限度地发挥孩子的潜能。因此,重视家长的参与作用,鼓励家长参与学校教育,是现代教育发展的一大趋势。

(一)强调家长参与进课程的重要性

1. 课程编制阶段,注重家长的参与

特殊学生的个体差异很大,特殊学校课程在开发时必须考虑学生个体间的差异,保证课程的内容能够尽量适合各个层次的学生。学校的核心课程是生活适应,基于学生的生活经验设计课程,课程的开发者与安排者必须清楚学生的发展水平、兴趣和需要,并了解学生的生活经验,而家长最了解学生的发展状况,因此,学校可以通过家长了解学生的生活背景和康复需求,在全面了解学生的基础上,以保证开发出最适合特殊学生的课程。因此,学校在课程开发阶段注重将家长纳入其中,听询家长的意见,特别是在开发康复类课程时,教师必须认真咨询家长的意见,以对学生做出全面的诊断和评估,并了解学生曾经接受过哪些方面的治疗,哪些治疗对学生有效,哪些治疗方法学生不宜使用,以选择最合适的课程内容来满足学生的康复需求。例如,2008年,为了开发适合脑瘫学生的物理治疗课程,学校除了召开专任教师座谈会,还专门召开了三次家长会,深入讨论物理治疗内容的选择问题,在此基础上完善了《物理治疗课程标准》的编写,为学校脑瘫学生康复教育的顺利开展打下良好基础。

2. 课程实施阶段,重视家长的参与

特殊学校的课程在实施时,考虑到特殊学生个体间的差异和个体内的差异,必须为学生制订个别化教育计划,个别化教育计划的制订除了要有学校行政人员、教师及专业人员参加外,家长必须参加,并有权发表意见,对于他们提出的意见,学校应认真考虑。因此,课程的实施也必须重视家长的参与。此外,课程的实施能否保证课程目标得到有效的实现,家长是关键因素之一。学校的课程目标是通过对特殊学生实施各类教育和康复,提高特殊学生的身心发展水平和社会适应能力,最终使学生融入社会,为此,学校开设了专门的生活适应课和劳动技能课,从培养学生的生活自理能力入手来提高学生的社会适应能力。在这些课程中,教给学生生活技能,例如衣物整理、家庭清洁、烹煮食物等，需要家长在家庭自然的情境中，让学生多次练习和强化，才能让学生真正掌握，而且学生在生活自理方面的能力也更适合以家庭为本位进行训练。如果家长不了解学校的课程目标和课程内容，难以保证学生将在学校中学习的知识和技能在其他环境中迁移和泛化，有的家长甚至在家中凡事替孩子包办，让特殊学生养成依赖的习惯，不利于提高他们的生活自理能力。

为了保证课程实施的有效性，实现学校课程的教育目标，必须将学校教育和家庭教育结合起来，否则学生一旦离开学校，学生的康复和教育将中断。因此，学校不仅重视对学生进行教育和康复，还注重教育和康复技能在家长身上的迁移。让家长参与到学校教育中，了解学校的教育计划、教育目标，并进入课堂辅助孩子学习，不仅能让家长结合孩子的自身特点及家庭情况，对孩子施加有目的、有计划的影响，从而实现家庭教育对学校教育的有效补充，还能让家长在课堂上辅助孩子学习的过程中提升训练技能。

3. 课程评价阶段，关注家长的参与

随着新课程改革的进行，课程评价理念发生了转变，对评价主体的要求也发生了变化。《基础教育课程改革纲要（试行）》强调，要"建立以教师自评为主，校长、教师、学生、家长共同参与的评价制度"和"建立教育部门、家长以及社会各界有效参与课程建设和学校管理的制度"[①]，从而为家长参与课程评价提供了政策依据。家长参与课程评价既可以对课程实施过程进行评价，也可以对课程实施结果进行评价。由于家长跟随学生进班听课，对于该类学生的所有课程家长均有了解，他们能够从学校课程发展的整体角度对课程的实施过程进行评价，有利于加强各类课程间的联系，有助于实现学校各类课程的整合。课程实施后，要对学生进行阶段性评估和总结性评估，以了解学生的发展状态并检查能否达到课程的预期培养目标。在评估的过程中，家长参与可以为教师提供有关学生发展状况的信息，让教师了解学生的动态发展过程，有利于做出最真实、最全面的评估，以调整课程内容和教学方案。因此，学校注重将家长纳入课程评价的工作中，制定了课程实施情况意见表之家长版，向家长了解课程在实施过程中存在的问题，并编写了《学校家庭教育联系册》，为学生制定动态的成长档案。

（二）保证家长参与进课程的有效性

1. 保证重度障碍学生有家庭成员辅助

学校招收的特殊学生人数多，学生的残疾程度重，尤其是很多脑瘫学生和

---

① 钟启泉，等. 为了中华民族的复兴，为了每位学生的发展——基础教育课程改革纲要（试行）解读[M]. 上海：华东师范大学出版社，2001：10.

自闭症学生甚至不具备基本的生活自理能力，考虑到学校的师生比例以及学生家庭康复的重要性，学校要求残疾程度重的特殊学生必须有一名家庭辅助成员参与到学生的教育和康复中。目前学校的家庭辅助成员除了学生的家长外，还有家长为孩子请的专门负责学生生活和学习的生活指导员。家长进入课堂，与教师合作一起实施课堂的教学，提高了课堂教学的效率，例如，在串珠、编制、绘画等课堂上，学生的精细动作差，很难独立完成任务，家长的介入保证学生得到一对一的辅导；在脑瘫学生的运动技能训练课上，学生存在严重的肢体障碍，每个动作都需要辅助，家长参与其中保证了学生能够得到及时的辅助。

2. 帮助家长掌握特殊教育的基本知识和技能技巧

特殊学生的康复需要持续地进行，课堂的教学只是学生康复的一部分。家长是孩子长期的陪伴者，可以抓住学习和生活中的每一次机会对学生进行干预，因此，让家长掌握康复技能能够对学校康复进行补充。为了帮助家长掌握特殊教育的知识和技能，学校定期为家长举办实用性强的讲座和培训，并为家长发放培训资料。例如，学校康复部于2011年向家长开展了主题为"我们的天使和我们——高品质陪伴孩子"的系列讲座活动，讲座教师通过丰富的教学实例，使家长们对家庭教育、亲子关系有了更深刻的认识和感悟。除了公开的讲座，学校教师在课堂教学中，十分注意引导家长在辅助孩子的过程中掌握训练特殊学生的基本知识、技能技巧。例如，让家长掌握帮助视障学生定向行走训练和保护残余势力的方法，帮助听障学生语言训练的方法，帮助自闭症学生掌握社会交往技能的方法以及帮助脑瘫学生进行上下肢功能训练的方法等，保证各类特殊学生得到及时、有效的干预。

3. 成立家长委员会，加强家校合作

为了保证家长更积极有效的参与学校事务，鼓励家长参与，学校成立家长委员会，家长委员会由1名主任，若干名副主任组成。家长委员会对学校工作计划和重要决策，特别是事关学生和家长切身利益的事项提出意见和建议。对学校教育教学和管理工作予以支持，积极配合。对学校开展的教育教学活动进行监督，帮助学校改进工作。家长委员会定期召开家长会、家长教师交流会，广泛征集家长对学校课程建设的建议，促进家长和学校、家长和教师的联系与沟通。例如，职业教育教学部在设置职业教育的课程、康复教育教学部在制定听力语言训练课程时就多次召开家长会，实现了家校合作办学的模式。

4. 提供多样化的参与方式

由于家长的教育程度、职业背景、社会身份不同，对参与学校教育的能力、期望及时间和精力也会各异，学校应充分考虑到以上因素，建立多样的参与方式和途径,使具有不同背景的家长均能参与到学校教育中来,以保证家长参与的积极性和有效性。学校首先保证家长能够广泛参与到学校各项事务中。让家长作为校务委员参与学校的决策,作为日常活动和课外活动的协助者参与学校的活动,作为学习辅导者、资料提供者和行为矫正者参与学生的个别化教育。另外,学校为家长参与学校教育提供多种方便可行的途径。例如学校开通了家校热线、家长意见箱、家校网上互动专栏,并通过课堂开放周、教学开放日等活动为家长参与学校教育提供了便利。

四、家政服务进课程

家政服务的工作范围一般包括家居保洁、家庭烹饪、家庭护理、家庭装饰维修保养、宠物护养与植物养护类、家庭咨询类、家庭教育等。随着社会的发展,家政服务不再被认为是不体面的工作,而和所有其他职业一样被看作是社会分工下的一种行业。2000年,劳动和社会保障部正式认定"家庭服务员"这一职业,家政服务踏上自身的"职业化"发展道路。劳动与社会保障部提出将发展家政服务作为扩大就业的一个新领域,此举将家政服务作为国家的正式职业来对待。家政服务的内容实用性强,除了作为一项专门的就业技能之外,对于特殊学生来说,家政中的家居清洁、烹饪等也是他们服务自身家庭,实现独立生活不可或缺的技能。为了提高特殊学生的生活适应能力,同时也让他们适应社会职场的新需求,为他们开辟更多的就业途径,学校在学校课程中新增了家政服务的内容。

(一)义务教育阶段

在义务教育阶段,特殊学生需要掌握各种最基本的生活自理能力以及简单的家务劳动技能,因此小学阶段的家政服务内容开设在劳动技能课中,而没有作为一门单独的课程。劳动技能课中家政服务的内容包括整理物品(包括整理和摆放生活用品、学习用品等)、家庭清洁(清洁地面、擦拭与刷洗等)、衣物的清洁和整理、食物加工(认识常见食物,认识与使用常见厨具、餐具,烹煮食物,常见家用厨具的使用和维护,常见厨具的清洁、整理和消毒等)。通过劳动技能的训练,使学生形成正确的劳动态度,掌握简单的劳动技能,具备一定的社会适应和职业适应能力。根据各阶段学生的身体发育特点,低年级的家政服务主要学习一些简单的环境整理技能,培养良好的劳动习惯;中年级的家政课以学习烹饪为主;高年级的家政课以清洁服务为主,与高中职业教育接轨。

(二)职业教育阶段

职业教育阶段的家政课以就业为导向,课程的内容与社会的需求相结合,更加专业。考虑到特殊学生的实际发展水平,对家庭烹饪、家庭护理、家庭咨询、家庭教育等职业内容要求较高,特殊学生取得此类职业的就业资格证有困难,学校调整家政服务的课程内容,降低课程难度,将课程内容锁定为家庭和社区的清洁与维护,并将家政服务改名为日常清洁与维护,以实现学生对自我家庭清洁和对社区清洁的服务。高中一年级阶段课程设置的主要内容是整理打扫家居卫生,包括整理打扫客厅、卧室、厨房、卫生间等内容,每周4个课时。高中二年级阶段课程设置的主要内容是学习清洁家用电器,包括电水壶、电磁炉、电饭锅、电冰箱的日常清洁等,每周2个课时。高中三年级阶段课程设置的主要内容是常规的安全教育,主要结合高中一年级和二年级的教育内容,通过事故案例,向学生介绍日常清洁中需要掌握的安全知识和安全技术等。

第3章 教育类校本课程开发

为适应特殊教育教学改革的发展,建立具有深圳特区特色的特殊学生发展需要的课程体系,学校从2001年开始推进课程改革,先后成立了智障教材编写小组和校本课程改革与发展委员会,由校长亲自主持此项工作,目前已在国内率先构建起满足不同残疾程度和类型学生需求的"教育、康复、职业训练"相结合的课程体系。课程改革取得了丰硕的成果,编写完成了适用于轻、中、重度智障学生、自闭症学生、脑瘫学生五个不同层次学生的教学指引,在课程改革过程中,学生家长对学校工作进展非常满意,教师的专业能力得到了提升。

第1节 实施原则

学校教育是由专职人员和专门机构承担的有目的、有系统、有组织的,以影响受教育者的身心发展为直接目标的社会活动。特殊学生作为特殊群体,在感知、记忆、思维、语言、个性等方面与普通学生存在着明显的差距,因此在学校教育中应当采用适合特殊学生特点的教学方法和教材来提高其认知能力。为了满足特殊学生的学习需求,给教育者(教师、家长和康复训练人员等)开展教学与康复训练提供依据,学校贯彻《中共中央、国务院关于深化教育改革全面推进素质教育的决定》和《关于"十五"期间进一步推进特殊教育改革和发展的意见》的基本精神,根据国家教育部2007年颁布的《培智学校义务教育课程设置实验方案》《盲校义务教育课程设置实验方案》和《聋校义务教育课程设置实验方案》的具体要求,着力建设适合本校学生实际的校本课程。经过多年的发展,积累了丰富的教学经验和完善的资料体系,并建立了教材资源库。学校校本课程开发始终坚持以生为本的课程观,以求课程适应各类特殊学生的身心特点和教育需要,实现个体最大限度的发展。

一、坚持以国家政策为导向的原则

我国课程改革的发展方向是给地方和学校更多的课程开发和设计的权力与职责,鼓励学校在认真实施国家课程的基础上,开发各具特色的多样化的校本课程。国家和地方政策从宏观上对我国基础教育课程改革做出方向性的指导,2001年《国务院关于基础教育课程改革与发展的决定》中,教育部决定大力推进基础教育课程改革,在"教材开发与管理"一条中提出:完善基础教育教材管理制度,实行教材的高质量与多样化。实行国家基础要求指导下的教材多样化政策,鼓励有关机构、出版部门等依据国家课程标准组织编写中小学教材。① 广东省教育事业"十五"计划在"深化教学改革"一项中指出,要"推进课程教材的改革。修改中小学课程计划和课程标准,中小学教材多元化。扩大学校开设课程和选用教材的自主权。建立包括国家课程、地方课程和学校课程在内的中小学课程体系,加强信息技术、英语和其他专业课程的整合"②。广东省人民政府办公厅《关于进一步加快特殊教育事业发展的实施意见》,第二条"加快特殊教育学校建设"中指出,特殊教育学校要在开足开好劳动技术、综合实践活动等课程的同时,开设符合学生特点、适应当地需要的职业课程。加强残疾人中等职业学校骨干专业课程建设,加强学生的成长学习和社会实践,促进职业教育实训基地共建共享,做好残疾学生的就业指导工作。③

目前我国已有的《全日制盲校课程计划(试行)》《全日制聋校课程计划(试行)》《全日制弱智学校(班)课程计划(征求意见稿)》较为普教化,不能从实际角度培养学生的就业能力和适应能力。根据基础教育改革和特殊教育事业发展的要求,国家教育部修订了以上课程计划并于2007年颁布了三类课程设置实验方案,深圳元平特殊教育学校以教育部颁布的三类课程设置实验方案为依据,积极行动,借鉴国外及我国港澳台地区特殊教育课程体系,结合自身特点进行众多的校本课程改革的探索,对课程基本原理、理论及问题进行相关的研究,积极吸收国家课程对校本课程的基本指导作用,同时借鉴我国特殊学校校本课程的实践经验,总结和提升特殊学校校本课程开发的理论,积极开发适合自身的校本课程,最终形成系统的、适合本校学生实际的较为完整的教育类校本课程。

二、坚持以生活适应为核心的原则

学校开发教育类校本课程是以生活适应课为核心,把与生活适应相关联

---

① 吉林教育督导网.国务院关于基础教育课程改革与发展的决定[EB/OL]. http://www.edu.cn/20010926/3002911.shtml,2001-5-29.

② 广东省人民政府.广东省教育事业"十五"计划[EB/OL]. http://www.gd.gov.cn/govpub/fzgh/hygh/0200606140078.htm,2002-08-16.

③ 广东省人民政府.关于进一步加快特殊教育事业发展的实施意见[EB/OL]. http://zwgk.gd.gov.cn/006939748/201108/t20110810_207516.html,2011-08-03.

的其他各学科知识有机地融合起来，体现对学生素质的最基本要求，着眼于学生适应生活、适应社会的基本需求。《基础教育课程改革纲要（试行）》明确要求开展综合性学科的教学，因此，学校在课程建构的模式上采用"整合课程"的模式，以生活适应科为核心学科，打破学科界限，实现跨学科建构，通过不同的主题单元衔接各年级的不同目标和不同领域。

学校开发并出版的"生活适应"教材是以提高学生的生活能力为目的，以学生当前及未来生活中的各种生活常识、技能、经验为课程内容，培养学生具有生活自理能力、简单家务劳动能力、自我保护能力和社会适应能力，使之尽可能成为一个独立的社会公民。生活适应教材采取单元策略的形式来处理学科内容，围绕学会生存、学会适应、学会发展三大目标，安排了认识自我、个人生活、家庭生活、学校生活、社区生活、社会生活与各层次特殊学生密切相关的六大领域知识。教材的编写以《基础教育课程改革纲要》精神里"三个面向"和"三个代表"为指导思想，全面贯彻党和国家的特殊教育方针。生活适应教材以学生生活、活动为核心，突破普校教材单纯知识技能教学的狭隘，加强情感、态度、价值观的教育引导和养成。以"学习为生活和生存的引导"的思想，努力使生活适应教材更加贴近学生生活，让学生通过学习了解社会、懂得生活。学校其他课程设置及校本课程开发都是以生活适应课为核心开展的。

三、坚持以学生特点为基础的原则

特殊学生是指与正常学生在各方面有显著差异的各类学生，这些差异可表现在智力、感官、情绪、肢体、行为或言语等方面。特殊教育是教育的组成部分，使用一般的或经过特别设计的课程、教材、教法和教学组织形式及教学设备，对有特殊需要的学生进行的旨在达到一般和特殊培养目标的教育。特殊教育学校是对特殊学生实施教育的形式之一，随着特殊教育学校招收特殊学生类型的不断增多，学生在具有智力障碍的同时伴随着心理、言语、认知、肢体功能、社会适应等方面的障碍。深圳元平特殊教育学校为帮助不同层次的特殊学生更好地适应生活、适应社会，进一步提高教育、康复、职业训练的针对性和有效性，开发一套从内容到教学模式都适合特殊学生身心发展的教育类校本教材，并为广大教育工作者提供了多样化选择，为我国培智教育教材的开发积累丰富的经验。

学校始终坚持"以生为本，育残成才"的办学宗旨，创造"最少受限制环境"。比如中度智障学生的智力功能和适应行为方面存在实质性限制，适应性技能缺陷是中度智障学生最主要的功能缺陷。为培养学生的适应能力与技巧，校本教材内容贴近学生生活，课程设置灵活，知识的逻辑顺序符合中度智障学生生理、心理发展规律和特点。因此学校开发校本课程过程中始终强调以生活为核心，发挥学生主体性，根据智障学生、脑瘫学生、自闭症学生的身心特点和发展规律，以其现实生活为教材内容的主要源泉，以密切联系学生生活的主题活动为载体，以正确的价值观引导学生在生活中发展，在发展中生活，最大限度地开发学生的潜能，补偿他们的缺陷，满足其适应生活、适应社会的基本需求，体现以人为本、以生为本，让学生真正成为学习的主体。如学校的《生活适应》教材充分利用智障学生的视觉、听觉、触觉等多种感觉特点，结合他们的学习特点、审美习惯和接受能力，将教材设计为大开本，强调图文并茂，以图为主，配以简明朴实、准确规范、简洁精练的语言文字，从不同角度、不同方面为学生提供现实的生活案例。特别是针对一些关键、细微的连续操作性动作过程，本套教材则采用图示的方法表明，减少文字量，使学生在教师示范后，可以依据教材的图示进行自我训练或练习。

四、坚持以能力分层为特色的原则

学校充分关注特殊学生身体、兴趣和动作技能等方面的个体差异，根据他们的差异性确定课程目标和教材内容，并提出可行的分层分类的实施建议，通过不同层级目标的教育训练，使他们掌握生存的基本技能和态度，并搭建起终身学习的平台，从而保证每个学生都能体验到学习和成功的乐趣，以满足个体发展的需要，促进学生个性的健康发展，最终使他们成为适应社会发展的公民。一般来说，小学阶段特殊学生偏重自我概念的认识、学校生活、家庭生活的适应及简单的动作、技能训练，中学阶段则要学习社会的基本常识，扩展生活的圈子，运用已有的知识和技能解决独立生活、交往、准备就业、自我学习等方面的问题。

考虑到特殊学生知识点容易遗忘的特点，校本课程在内容设计上采用"螺旋式"编排，知识点不是简单的重复，而是层层递进，螺旋式循环上升，这样可以强化学生记忆，巩固所学知识。横向比较，则涉及的内容空间逐渐扩大。从学生对自我的认识和了解，扩展到对家庭、学校、社区、自然界以及整个社会这一渐渐外扩的环境和背景的认知和适应。纵向看来，则涉及的发展跨度逐渐加深，从基本的生活自理能力，到生存、适应和发展能力的提升。学校在开发教育类校本课程时，设置分层练习，尊重学生个体差异，教材充分考虑到特殊学生能力水平差异的特点，在练习题里设置了星星、月亮、太阳三个不同层次的操作内容，以适应不同能力层次学生的需求。同时，采用多主体、开放性的评价，不仅倡导形成性评价，注重评价的形成性功能，还倡导自我评价，尊重学生的自我感受。例如：生活适应课的"单元评价"板块从自我评价、家长评价、教师评价三个方面对特殊学生的掌握程度予以评估。

五、坚持以地方特色为优势的原则

2007年,国家颁布的《培智学校义务教育课程设置实验方案》提出:"学校可根据地域特征、社会环境、经济文化发展的特点,以及学生实际生活需要,设置和开发具有本校特点的课程。课程的开设应当充分利用和挖掘学校与地方的课程资源。"学校在开发校本课程时立足于广东省的人文环境、地理位置、气候特点、教育现状、经济状况等特点,结合国际特教发展状况和我国教育课程改革的大背景。教学内容遵循由浅入深、循序渐进的"螺旋式"发展原则进行安排,最大限度地开发特殊学生的潜能,补偿他们的缺陷,促进其全面发展,帮助他们适应生活,适应社会,培养学生良好的个性和健全的人格,促进学生各方面和谐发展。学校结合深圳的社会环境、地方文化、经济发展的特点,开发"生活适应"课程,其中《我爱广东》《深圳是我家》《深圳的夏天》等教学主题集中体现了广东地方特色,尤其是深圳地方特色,使学生知道家乡的风景名胜、资源和气候特征等,关心家乡的发展变化,适应地方生活。考虑到深圳地处经济发达的广东省,毗邻港澳,对外开放,经济文化的对外交流合作已成为社会生活的一部分。因此,学校十分有必要对深圳地区的有能力的特殊学生进行简单实用的生活英语知识的培训,开设生活英语课程。同时,学校是全国特奥培训基地,学生基础广泛,师资力量雄厚,设施场地完善,具备开发特奥课程的相关资源。学校根据深圳的地域特征、社会环境、经济文化发展的特点以及学生实际生活需求,在轻、中度智障班级开设特奥运动课。

第2节 结构体系

深圳元平特殊教育学校教育类校本课程开发自2001年至今已有十多个年头,在学校领导的带领下,在全校教师参与校本课程开发的积极配合和努力下,基本完成了适合本校各类学生的校本课程,并形成了较为完整的各类学生科目设置体系和课程设置体系。科目设置中包括了国家课程标准要求的一般性课程和选择性课程,同时结合本校实际开设了活动课程,强调以生活适应为核心,着眼于各类特殊学生生活能力的培养并将生活适应理念渗透到其他课程之中。学校校本课程开发不但在广东省特殊教育学校校本课程开发中影响深远,而且对全国特殊教育学校校本课程发展具有一定的借鉴意义。学校的教育类校本课程开发主要是针对义务教育阶段,高中阶段的学校教育类课程是对义务教育阶段的巩固和升华。下面主要介绍义务教育阶段各类学生的校本课程开发。

一、各类特殊学生的课程设置

学校的学生类型分为智障学生、听障学生、视障学生、自闭症学生和脑瘫学生五类,学校在国家课程设置的基础上,积极开发研制适合本校办学特色和学生发展的校本课程,制定各类课程的课程标准及教师指导手册,开设了一些选择性课程和活动课程,为全面发展学生的能力提供条件,以便发展学生的能力,为学生更好地走入社会打下坚实的基础。各类特殊学生的课程设置表请参见本书第 2 章中表 2-1、表 2-3、表 2-4、表 2-5 和表 2-7 各类学生义务教育阶段课程设置。

(一) 智障学生课程设置

智障学生教育的主要目标是培养其妥善处理和应付个人和家庭生活问题的能力;发展其语言和社会交往能力;发展其身心机能,矫正身心缺陷;最后发展智障学生的职业能力,使其掌握一技之长,毕业后能够参与正常人的社会生活,找到自己力所能及的职业,经济上独立或半独立。[①] 学校根据国家实验方案,构建了针对轻、中、重度智障学生的由一般性课程、选择性课程、活动课程三部分构成的义务教育课程体系,在国家实验方案的基础上增设了活动课程。学校的课程设置与国家的课程设置基本一致,但是在不同程度、不同年级的课程安排上有所不同。

1. 一般性课程

(1) 生活适应

与国家课程设置实验方案相比,学校轻、中、重度智障学生生活适应的课时都有不同程度的增加,其原因一方面是生活适应对智障学生的发展至关重要,另一方面生活适应是学校的核心课程,因此学校根据学生的实际情况做出了相应的调整。轻度智障学生义务教育课程设置中,生活适应课低年级每周 4 课时,中年级每周 3 课时,高年级每周 2 课时。中度智障学生生活适应课低年级每周 4 课时,中年级、高年级每周 3 课时。重度智障学生生活适应课低年级每周 5 课时,中年级每周 4 课时,高年级每周 4 课时。

(2) 生活数学

重度智障学生的生活数学,低、中年级每周 2 课时,高年级每周 1 课时。与国家课程设置实验方案相比,高年级减少了 3 课时。智障学生尤其是重度智障学生的生理和心理发展是不平衡的,并非越往高年级智力程度越好,在一

---

① 陈云英.中国特殊教育学基础[M].北京:教育科学出版社,2004:205-206.

定情况下还可能在很多技能方面有退步的现象,所以,根据智障学生的认知特点,高年级课时量减少了3课时。

（3）劳动技能

轻、中度智障学生的劳动技能课低年级每周1课时,中年级每周2课时,高年级每周3课时(其中家政2课时,职前劳动1课时),符合国家课程设置实验方案的要求。根据各阶段学生的身体发育特点,低年级劳动技能课主要学习一些简单的环境整理、废物处理、工艺制作的知识和技能,培养良好的劳动习惯;中年级劳动技能课学习以烹饪为主的家政课(2课时);高年级劳动技能课包括两方面内容:家政(2课时)和职前劳动(1课时)。为了与学校高中职业教育接轨,职前劳动的学习内容主要是简单的园艺劳动或清洁服务。重度智障学生的课程设置是低年级每周1课时,中年级每周2课时,高年级每周4课时。与国家课程设置实验方案相比,高年级课时量增加了1课时。

（4）运动与保健

低、中年级每周3课时,高年级每周4课时。与国家课程设置实验方案相比,重度智障高年级课时量增加了1课时。学校考虑到重度智障高年级学生进入青春期,精力充沛、活动欲望强烈,如果排解和发泄的机会少,学生就会出现较多的情绪和行为问题,所以高年级的运动与保健课每周增加了1课时。

2. 选择性课程

选择性课程是根据学生的潜能开发需要及本校校本课程的开发情况而设计的课程,学校的选择性课程共五大领域:信息技术、感知训练、生活英语、艺术休闲和特奥运动。学校在开设选择性课程时,根据学生的实际实行弹性的课时安排。

3. 活动课程

学校增设了活动课程,主要是指班会、团队活动、课外活动等。将活动课程纳入计划表的目的是为了加强全校班团活动、课外活动的统一组织和安排,使其有可靠的保证。班会主要是通过专题教育活动形式开展,每周开设1课时。团队活动主要是通过每周一的升旗活动开展团队知识和德育教育,每周开设1课时,统一将本节课安排在周一上午第一节课。课外活动是让学生到户外进行各类游戏、活动和运动,促进学生身心健康发展。每周开设3课时。学校统一安排在周一至周三下午第七节课。

（二）自闭症学生课程设置

自闭症学生学校教育旨在使其初步掌握实用的基础文化知识和基本技能,初步具有运用所学知识与技能分析问题、解决问题的能力;初步掌握锻炼身体的基本方法;掌握实用的日常生活、劳动知识和技能;最终培养学生具有基本的生活自理、与人交往和社会适应的能力,成为平等参与社会生活的公民。学校将自闭症儿童单独设置自闭症班级,安置在学校的康复教育教学部(简称康复部),对其进行相应的教育与康复训练。

自闭症学生的最大缺陷是沟通、交流障碍,语言发育迟滞,社会交往能力缺乏,他们在感知觉、运动、心理特征等方面存在极大的特异性,致使其生活适应能力发展迟缓,但在唱歌、游戏、律动和绘画、美工制作等方面有极大的发展潜力。因此,在课程开发方面突出"生存与发展"核心,加强课程整合,以培养自闭症学生自我服务意识和提高社会生存技能为目标的"生活适应""劳动技能"课程为基础,辅之以实用性的"生活数学""生活语文"课程,发展自闭症学生艺术潜能的"唱游律动""绘画与手工"和"艺术休闲"课程。

学校的自闭症教育课程考虑到自闭症学生的自身障碍特点以及发展的需要,注重以生活适应为核心的思路,整体设计九年一贯的学校课程体系,所以在课程时间安排上与国家课程有较大差异。

1. 一般性课程

一般性课程中,生活语文的课程设置主要是鉴于自闭症学生的最大缺陷是沟通、交流障碍,语言发育迟滞,语言理解方面存在一定的困难,在低、中、高年级每周分别设 6 课时、5 课时、5 课时,比国家课程增加 1 课时。但是由于自闭症学生数学抽象思维、逻辑思维和理解能力存在缺陷,所以低、中、高年级生活数学每周各设 1 课时,在国家课程的基础上减少了 1~2 课时。由于自闭症学生在生活适应方面存在困难,尤其在中高年级,面临青春期,并逐步走入社会,所以低、中、高年级每周各设 4 课时,比国家课程有所增加。鉴于自闭症学生的劳动技能缺失,尤其在中高年级要逐步走向社会,需要为职前技能培训奠定基础,所以在低、中、高年级劳动技能课每周分别设 1 课时、2 课时、3 课时,与国家课程基本一致。自闭症学生在音乐律动与舞蹈方面具有极大发展潜力,在游戏中可以培养自闭症学生的多种能力和谐发展,所以在低、中、高年级唱游与律动课每周分别设为 4 课时,在国家课程的基础上有所增加。同样,自闭症学生在绘画与手工制作方面也具有发展潜力,在实际操作中可以培养学生的发展,所以在低、中、高年级绘画与手工课每周分别开设 2 课时,与国家课程基本一致。

2. 选择性课程

选择性课程中,由于自闭症学生对艺术的感受力不同,以及进入青春期而对精神生活和生活质量有所追求,所以在低、中、高年级每周的艺术休闲课开设 1 课时。同时,由于自闭症学生在社会交往技能方面存在极大缺陷,尤其在高年级面临走向社会,需要为走向社会、平等参与社会生活打基础,所以在低、中、高年级每周开设社会交往课1课时、2课时、2课时。

3．活动课程

活动课程是通过班会、团队活动、课外活动等课程提高学生的学习兴趣，充分发展学生的各种能力，达到发展潜能和补偿缺陷的目的。自闭症学生班会课的内容主要是开展个人物品和班级环境的整理活动，引导学生整理书包、清洁教室卫生以及安抚稳定学生回家的情绪，因此低、中、高年级的班会每周各1课时。团队活动主要是通过每周一的升旗活动，开展团队知识和德育教育，学校统一安排在周一上午的第1节课。课外活动主要让学生到户外进行各类游戏、活动和运动，丰富学校生活、增添乐趣、锻炼身体，促进学生身心健康发展，低、中、高年级各开设3课时，学校统一安排在周一至周三下午第7节课进行。

（三）脑瘫学生课程设置

随着脑瘫学生入学率的不断提升，对脑瘫学生教育的研究也逐步提上了日程，特殊教育学校在对脑瘫学生进行教育与训练时主要是提高他们的素质和能力，满足其身心的特殊需求。深圳元平特殊教育学校的脑瘫学生截至2016年是70人，如此数量众多的脑瘫学生，在国内特殊学校较少见，加之国内没有对脑瘫学生进行教育的相关教材，因此，深圳元平特殊教育学校依据我国对脑瘫学生的教育现状以及学校的自身条件，开发适合脑瘫学生的校本教材，构建了由一般性课程、选择性课程、活动课程三部分组成的脑瘫学生义务教育课程体系。

一般性课程中，生活语文、生活数学、生活适应、劳动技能、唱游与律动以及绘画与手工的课程设置与国家课程基本一致，没有大的改动。选择性课程中信息技术、心理健康、艺术休闲与活动课程中的班会、团队活动、课外活动的课程开设，与学校的智障学生的课程开设基本一致。脑瘫学生的教育类课程与其他类型的学生无特别大的差距，但在康复类课程设置上学校则有很大的特色，将在第4章中集中介绍和说明。

（四）听障学生课程设置

听障学生的教育目标主要是通过各种手段补偿其生理和心理缺陷，从而达到对其进行教育和康复的目的，使其能够进入主流社会，适应生活、适应社会。实践表明，经过适当的教育与训练，他们能够趋近或达到健听者身心发展各方面所表现的水平。因此，在学校教育方面，对听障学生进行的教育与普通学生的教育既有共性也有差异性，具体来说，差异性主要表现在补偿生理和心理的缺陷，主要是通过对其进行听力潜能开发和语言训练，以及通过义务教育阶段各年级的日常教学来补偿其生理和心理缺陷，主要是针对听力、言语和思维方面的缺陷进行补偿;①共性方面表现在如语文、数学、物理、化学等课程学习方面。因此,学校结合教育教学实际,对听障学生义务教育课程设置中的综合实践课、学校课程、科学、历史与社会、沟通与交往、职业技术等课程作了具体的安排。

学校对听障学生从三年级开始开设信息技术课,信息技术课程是本校较为成熟的校本课程,并制定了相应的课程标准。信息技术课程是一门知识性与技能性相结合的基础工具课程,是听障学生融入和适应社会的有效工具,有效地利用信息技术既能帮助听障学生补偿缺陷、开发潜能,提高他们的语言和交往能力,还能为将来适应社会、终身学习和发展奠定基础。

学校对听障学生开设的沟通与交往课程,目前没有教材,但其教学内容在各个学科中都有体现,一到三年级的沟通与交往课程,体现为以语训内容为主导的课程;随着社会和多媒体技术的发展,多种语言的沟通交流也日渐彰显出其重要性了,加上目前高校招生英语学科的考试内容集中在初中阶段,若从初中才开设英语课时间上有些晚,学生掌握知识不够,这对学生参加高考不利。因此,四到六年级的沟通与交往课程加强了对英语的学习,四年级沟通与交往课2节,英语课2节,五、六年级沟通与交往课1节,英语课2节。

(五) 视障学生课程设置

我国视障学生教学的培养目标是,全面贯彻党的教育方针,促进视障学生全面发展,尊重个性发展,开发各种潜能,补偿视觉缺陷,克服残疾带来的种种困难,适应现代生活需要。视障学生的教学与普通中小学具有相同的规律,但是视障学生由于视觉的损伤,在接受教育的过程中有独特的需要,因而在教育教学策略上应作相应的调整和改变。根据视障学生个体的需要采用盲文教材、有声教材或大字课本等。同时在学校教学中强调一些特殊性原则:感知觉缺陷补偿原则、重视语言指导的原则、具体和形象化的原则、个别教学与集体教学相结合的原则、学用结合的原则以及传授知识和发展社交能力相结合等原则。

学校视障教育义务教育课程设置方案在培养目标、课程设置的原则、课程设置以及课程设置的有关说明等四个方面与国家课程设置实验方案保持一致。但因学校是综合性的特殊教育学校,为便于教育教学管理,一节课的时间定为40分钟。

1. 一般性课程

学校对视障学生四至六级开设社会适应课,并制定相应的课程标准,目的

---

① 刘全礼.特殊教育导论[M].北京:教育科学出版社,2003:213-214.

是培养学生作为社会公民所应有的社会能力,补偿视障学生社会能力发展缺陷,促进其社会化。结合学校实际及视障学生身心发展的需要,社会适应课四至九年级(各 1 节)内容设置为心理健康教育课。视障学生在 10 岁左右开始逐步认识到自己的视觉缺陷,可能会因视觉障碍而产生自暴自弃等心理方面的问题,从四年级开始开设心理健康教育课,尽早疏导其各种心理问题,指导视障学生学习做人与处事的方法,提高其社会适应能力。

2. 选择性课程

根据《全日制盲校义务教育信息技术课程标准》,视障学生在高年级阶段要能独立搜索、下载网络资源、制作网页,认识数据库以及数据库软件的使用方法,利用信息技术辅助学习并使信息技术成为学习的工具。鉴于视障学生掌握信息技术应用能力的重要性,且考虑到《盲校义务教育课程设置实验方案》设定的信息技术课为 1 节,无法完成以上规定,故将八、九年级综合实践课设置为信息技术应用,以顺利完成信息技术课程的要求。

3. 活动课程

一至九年级开设综合实践课,内容包括参观访问、社会服务、与外校联谊、研究性学习、社区服务与社会实践等活动以及劳动与技术教育等。学校结合本校实际,综合实践课一年级(共 1 节)内容设置为综合实践活动,开展以生活实践为主的教学活动,重点培养视障学生的生活认知与实践技能;二年级(共 2 节)开设信息技术应用 1 节,综合实践 1 节;三至六年级(共 3 节)开设信息技术应用 1 节,综合实践 2 节;七年级(共 2 节)开设信息技术应用 1 节,综合实践 1 节。通过本课程安排积极培养视障学生学习与应用信息技术的方法与技能,培养其运用信息技术辅助学习和社会交往的能力,并借助信息技术开展以学科知识和社会经验为主的综合实践活动,进一步提高视障学生的实践技能。

结合学校实际,活动课程一至七年级(共 2 节)内容设置为家政 1 节,班团队活动 1 节;八至九年级的内容设置为班团队活动 1 节。由于视觉缺陷使得视障学生在自理能力和独立生活能力上受到严重的影响,从而导致独立生存能力的普遍不足。从个人卫生、整理内务、烹饪、人际交往等方面对视障学生进行长期系统的家政教育,能有效地培养视障学生独立生存的技能,切实提高其融入主流社会的能力。班团队活动是德育的有效手段,主要从培养他们健全的人格、优良的品质着眼,在潜移默化中、在视障学生的认同中完成对学生的教育。因此,开展有质量的班团队活动将会收到较高的教育效益,有助于推动学校德育教学工作的开展。

二、教育类校本课程简介

学校根据国家课程设置方案,开设了一般性课程:生活适应、生活语文、生活数学、劳动技能、唱游与律动、绘画与手工、运动与保健,同时根据深圳特区的实际情况以及学校学生的特点,开设了选择性课程和活动课程:信息技术、心理健康、生活英语、艺术休闲、特奥运动、综合实践活动,形成了较为系统、全面的校本课程体系,为其他特殊教育学校提供了一些有益的启示和经验。

(一)生活适应

学校根据国家特殊教育发展的要求,强调不同类型学生生活适应能力的培养,并结合不同类型学生的身心发展特点来开设生活适应课程。根据学校课程安排,对听障和视障学生的生活适应能力的培养是渗透在思想品德与劳动或康复等课程中的,目的是培养学生良好的品德、积极乐观的生活态度、独立生活和社会交往能力,而智障学生、脑瘫学生、自闭症学生的学习能力受限,学校专门为他们开设"生活适应"课,该课程以生活能力的训练为主,以进入社会生活为主要目标。

学校结合多年的教育教学实践立足于自然科学、社会科学、人文科学等广泛的学科,编写了针对智障学生、脑瘫学生、自闭症学生的生活适应校本教材,在教材中渗透"以人为本"的课程理念。"生活适应"课程的总目标旨在培养智障学生、脑瘫学生、自闭症学生三类中特殊教育学生独立生活能力、良好生活习惯以及促进学生个体社会性的最大化发展。"生活适应"课程以三类特殊学生的生活为基础,用三条轴线和六个方面组成课程的基本框架,并据此确定课程的目标、内容标准和评价指标。本章第3节将以"生活适应"为例呈现学校的特色校本课程。

(二)生活语文

"生活语文"是其他课程的基础,也是对特殊学生进行言语沟通能力训练和缺陷补偿的重要方式和手段。学校的生活语文课程着力培养和发展特殊学生的语言沟通能力和适应社会的能力。学校贯彻三类特殊教育学校义务教育课程设置实验方案和《全日制义务教育语文课程标准(实验稿)》的基本精神,结合深圳的社会环境、地方文化、经济发展的特点,设计编写生活语文校本课程,也包括学校对国家和地方课程进行校本化实施。

以智障学生"生活语文"为例,我们在课程设计上力图体现以下特点:首先,体现语文学科特色目标和规范性。根据低中高年级阶段学生的特点,设置阶段目标,各阶段目标分别从"听""说""读""写"四个领域做了具体要求,明确知识与能力、过程与方法、情感态度和价值观三个维度目标,又使三维目标相互渗透。具体来说生活语文在于培养特殊学生最基本的听、说、读、写能力;促进特殊学生语文学习能力发展的同时,发展特殊学生的思维能力、想象力,开发他们的学习潜能;注重情感体验,培养学生良好的情绪,增强对特殊学生情绪控制的训练。其次,探究生活问题,让语文学科生活化。学校的"生活语文"课程的内容与学校的生活适应课程紧密结合,在生活语文的教学活动中,把语文知识与生活、学习、活动有机地结合起来,通过与生活适应课配套的单元主题让学生真正感受到语文在生活中无处不在,提高利用语文解决实际生活问题的能力,使语文生活化。

(三)生活数学

为了给特殊学生将来参加正常的社会生产和生活打好基础,让特殊学生更好地融入社会,学校在贯彻三类特殊教育学校义务教育课程设置实验方案和《全日制义务教育数学课程标准(实验稿)》的基本精神基础上,根据特殊学生身心发展特点以及数学教育的特殊性,开设"生活数学"课程。

在生活数学教学中根据学生的年龄特点和生活体验,科学、有效地创造生活情景,让学生在熟悉的数学生活情境中愉快地探究问题,找到解决问题的规律。课程重视学生的生活体验,把数学教学与学生的生活体验相联系,把数学问题与生活情境相结合,让数学生活化,生活数学化。"生活数学"课程通过数与计算、空间与图形、统计、实践与综合活动四部分学习,培养学生具有初步的计算技能、初步的思维能力和应用数学解决日常生活中一些简单问题的能力。

(四)劳动技能

学校为了给残疾人职业教育奠定坚实的基础,开设了"劳动技能"课程,该课程是以教育学、心理学、康复学以及社会科学为基础,旨在培养特殊学生进行自我服务劳动、家务劳动、公益劳动、服务技能的相关知识和技能,依据特殊学生的身心特点而开设的综合性、操作性的课程。根据学校的"立交桥"式职业教育模式,在"劳动技能"课程上着重体现学校教育课程和职业教育的一致性和连贯性,在听障、视障和智障学生义务教育阶段的劳动课程中逐渐渗透职业教育思想,为学生将来独立生活和就业做准备。

学校针对智障、脑瘫和自闭症学生的劳动技能课程的内容包括家政服务、客房服务、园艺劳动、社区服务四大领域,其目标是以培养学生简单的劳动技能为主,对学生进行职前劳动的知识和技能教育。通过劳动技能的训练,使学生掌握一定的劳动知识与技能,养成良好的劳动习惯,具备一定的社会适应和职业适应能力。通过劳动技能教育和随后的职业教育,帮助残疾人更好地融入周围环境,积极地参与社会服务。

（五）唱游与律动

学校对智障学生、自闭症学生和脑瘫学生开设"唱游与律动"课程,该课程是将音乐律动与舞蹈、游戏相结合,通过音乐教学、音乐游戏和律动训练培养和发展学生的听觉、音准、音乐常识、节奏感和音乐感受能力,补偿学生的认知缺陷,提高学生的动作协调能力,促进学生身心和谐发展。学校还为听障学生设置"律动"课程,"律动"课程是为听障学生专设的艺术学科,听障学生的律动课程和其他类型特殊学生的唱游与律动课的目标有所不同,学校开设律动课主要是让听障学生初步感知音乐的美,获得美好的情感体验,陶冶学生的情操,以此来弥补听障学生的心理和生理缺陷,塑造健全的人格。

"唱游与律动"课程将九年义务教育分为三个阶段的学习,不同学习阶段的学生在各学习阶段有着不同的目标,根据学生在各阶段的成长发育情况,根据学生的能力水平设置不同的教学目标和教学要求培养学生的音乐能力。教学内容遵循由浅入深、循序渐进的"螺旋式"发展原则进行安排。为有效达到学习目标,采取单元策略来处理所学内容,将学生所需要学习的内容适当地组织起来,拟订若干个学习单元,教师可以根据学习目标、教学内容、学生特点制订不同的教学计划、教学主题实施教学。

（六）绘画与手工

"绘画与手工"课程是以教育学、心理学、造型美学等为基础,强调特殊学生对美术知识的学习,一方面丰富学生的学习生活,另一方面陶冶学生的情操,提高审美能力,发展学生的感知能力和形象思维能力,促进学生的个性形成和全面发展。"绘画与手工"的课程理念是激发学生学习绘画与手工的兴趣,使学生形成较为基本的美术素养,在广泛的生活和文化情境中认识美术,促进特殊学生身心特别是感知方面的发展,培养其创新精神和解决问题的能力。

学校根据学生的实际情况并借鉴现有的美术教材,确定了密切结合该校生活适应课的单元教学内容,以"在游戏中结合绘画和手工制作"为主要教学内容。在绘画与手工的学习过程中,培养特殊学生的观察能力、想象能力、形象思维能力和创造能力。绘画方面主要以儿童画的形式为主,学生对这种学习形式更为感兴趣,也较容易掌握。

学校对各类特殊学生的绘画与手工课根据低年级（小一至小三）、中年级（小四至小六）、高年级（中一至中三）三个阶段学生的生理和心理水平设置了不同的课程目标,主要根据学生在各阶段的生理及心理成长发育情况,安排适当的美工教学内容,努力提高学生在美工方面的兴趣及诸项技能。教师根据三个阶段的课程目标,制定学期的教学目标,选择适当的美工教学内容,每个学期的教学内容基本围绕造型与表现、欣赏与评述、情感沟通三个主题展开。

（七）运动与保健

"运动与保健"课程旨在提高特殊学生的体质和健康水平，促进学生身体功能的康复，提高其生活能力。课程指导思想包括坚持"健康第一"，促进学生健康成长；激发运动兴趣，培养学生终身锻炼的意识；以学生发展为中心，重视学生的主体地位；关注个体差异，确保每一个学生受益。将学习内容划分为运动参与、运动技能、身体健康、心理健康和社会适应五个学习领域，并根据领域目标构建课程的内容体系。

根据特殊学生的残疾程度和年龄将课程目标和内容划分为三个阶段，学生划分为轻度、中度、重度，水平一至水平三三个阶段分别相当于一至三年级、四至六年级、七至九年级学段学生预期达到的学习结果，具体课程安排为一至六年级每周3课时，七至九年级每周4课时。第一阶段：感受到参与体育活动的乐趣，并体验参与时欢快愉悦的情绪，养成同伴间友好相处、团结协作的精神，形成正确的身体姿势。第二阶段：了解运动与保健和安全的常识，掌握锻炼身体的基本常识；通过学习田径、体操、球类等项目的基本技术，提高基本运动能力。第三阶段：初步掌握科学锻炼身体的基本方法；加强安全教育，提高自我保护能力；改善和提高所学各项运动的基本技术，学习特奥会运动项目，掌握比赛方法；养成自觉参与体育活动的习惯，促进社会能力的提高，养成胜不骄、败不馁，公平竞争，团结协作的体育精神。

（八）信息技术

"信息技术"课程是培养学生的信息意识，激发学生学习信息技术的兴趣，让学生了解和掌握信息技术基本知识和基本技能，了解信息技术的发展及其应用对人类日常生活和科学技术的深刻影响。通过信息技术课程的学习，使学生具有获取、传输、处理和应用信息的能力。学校根据本校的实际情况和学生需求，对智障学生、听障学生和视障学生开设信息技术课。为适应未来社会的学习、工作和生活打下必要的基础，并引导他们今后利用信息技术协同工作和继续学习。

信息技术课程的内容以计算机的基本操作（系统软件）和使用（文字处理、数据处理、网络应用、多媒体制作以及常用应用软件等）为主，同时学习、了解计算机的基本组成和基本工作原理。对少数学有余力而又对信息技术有兴趣的学生，可安排选修，以充分发展学生的特长和兴趣爱好。学校从智障四年级开始开设信息技术课程，内容分为三个学段；对听障学生从三年级开始开设信息技术课程，贯穿六个年级，各年级每周均为2课时；同时学校充分考虑视障学生的不同年龄生理心理的需求和特点，考虑视力补偿和对其各种能力的培养,对视障学生从一年级开始开设信息技术课程,贯穿九个年级,内容分为三个学段,每一学段由浅入深分为三个年级。

(九)心理健康

学校严格并深入贯彻落实教育部颁发的《中小学心理健康教育指导纲要》和广东省教育厅颁发的《关于加强中小学心理健康教育的实施意见》,同时秉着"以生为本、育残成才"的办学宗旨,根据特殊学生生理、心理发展特点和规律,运用心理健康教育的理论和方法,开设了"心理健康"课程,培养特殊学生良好的心理素质,促进他们身心全面康复和和谐发展。"心理健康"课程的总目标是在最大限度地补偿特殊学生心理缺陷的基础之上,充分结合学生的个性特点大力挖掘他们的潜能,培养学生乐观、向上的心理品质,促进学生人格的健全发展,全面提高和完善全体学生的心理素质,最终提高他们的生活自理和社会生活适应能力。

心理健康教育的主要内容包括:普及心理健康基本知识,树立心理健康意识,了解简单的心理调节方法,认识心理异常现象,以及初步掌握心理保健常识,其重点是学会学习、人际交往以及生活和社会适应等方面的常识。具体内容包括自我心理、个性品质、人际交往、环境适应、行为习惯、智力开发、学习管理以及审美、创造与生涯规划、生命教育、青春期心理、心理健康基本知识以及其他方面的内容。针对不同类型的特殊学生,心理健康教育必须从学生身心发展特点出发,做到循序渐进,根据不同年级设置不同的教育目标。

(十)生活英语

《培智学校义务教育课程设置试验方案》规定:"在学生已有语言的基础上,根据当地的特点和学生的具体情况可选择学习第二语言,如:地方语言、民族语言、普通话以及简单的外语等;对不能使用语言的学生也可以采用其他非语言的沟通方式或沟通辅具。"加之深圳地处经济发达的广东省,毗邻港澳,对外开放,经济文化的对外交流合作已成为社会生活的一部分,因此学校开设生活英语课。"生活英语"课程是根据特殊学生的语言发展规律和语言学习的特点,从学生的生活实际出发,通过英语学习和实践活动,激发和培养学生学习英语的兴趣;使学生掌握简单的生活英语基础知识和听、说、读、写技能;养成良好的学习习惯和掌握一定的学习策略;培养学生的观察、记忆、思维和想象能力;帮助学生了解一些常见的西方文化的课程。

对于听障和视障学生的英语课程,主要是在国家和地方的英语课程的基础上,根据学生的实际情况,进行适当的选择和调整。学校对智障学生和脑瘫学生专门制定了校本课程标准和教材。要求在真实的言语情景或模拟情景中对学生进行初步的生活英语"听、说、读、写"的教学与训练,注重培养学生基本的口语能力,以掌握语言的实用价值,更好地提高他们的生活质量。生活英语课遵循了语言学习的规律和智障学生身心发展的特点,参照《义务教育小学英语新课程标准》,将生活英语课程内容分为语言知识、语言技能、情感态度、学习策略、文化意识五大项内容。每一项内容设置了从易到难的层次级别,课程具有灵活性和开放性。生活英语课不仅设置课程的总目标、具体目标,还针对轻、中度智障学生的学习情况和接受程度设置相应的分层目标。

（十一）艺术休闲

"艺术休闲"课程有助于补偿特殊学生的生理心理缺陷,提高特殊学生的休闲认识水平、支配能力,同时有助于个性品质的形成,为特殊学生其他能力的培养奠定基础,也为融入主流社会打下坚实的基础。所以为了满足特殊学生休闲娱乐的需求,提高其适应社会的能力,深圳元平特殊教育学校为特殊学生开设艺术休闲课程。艺术休闲课程是以社会学、教育学、心理学、生理学、艺术学科为基础,根据特殊学生的身心特点,通过大量的艺术休闲活动,培养学生的休闲兴趣、技能及对休闲的认识,使其能够利用休息时间合理安排健康的、有益的休闲活动,提高特殊儿童的生活幸福感和生活质量的课程。

课程根据特殊学生的身心特点,通过程度适宜的艺术、观赏、社交、体能、益智等多种艺术休闲活动,培养学生的休闲兴趣、技能及对休闲的认知,使其能够利用休息时间合理安排健康的、有益的休闲活动,尝试学会感受美和表现美,丰富、愉悦学生的精神生活,陶冶学生的生活情趣和生活品位,提高特殊学生的生活幸福感和生活质量的培智课程。学校的艺术休闲课程适用于义务教育阶段三类不同智力层次(轻、中、重)学生和脑瘫、自闭症学生,其课程内容分为艺术活动、观赏活动、社交活动、体能活动、益智活动、其他休闲活动、休闲态度及技能等。

（十二）特奥运动

"特奥运动"课程是一门以国际特奥会正式比赛项目为标准,以身体练习为主要手段,以挖掘潜能、增进特殊学生健康发展为主要目的的校本课程,是新时期特殊学校课程体系的重要组成部分。学校根据深圳的地域特征、社会环境、经济文化发展的特点以及学生实际生活需求,在轻、中度智障班级开设特奥运动课。结合学校实际,以特奥运动项目为课程主线,选择以特奥运动中的保龄球、高尔夫、滚球、篮球、乒乓球、羽毛球、游泳和轮滑等运动项目为载体,根据学生需要发展他们的身体运动机能,提高运动技术水平,促进心理健康发展,培养合作精神,树立自尊自信自强的意志品质,弘扬你行我也行、勇敢尝试争取胜利的特奥精神。

学校特奥运动校本课程标准的编写是结合特奥运动的项目和学校实际情

况划分课程内容,同时根据特奥运动发展的宗旨,结合体育与健康课程学习的内容领域,将特奥运动课程内容划分为运动参与、运动技能、身体健康、心理健康和社会适应五个学习领域,并根据领域目标构建课程的内容体系。根据学生身心发展的特征,遵循特奥运动的主要特点,将学习划分为三级水平,并在各学习领域按水平设置相应的水平目标。在特奥课程实施过程中,除了体育教师以外,还应注意开发和利用班主任、有体育特长的教师和校医等人力资源,充分发挥他们的作用。

(十三)综合实践活动

学校为智障学生开设"综合实践课",是基于智障学生的兴趣和直接经验,以学生经验和生活为核心的实践性课程。课程以主题活动的方式开展,每学年的主题涵盖学校生活、家庭成长、社区环境、安全健康、科技文明五个领域,低年级阶段侧重生活自理能力训练,部分主题采取从低到高循环的方式,活动深度依次加深。旨在培养学生的生活能力、实践能力和创新能力以及对知识综合运用的能力。课程具有实践性、自主性和开放性的特点。

视障学生一至九年级开设综合实践课,内容包括参观访问、社会服务、与外校联谊、研究性学习、社区服务与社会实践等活动以及劳动与技术教育等。目的是充分发挥学生的主动性、独立性和创造性,丰富学生的精神生活,补偿学生的身心缺陷,增长知识和才干,发展兴趣和特长,使学生接触和了解社会,扩大与健全人之间的沟通和交流,培养社会责任感和社会交往能力,促进学生健康成长。学校为听障学生在四至八年级开设综合实践课,结合学校办学特色和听障学生的特点,综合实践课程以信息技术课为主,九年级的综合实践课为学生的专业分流课,有信息技术和美术方向。

第3节 特色校本课程开发案例

一、案例一:生活适应课

为适应中度智障学生教育教学的需要,学校生活适应课教材编写组在国家教委1994年颁布的《中度智力残疾儿童教育训练纲要》、1993年出版的《全日制培智学校常识教材》以及国家教育部2007年2月颁布的《培智学校义务教育课程设置实验方案》的基础上,参考普通中小学常识教材和港、澳、台地区兄弟学校的有关资料和建议,深圳元平特殊教育学校组织编订了《中度智力残疾儿童九年义务教育生活适应课教材(一至九年级)》,截至2016年共出版18册教材。本套教材结合深圳的社会环境、地方文化、经济发展的特点,以人为本,教学内容遵循由浅入深、循序渐进的"螺旋式"发展原则进行安排,目的是最大限度地开发智障学生的潜能,补偿他们的缺陷,促进他们的全面发展,帮助他们适应生活、适应社会。

(一) 校本课程开发背景

1. 政策背景

目前对智障学生学校教育所使用的课程计划包括教材、课程标准都是面对轻度智障学生的发展需要制定的,自从1994年全纳教育理念提出后,大部分轻度智障学生都到普通小学随班就读。国家制定的适用于轻度智障学生的统一的课程计划已经不适应中、重度智障学生的发展,适用于中度智障学生的教材、课标还处在修订中。为了贯彻《中共中央、国务院关于深化教育改革 全面推进素质教育的决定》和《关于"十五"期间进一步推进特殊教育改革和发展的意见》精神,学校对智障学生进行校本课程开发时,在"一切为了智障学生的生存能力"理念指导下选择课程内容、组织课程内容并以此为依据进行课程的教学,即围绕着使每个智障学生最大限度地融入社会这一宗旨,不同学科之间相互联系,并且与当地的社会生活水平相适应,与智障学生的实际生活状况相结合来进行学校的校本课程开发。让智障学生在训练中学习,在学习中实践,在实践中提高,开发智障学生校本教材已成为当前特殊教育学校校本课程开发的重点,以适应智障学生特殊的学习需求。

2. 生活适应课程开发背景

由于特殊教育学校的校本课程开发是以学生的生存需求为主要目标,这就要求对特殊学生进行生活教育,因为生活中的每一个角落都有学习的内容,生活中的每一个角落都是学习的场所。只有生活化的校本课程才能真正满足智障学生的发展需要。课程的生活化也是特殊学校在投入不足和现代化程度不高的条件下实现课程及教育优质化的重要途径。生活适应是特殊学校课程中极其重要的一门学科,它以提高学生的生活适应能力为目的,课程内涵丰富,衣、食、住、行、用等无不涉及,从整体上给学生展示了一张实用性很强的知识网,非常符合特殊学生认知发展的特点和切实需要,从而有力促进学生适应生活、适应社会能力的提高。在特殊学校课程改革逐渐深入的进程中,生活适应作为特殊学校一门新兴的学科,都已经按要求开设,有些特殊学校已经有了校本教材,但总体来说缺少完善的教材、教参体系,缺少专职的生活适应课教师,缺少有效的课堂教学研究。[①]

在深圳元平特殊教育学校中,2016年智障学生占全校学生总数的51.6%,

---

① 姚郑芳.生活适应课有效教学策略的实践探索[J].现代特殊教育,2011(12):34-36.

但由于目前我国内地还缺少适合中、重度智障学生的课程和教材,在过去的教学中,元平特校的教师只能借用轻度智障教材或者由任课教师自行组织教学。教师很辛苦,虽然有些教师也表现出不少创造性,但往往缺乏教学的系统性和针对性,不能有效地达到培养目标。为了实现既定的教育目标,更好地满足中、重度智障儿童的生存需求和发展需求,建立具有深圳特色的适合智障学生需要的教育课程体系,学校开发以生活适应为核心的校本课程,以生活为导向对智障学生进行教育与训练,最大限度地提高智障学生的生活水平和适应社会的能力。学校从2001年开始根据本校特殊学生的实际情况进行生活适应课的课程开发,截至2016年共出版《中度智力残疾儿童九年义务教育生活适应课教材(1—9年级)》9个年级,18册教材。

(二)校本课程开发过程

1. 第一轮课程改革:稳步推进阶段(2001—2006年)

首先,成立了以校长为主任的校本课程改革与发展委员会和学科研制组。为了更好地满足智障学生的生存需要和发展需求,同时建立具有深圳特色的智障学生课程体系,2001年,学校成立智障教材编写小组对智障教育校本课程进行建设。2002年9月,学校又成立了以校长为主任的校本课程改革与发展委员会,主要负责规划、核定及执行校本课程改革,并适时监评实施成效,下设生活适应课程研制开发小组。校本课程改革与发展委员会的成立将元平特校的课程改革推上了一个新的台阶。

其次,明确了学校校本课程发展总目标。学校校本课程发展的总目标以适应为中心。配合学生身心能力的发展历程,体现本土文化,重视学生的基本态度,尊重个体差异,发掘个人潜能,减轻其缺陷行为状态。通过不同学习领域的教育活动,促使各类学生分别达到培养目标,最终学会照顾自己,养成良好的学习、生活、劳动、卫生的习惯和进行社会交往的正确态度,掌握适应社会生活必需的技能,即"适应个人、适应他人、适应社会"。

最后,取得的阶段成果。编写出适用于轻、中、重三个不同层次智障学生、脑瘫学生、自闭症学生的生活适应的教学指引和教材。在2003年9月中央教育科学研究所举办的首届"全国特殊教育学校优秀校本课程评比"中,学校的生活适应教学指引等3个学科获得3个最高奖"优秀奖"。2004年5月,在中央教育科学研究所组织的"全国培智教育新课程研讨会"上,黄建行校长作了《智障教育校本课程开发的探索和实践》的专题报告,向与会者介绍了学校在校本课程改革方面的经验成果。2006年,受国家教育部基础教育司特教处委托,承担了以校本课程为主线的全国智障教育资源库的开发和建设工作。学校教师在校本课程建设的基础上,进一步整合包括教材、图片、课件、视频、音频、个训案例、教学案例、论文、数字图书、政策法规等各种载体的资源。

2. 第二轮课程改革——深化提升阶段(2007年至今)

2007年6月经北京师范大学专家审定和深圳市教研室批准,学校《中度智力残疾儿童义务教育生活适应》一至三年级教材已出版。2009年6月,经北京师范大学专家审定和深圳市教研室批准,学校《中度智力残疾儿童义务教育生活适应》四至六年级教材已出版。2010年初,邀请了深圳大学教育科学研究所所长、全国校本课程改革专家李臣教授对学校的课程标准进行了指导和鉴定,专家的指导为学校的校本课程建设指明了方向,使学校的校本课程建设更加系统化、科学化。截至2016年12月,学校共编订了适用于智障、脑瘫、自闭症、听障、视障学生的30门学科课程标准,包括生活适应、生活语文、感觉运动、西式面点、特奥运动、物理治疗、信息技术、沟通与交往等学科,共240个教学主题,16本教学指导手册,1224册校本教材,并被全国400多所特殊教育学校借鉴使用。

(三)课程设计

学校在课程专家和本校校本课程委员会相关成员的支持和努力下,完成了对生活适应校本课程的研制和出版工作,本课程具有较高的价值和科学合理的课程理念,课程目标明确,课程设计思路清晰。

1. 课程性质和价值

生活适应课是以智障学生、脑瘫学生、自闭症学生的生活为基础,以培养良好生活习惯、乐于探究、热爱生活、促进社会性发展为目标的活动型综合课程,立足于广泛的学科基础:自然科学(含天文学、物理学、生命科学等)、社会科学(含教育学、社会学等)、人文科学(含心理学、伦理学等)。在课程内容上,以"生活"为核心,将生活常识、社会常识以及自我服务能力在生活的基础上加以整合。在课程功能上,以"适应"为定位,强调学生积极生活态度的养成,注重对学生生活自理能力和社会适应能力的培养与训练,关注学生潜能的开发,培养学生的个人才能。

因此,智障学生、脑瘫学生、自闭症学生生活适应课具备以下三重价值:① 让智障学生、脑瘫学生、自闭症学生从身心缺陷补偿、潜能开发中了解自我、悦纳自我。② 让智障学生、脑瘫学生、自闭症学生从生活常识的学习中认识自然、了解自然、亲近自然。③ 让智障学生、脑瘫学生、自闭症学生从社会常识的学习中熟悉社会、逐渐回归主流社会。

2. 课程理念

(1)"生活教育"的理念

本课程依据智障学生、脑瘫学生、自闭症学生生活的需求来设计生活化的教学内容,以密切联系智障学生、脑瘫学生、自闭症学生生活的主题活动为载体,以正确的价值观引导他们在生活中发展,在发展中生活。

(2)"以生为本"的理念

智障学生、脑瘫学生、自闭症学生的智力功能和适应行为方面存在实质性限制,适应性技能缺陷是这些学生最主要的功能缺陷,为培养学生的适应能力与技巧,教材内容贴近学生生活,课程设置灵活,知识的逻辑顺序符合学生生理、心理发展规律和特点,让学生真正成为学习的主体。

(3)"学会生存"的理念

本课程以现实生活中的问题为基础,让智障学生、脑瘫学生、自闭症学生学会认知、学会做事、学会生存,得到康复,回归社会主流,成为自食其力的人。生活化的适应课程就是实现这一目标的有效途径。

3. 课程目标

(1)总目标

"生活适应"课程总目标旨在促进学生独立生活能力的培养、良好生活习惯的养成和个体社会性的最大化发展,为他们认识自我和社会、热爱生活、平等参与社会,成为具有爱心和责任心、基本的行为能力和良好的行为习惯以及较为成熟的个性品质的残而有为的社会主义合格公民奠定基础。

(2)分目标

① 知识与技能

a. 掌握独立生活所需要的基本知识和劳动技能。

b. 初步了解生活中的自然、社会常识。

c. 初步掌握基本的自我服务技能和自护自救本领。

② 过程与方法

a. 初步学会提出问题、探索问题和解决问题的一般过程。

b. 积极主动地尝试用不同的方法进行探究活动。

c. 不断提高自我学习能力。

③ 情感与态度

a. 初步认识自我、悦纳自我,学会控制和调整自我情绪和行为。

b. 建立自尊、自信,培养诚实品质、爱心和责任心。

c. 尊老爱幼、爱集体、爱家乡、爱祖国。

d. 珍爱生命、热爱自然、热爱科学,有良好的生活和学习兴趣。

e. 保护环境,爱惜资源。

④ 行为与习惯

a. 初步养成良好的生活和行为习惯及劳动习惯。

b. 遵守纪律和社会公德,形成基本的文明行为。

c. 乐于参与有意义的活动。

4. 课程设计思路

贯彻《基础教育课程改革纲要(试行)》和《培智学校课程设置实验方案》的基本精神,遵循智障学生、脑瘫学生、自闭症学生身心发展的特性和规律,"生活适应"课程以学生的生活为本位,家庭、学校、家乡(社区)、祖国、世界是他们生活的不同领域;社会环境、社会活动、社会关系等是存在于这些领域中的几个主要因素,以智障学生、脑瘫学生、自闭症学生与自我、与自然、与社会这三种关系作为内在线索,以密切联系学生生活的主题活动为载体,通过与各种社会要素的交互作用而实现。

　　智障学生、脑瘫学生、自闭症学生在自己的生活中通过认识自然、了解社会和把握自我,并在其与自然、社会的互动中发展着自己,建构自己与外部世界的关系。"生活适应"课程设计的思路是:一条主线,点面结合,综合交叉,螺旋上升。"一条主线"即以智障学生、脑瘫学生、自闭症学生社会生活为主线;"点面结合"的"面"是智障学生、脑瘫学生、自闭症学生逐步扩大的生活领域,"点"是社会生活的几个主要因素,在面上选点,组织教学内容;"综合交叉,螺旋上升"指的是某一教学内容所包含的社会要素是综合的,所涉及的社会领域也不是单一的,可以交叉,同样的内容在后续年段可以重复出现,但要求提高,螺旋上升。这既是课程设计的理念,也是对课程实施的要求。因此,"生活适应"课程以智障学生、脑瘫学生、自闭症学生的生活为基础,用三条轴线和六个方面组成课程的基本框架,并据此确定课程的目标、内容标准和评价指标。

　　三条轴线是:
- 学生与自我
- 学生与自然
- 学生与社会

六个方面是:
- 认识自我
- 个人生活
- 家庭生活
- 学校生活
- 社区生活
- 社会生活

　　三条轴线和六个方面交织构成了智障学生、脑瘫学生、自闭症学生生活的基本层面。

　　(1) 认识自我

　　认识自我是智障学生、脑瘫学生、自闭症学生对自身的基本认识,只有了解自己,才能正确地认识社会,与人交往、交流,知道怎样保护自己,才能更好地生活。智障学生、脑瘫学生、自闭症学生在自我认识方面困难很大,安排这些内容很有必要,是智障学生、脑瘫学生、自闭症学生适应社会的基础。

(2) 个人生活

个人生活是智障学生、脑瘫学生、自闭症学生生活的前提和基础,旨在使智障学生、脑瘫学生、自闭症学生从小懂得珍爱生命,养成良好的生活习惯,获得基本的健康意识和生活能力,初步了解环境与人的生存的关系,为其一生身心健康发展打下基础。

(3) 家庭生活

家庭生活是智障学生、脑瘫学生、自闭症学生生活的主调,旨在使智障学生、脑瘫学生、自闭症学生获得对家庭生活的积极体验,懂得和谐亲情生活的重要性,发展主体意识,形成开朗、进取的个性品质,为智障学生、脑瘫学生、自闭症学生适应社会生活奠定基础。

(4) 学校生活

学校生活是智障学生、脑瘫学生、自闭症学生生活非常关键的时期,旨在使学生获得集体生活的能力,与人交往的能力,发展集体主义意识,形成互相合作、积极进取、和谐相处的品质,为使学生有一个良好的社会生活前提奠定基础。

(5) 社区生活

社区生活是智障学生、脑瘫学生、自闭症学生社会生活的缩影,旨在使学生形成对集体和社会生活的正确态度,学会关心,学会关爱,学会担责,养成良好的品德和行为习惯,为其成为爱祖国、爱人民、爱劳动、爱科学、爱社会主义的公民奠定基础。

(6) 社会生活

社会生活是智障学生、脑瘫学生、自闭症学生生活的主体,旨在发展学生的生活能力,在社会生活中获取生存的能力,创造的能力,做人的能力,成为社会的主人,成为一个对社会有用的,自食其力的劳动者,使学生回归主流,健康成长。

5. 内容标准

(1) 认识自我

① 心脏

a. 知道心脏的名称和位置。

b. 初步了解心脏的组成。

② 呼吸系统

a. 认识呼吸器官。

b. 了解人体的呼吸过程。

③ 消化系统

a. 知道口腔、食道、胃、小肠、大肠、肛门等消化器官的名称和功能。

b. 了解食物的消化过程。

④ 正确的保健方法

a. 了解心脏、胃、肠、肺等器官的保健方法。

b. 增强健康意识,懂得爱护自己的身体。

⑤ 我的变化

a. 知道青春期男孩、女孩在相貌、体形、性器官等方面发生的变化,了解男孩和女孩的青春期特征。

b. 懂得选择青春期着装。

c. 能正确对待自己在青春期身体发生的变化。

(2) 个人生活

① 选择有益的信息

a. 懂得正确选择健康有益的信息。

b. 自觉抵制不良信息。

② 休息与健康

a. 了解休息与健康的关系。

b. 懂得充足的睡眠有利于人们的身体健康。

c. 了解睡眠的注意事项,保证良好的睡眠。

③ 饮食与健康

a. 能够合理安排一日三餐。

b. 养成良好的饮食习惯。

④ 运动与健康

a. 知道运动有利于健康。

b. 能够积极参加各种运动。

⑤ 心理与健康

a. 懂得心理健康有利于身体健康。

b. 学会做快乐的人。

c. 懂得不骄傲、不自卑。

(3) 家庭生活

① 我的家人

a. 知道自己家中有哪些家庭成员,并能正确称呼他们。

b. 知道家庭成员之间的关系,体会家庭生活的幸福。

c. 懂得尊敬长辈。

② 我爱我家

a. 懂得尊敬、关心长辈。

b. 懂得与兄弟姐妹友好相处。

③ 家的布局

a. 知道自己家的布局:客厅、饭厅、厨房、卧室、阳台、洗手间等。

b. 了解客厅、饭厅、厨房、卧室、阳台、洗手间的用途。

④ 家庭生活

a. 了解家庭生活的内容,学会做简单的家务劳动。

b. 了解一些家庭娱乐活动的方式,并能积极参与家庭娱乐活动。

c. 帮父母做一些力所能及的家务。

⑤ 快乐的生日

a. 知道自己和家人的生日。

b. 理解家庭生日活动的意义,体验与家人过生日的快乐。

(4) 学校生活

① 敬爱的老师

a. 认识自己班级的任课老师,了解老师的工作。

b. 认识常用教具并了解它们的用途。

c. 懂得爱护教具。

② 可爱的同学

a. 认识自己班级的同学。

b. 能与同学友好相处。

③ 课堂常规

a. 了解并遵守课堂教学常规。

b. 尊敬老师,能配合老师完成各项学习任务。

④ 老师与我

a. 感受老师对我们的爱护,懂得尊敬老师。

b. 知道教师节的日期和意义。

⑤ 学校医务室

a. 知道学校医务室的位置,了解医务室的环境布置及设施。

b. 了解学校医务室的功能。

c. 认识我校的校医,了解校医的穿着特点。

(5) 社区生活

① 生活小区的设施

a. 知道自己居住的生活小区的名称。

b. 认识生活小区的游泳池、网球场、游乐场、健身区等常用设施。

② 生活小区的服务人员

a. 认识生活小区的服务人员:保安、花工、清洁工等。

b. 了解生活小区服务人员为我们提供的服务。

③ 生活小区的活动

a. 知道小区里的主要活动：游泳、跑步、打球、骑车、下棋、做游戏等。

b. 能够积极参与生活小区里的各项活动。

④ 我爱生活小区

a. 知道怎样爱护生活小区的环境。

b. 养成自觉爱护生活小区环境的习惯。

⑤ 我家周围

a. 知道自己家周围的公共设施和服务机构。

b. 了解公共设施和服务机构的功能，并学会运用它们为我们的生活服务。

（6）社会生活

① 社会的职业培训

a. 了解深圳的职业培训机构及每个机构的特点。

b. 知道获取职业培训信息的方法，能自己查找信息。

② 参加婚礼

a. 参加婚礼能恰当穿着。

b. 知道参加婚礼的基本礼仪。

c. 掌握常用的结婚祝福语。

③ 我的好朋友

a. 知道谁是自己的好朋友。

b. 了解好朋友姓名、年龄、家庭住址、家庭电话、个人爱好等基本情况。

④ 安全旅游

a. 了解旅游保险的重要性。

b. 知道旅游安全注意事项。

c. 了解当地旅游投诉电话。

⑤ 中华人民共和国

a. 知道我国的全称及首都。

b. 知道中华人民共和国成立的时间。

c. 知道台湾是中国的一部分，热爱祖国。

（四）教材体例

1. 教材出版

"生活适应"采取单元编排策略的形式来处理学科内容，将每一学年智障学生需要学习的内容组织起来，制定为8个学习单元，并根据学生特点、学习目标、教学内容制订不同的教学计划实施教学。"生活适应"按照义务教育阶段9个年级共设置72个单元主题，围绕学会生存、学会适应、学会发展三大目标，安排了认识自我、个人生活、家庭生活、学校生活、社区生活、社会生活等与智障学生密切相关的领域知识。每个单元涵盖知识、技能、态度三个方面的内容,设置了三到五个教学课题。每个课题都有"观察认识""学习要点""学习要求""练一练"四个板块,并在每个单元的后面都设置了"单元评价"和"拓展空间"两个板块。

"观察认识"以直观形象的方式使学生了解本课的教学内容;"学习要点"则概括性地叙述了本课所要学习的重点知识,也为教师的教学提供合理的指导;"学习要求"则分条目列出了对学生掌握本课知识点的要求;"练一练"以丰富活泼的形式为学生巩固知识提供了平台,也是教师评估学生的重要依据。考虑到智障学生随着年龄的增长能力水平差异越来越明显的特点,从四年级开始,我们在部分练习题里设置了星星、月亮、太阳三个不同层次的要求,以适应不同能力层次学生的需求。星星层次适合能力相对较弱的学生,月亮层次适合班上大部分能力中等的学生,太阳层次提供给能力较强的学生。

"单元评价"板块从自我评价、家长评价、教师评价三个方面对智障儿童掌握程度予以评估,分别由学生、家长、教师在奖励图案上标识出掌握程度;"拓展空间"板块用于授课教师为掌握程度较好的智障学生补偿较有难度的内容,以满足智障学生的不同学习要求。

2. 学习内容举例

表3-1 五年级(上)中度生活适应课学习内容一览表

主题名称	课序	课题名称	学习要求	实践活动(情景模拟)	拓展空间
第一单元 安全用火	第一课	火	知道火的基本用途		参加模拟消防演练,脱离火险
	第二课	火灾的危害	1. 知道造成火灾的原因 2. 了解火灾的危害,懂得安全用火的重要性		
	第三课	安全用火	1. 认识禁火标志 2. 知道安全用火的注意事项,生活中能安全用火	实践活动:到公共场所寻找禁火标志	
	第四课	火警	1. 知道火警电话号码 2. 了解拨打火警电话的方法和注意事项 3. 认识常见的消防设施,懂得爱护消防设施	情景模拟:家里厨房着火了,请你拨打火警电话	
	第五课	如何脱离火险	1. 知道遇到火险时安全脱险的基本常识 2. 能够参与实践演习,知道脱离火险的方法	情景模拟:在教室、宿舍和食堂如何脱离火险	

续表

主题名称	课序	课题名称	学习要求	实践活动（情景模拟）	拓展空间
第二单元 快乐秋游	第一课	公园	了解深圳市儿童公园、深圳市野生动物园、仙湖植物园、莲花山公园的特点		看景点游览路线图
	第二课	深圳的秋天	1. 了解深圳秋天的天气和景象特点 2. 能根据秋天天气的变化选择合适的衣服	秋天天气凉了，请给布娃娃穿上合适的衣物	
	第三课	秋游的准备	1. 能选择适合秋游的衣物 2. 能选择秋游需要的食品 3. 能在指导下准备秋游的用品	准备秋游的衣物、食品和用品	
	第四课	我们去秋游	1. 了解秋游活动的过程 2. 知道秋游的注意事项		
第三单元 常见动物（二）	第一课	常见的家禽	1. 认识猪、马、牛、羊等常见家禽 2. 了解猪、马、牛、羊的外形 3. 知道猪、马、牛、羊在人们日常生活中的作用		观看动物世界节目
	第二课	野生动物	1. 认识大象、狮子、老虎、狼、长颈鹿、熊猫等野生动物 2. 了解大象、狮子、老虎、狼、长颈鹿、熊猫的外形、生活习性		
	第三课	参观动物园	1. 懂得看动物园导游图 2. 知道参观动物园的注意事项	周末和爸妈去野生动物园	
	第四课	保护野生动物	1. 懂得保护野生动物生存的环境 2. 懂得保护野生动物		
第四单元 冬天来了（二）	第一课	深圳的冬天	1. 知道深圳冬天的景色特点 2. 懂得根据冬天的天气选择合适的服装 3. 懂得根据冬天的天气选择合适的被子	到大自然中寻找深圳的冬天	观察深圳冬天的景色，用你的画笔把它画下来
	第二课	取暖设备	1. 认识冬天的取暖用品 2. 能正确使用取暖用品	使用电暖器	
	第三课	动物过冬	1. 知道青蛙、蛇是冬眠动物 2. 知道不同的动物过冬的方式		
	第四课	如何使用护肤品	1. 认识常见的护肤品 2. 知道在天气比较寒冷的情况下使用护肤品 3. 掌握使用护肤品的方法	擦润肤霜、护手霜和润唇膏	

3. 教材内容举例

(1) 中度智障儿童九年义务教育教材《生活适应》五年级上册,第二单元"快乐秋游"

仙湖植物园

莲花山公园

 学习要点

　　每个公园的特点不同，我们可以去儿童公园的游乐场玩耍，去动物园看动物表演，去植物园认识珍稀植物，去莲花山公园爬山。

 学习要求

　　了解深圳市儿童公园、深圳市野生动物园、仙湖植物园、莲花山公园的特点。

 练一练

　　1. 判断。对的打"√"，错的打"×"。
　　（1）儿童公园有各种儿童游乐设施。　　　　　　　　　　　（　　）
　　（2）深圳市野生动物园有各种珍稀植物。　　　　　　　　　（　　）

（3）莲花山公园是综合性公园,我们可以去那里散步、爬山。（ ）

（4）仙湖植物园里有各种珍稀植物供我们观赏。（ ）

2. 请找出野生动物园。

将深圳莲花山公园用 △ 圈出来,深圳仙湖植物园用 ✓ 标识出来。

小明想去看大熊猫,他应该怎么走?请你用蓝色的线画出来。小红想去爬山,她应该怎么走?请你用红色的线画出来。

（2）教材单元评价举例

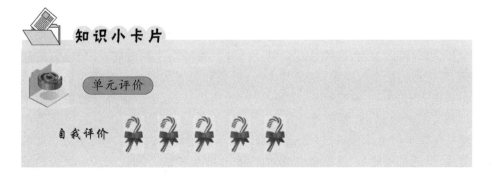

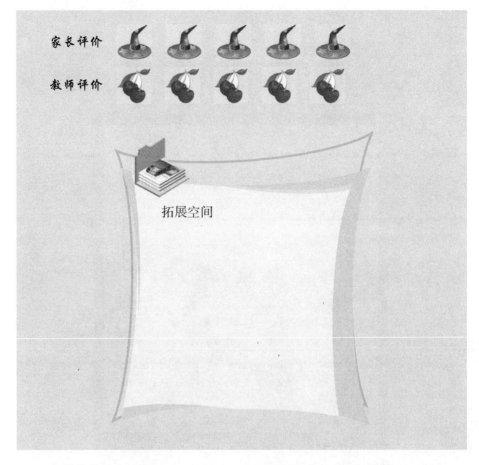

4. 教材的特色分析

学校研制生活适应课校本课程,出版相应的教材,本套教材主要有以下四个方面的特点。

第一,以生活为核心,坚持生活适应与潜能开发相结合的编写理念,发挥学生主体性。本套教材坚持新课程设置实验方案提出的"以生活为核心"和"生活适应与潜能开发相结合"的理念,根据中度智障学生的身心特点和发展规律,倡导以人为本,目的是最大限度地开发智障学生的潜能,补偿他们的缺陷,促进他们的全面发展,满足其生存、适应和发展的需要。教学主题包括认识自我、个人生活、家庭生活、学校生活、社区生活、社会生活等与智障学生密切相关的领域知识,要求教学活动以学生为中心,突出"活动中心"和"做中学",使学生的主体性得到充分的发挥。整个过程既强调学生积极生活态度的养成,生活自理能力、简单家务劳动能力、自我保护能力和社会适应能力的发展,也关注学生潜能的开发,培养学生的个人才能。

第二,因地制宜,传承借鉴与发展创新相结合的教材体系,体现地方特色。在教材内容设置上,本套教材继承我国特殊教育取得的成功经验,借鉴国内外特殊教育和普通教育的先进理念和成功实践,结合深圳的社会环境、地方文化、经济发展的特点,联系学校中度智障学生教育教学实际,通过探索、总结、发展和创造,不断调整、修改和完善课程,使课程更适合中度智障学生的需要和发展。

第三,由浅入深,"螺旋式"的框架结构,适应学生身心发展规律。本套教材采取单元策略的形式来处理学科内容,本套教材以单元编排为主要策略将智障学生的学习内容分为8个单元,每个单元包括知识、技能和态度三个方面的学习内容,每个单元设置三到五个与单元主题相联系的教学课题,以一个主题活动为统帅,使它们相互关联,相互影响。同样的内容在后续年级段可以重复出现,但要求提高,螺旋上升。

第四,分层练习,共性与个性相结合的多元评价体系,尊重个体差异。中度智障学生在发展规律上有共性,但个体之间在发展程度和潜在可能性上有差别。因此,本套教材的"练一练"板块设计既有整体性,又有差异性。从四年级开始,在部分练习题里设置三个不同层次的要求,以适应不同能力层次学生的需求。本课程主要对学生在学习过程中各方面的表现进行综合性评价,其具体内容包括学习态度、学习能力和方法、学习结果三个方面,采用多主体、开放性的评价,不仅倡导鼓励性评价和形成性评价,注重评价的形成性功能,还倡导自我评价,尊重评价对象的感受。"单元评价"板块从自我评价、家长评价和教师评价三个方面对智障学生的掌握程度予以评估,分别由学生、家长和教师用"○"或"√"在奖励图案上标识出掌握程度。

5. 与其他生活适应教材的区别

第一,从教材编写理念上说,本套教材遵循智障学生的发展规律,结合深圳的社会环境、地方文化、经济文化特点,以智障学生的发展为本,突出学生的主体地位,面向全体学生,力求适应学生的主动学习,强调让学生通过自己的经验来建构知识,形成积极主动的学习态度。教学内容遵循由浅入深、循序渐进的"螺旋式"的原则进行安排,最大限度地开发智障学生的潜能,补偿他们的缺陷,促进其全面发展,帮助他们适应生活、适应社会。教材编制成学生的"学本",作为学生学习的资源、工具和指南。教材设计大量的活动,提供大量的、丰富的相关资料和信息,提出学习目标,明确学习要求,设置学习步骤,指引学生怎样做或怎样开展活动,比其他生活适应丛书的目标更具有明确性和系统性。

第二，从教材的总体框架和结构形式上说，本教材从框架结构上增强了逻辑性。教材采用由浅入深、"螺旋式"上升的框架结构，这是一个亮点。本套教材体现结构的均衡性、开放性和综合性，立足于广东省，学生可以在教师指导下自己阅读并使用，还可供国内培智学校智障儿童教学及任课教师参考使用，其他学校在教学中可以根据当地实际情况和学生需要，对教学内容作相应的调整。

第三，从教材内容上说，本套教材的内容是根据学生的认知特点、教学知识结构体系和教学目标确定，多强调动手实践能力的训练，将多项教育内容在生活的基础上加以整合，适合不同个体发展之需。在内容的呈现方式上，关注学生的学习兴趣和经验，遵循学生认知发展规律，内容的编排多从学生的生活经验开始，依次向外，向远拓展。文本呈现方式均采用模块的形式，把知识学习、能力培养与情感体验有机地结合起来。在内容的选择和构建上选择了最有价值的、学生终身发展必备的知识，合理地统整学科间、学科内的知识，突出了知识、技能、态度之间的融合。在教学内容方面，不光一味追求知识结构的严密和完整，本套教材则更为关注学生的学习能力的提高。

第四，从教材呈现方式上说，本套教材充分利用智障学生的视觉、听觉、触觉等多种感觉，结合他们的学习特点、审美习惯和接受能力，激发了他们的学习兴趣和学习愿望。从外观来看，教材为大开本（16开），材料丰富有趣，印刷精美，五彩缤纷的画面配以简洁明了的文字，分别从不同角度、不同方面为学生提供了沟通现实生活和可能生活的"案例"，让学生通过观察自己周边的生活情景去"感悟"。从编排上看，强调图文并茂，以图为主，教材以图的形式，配以简明朴实、准确规范、简洁精练的语言文字。操作动作的连续过程用图示的方法表明，减少文字量，特别是一些关键动作及动作的细微之处，采用图示，使学生在教师示范后，可以依据教材的图示进行操作练习。教材编写考虑不同地区的特点和智障学生的需要，适当拓展相关内容，选择贴近当地生活的素材，教材中的教学活动设计提供多种方案，供教师根据学校和智障学生的实际进行选择。本套教材的呈现方式为学生的自主探索和教师教学留有空间，教师和学生容易把握。

第五，从作业练习设计上说，本套教材课后"练一练"遵循智障学生的认知和学习规律，围绕单元能力培养目标，突出单元学习重点，练习设计目标集中，针对性强，向课外迁移和举一反三，引导学生钻研或是与同学合作交流，激发学生学习的积极性和主动性。"练一练"以丰富活泼的形式为学生巩固知识点提供了平台，也是教师评估学生的重要依据。倡导学生自主学习，让学生自己设计活动方案是学校的创新，具有辅导内容生活化、辅导功能多样化和辅导秩序明确化的特色,在练习安排的密度和梯度上有显著改进,在题型设计、练习量上,课后作业练习内容更加丰富,操作性更强,手段更多。

(五) 课程实施

1. 教学建议

学校研制"生活适应"校本课程,出版相应的教材和课程标准,为教师教学提供了一定的教学建议,教师可以在日常的教学中,根据相应的指导进行自我调整,努力适应各类学生的教学需求。

(1) 全面把握课程目标

课程的总目标是本课程的宗旨和价值导向,分目标的四个方面是一个有机结合的统一体。教师在教学过程中应全面把握目标,改变过去偏重知识学习,忽略能力和情感、意志、态度与价值观培养的教学观念,通过多种教学活动,帮助学生获得丰富的情感体验、形成积极的生活态度、养成良好的行为习惯、提高适应和参与社会的能力、掌握必备的基础知识,从而整体地实现课程目标。

(2) 教师的角色和任务

在本课程中,教师要由单纯的知识传授者转变为学生活动的指导者、支持者和合作者。教师的主要任务不仅是讲解教科书,还要努力创设适宜的活动环境与条件,灵活多样地选用教学活动和组织形式,结合实际培养智障学生的习惯,保护和增强其好奇心,引发其探索的欲望,让他们能够生动、活泼、主动地学习,促进他们身心健康地成长。

(3) 教学活动指导的注意点

① 教师在教学活动的每一个环节应注意把握实际情况,根据课程标准的各项规定制订教学计划和教案,帮助学生展开活动,活动教案和活动指导应具有计划性和灵活性。

② 学生行为习惯的养成、知识和能力的发展、经验的积累是一个连续的过程。因此,教学活动要注意活动之间的连续性,帮助学生获得彼此联系的、不断深化的经验和体验。

③ 教学活动应源于学生的生活又高于生活,用正确的价值观引导学生的生活。教师要善于从学生的生活中敏感地捕捉有教育价值的课题,开展学生喜欢的活动,使他们在积极主动参与活动的过程中,生活得到充实,情感得到熏陶,品德得到发展,价值判断得到初步的培养。

④ 本课程的教科书主要不是作为知识的载体来供教师讲授的,它是教师引发学生活动的工具,是学生开展活动时可利用的资源。教师应创造性地使用教材,联系当地和学生的实际,及时地把社会中新的信息、科学技术新的成

果、学生生活中新的问题和现象等吸收到课程内容中去,不断提高品德教育的针对性、实效性和生动性,提高整个教育的质量。

(4) 教学活动

本课程以学生直接参与的丰富多彩的活动为主要教学形式,强调寓教育于活动之中。本课程的活动以落实课程目标为目的,以"内容标准"中的某一内容或几个内容的融合为主题,以学生的年龄特征、经验背景和学习兴趣等为设计基础,将知识、技能教育的要求与情感态度与价值观的培养融为一体。

教学活动在内容上既依据教材又不拘泥于教材,提倡和鼓励教师从智障学生的实际生活中捕捉有教育意义的内容,或与学生合作选择内容,或利用学生自己的选择来组织活动;教学活动在形式上不拘一格,形式服从内容,可根据具体目标、内容、条件、资源的不同,因地制宜、因校制宜地选择各种不同的教学活动类型。教学活动形式可以是单一的,也可几种形式结合使用;教学活动时间的安排比较灵活机动,根据主题内容,可在 1 课时内完成,也可持续几课时或一段时间;可在课堂上完成,也可安排必要的课前准备活动或课后延伸活动来加以配合。

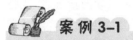

案例 3-1

"安全过马路"教学设计

深圳元平特殊教育学校　何永娜

[教学内容分析]

教学内容选自深圳元平特殊教育学校校本教材生活适应课中度智障五年级教材。此课有较强的实用性。本节课的教学内容:(1)常见的交通设施及其功能。(2)过马路的方式及安全常识。

[教学对象分析]

本班共有学生12人。根据学生的能力进行分组。A组:有简单的语言表达能力,认知能力较差。B组:理解和表达能力中等,能够指认常见的图片。C组:理解和表达能力较强,课堂积极参与。

[教学理念]

兴趣是最好的老师,本设计将教学过程集中于问题聚焦的探索和研究中,让学生成为学习的发现者、研究者和探寻者,体现了重点研究和将教学过程专一化的方法。

[教学目标]
1. 知识技能目标(分层)

A组：认识斑马线、红绿灯、人行天桥、行人地下通道、防护栏，简单了解过马路的方式。

B组：认识斑马线、红绿灯、人行天桥、行人地下通道、防护栏，并了解其功能；知道过马路可以走斑马线、人行天桥和行人地下通道；知道红绿灯的规则。

C组：认识斑马线等交通设施并了解其功能；能选择合适的过马路的方式；会看红绿灯过马路。

2. 能力目标

(1) 学生的观察能力增强，能在引导下观察图片和动画。

(2) 培养简单的明辨是非的能力。

3. 德育目标

(1) 培养学生社会责任感，能自觉遵守交通规则。

(2) 培养学生团结互助的品质。

[教学重难点]

过马路的三种方式：走斑马线、走人行天桥、走行人地下通道。红绿灯规则的应用。

[教学媒体的选择和使用]

铃鼓、图片、多媒体课件、卡片、食品

[教学方法]

讲解示范、角色扮演、情境设置、游戏法

[教学过程]

1. 设置情境，激发兴趣（时间：2～3分钟）

情境设置：本班新开了一家超市，请大家去购物，但又有过马路的交通问题，所以请来了交警帮助大家安全过马路，从而导入本节课题。（以去超市购物的情境激发学生的兴趣，同时设置障碍引出课题。）

2. 初步感知，掌握知识（时间：12～15分钟）

教师扮演交警讲解安全常识。

(1) 过马路选择的第一种方式：走斑马线

① 斑马线名字的由来、功能。

② 知识点：行人过马路要走斑马线。

③ 过马路要看红绿灯。

Flash 小游戏：告诉他该怎么做？

知识点：红灯停 黄灯等 绿灯行

不管是行人和车辆都要听从红绿灯的指挥。

④ 游戏：看红绿灯，过斑马线。

（以交警为导线贯穿整个教学过程：交警讲解安全常识——交警指挥小汽车——交警考考大家——交警指挥大家过马路——交警赠《交通安全歌》手册）

（2）过马路要选择的第二种方式：走人行天桥

① 人行天桥的功能。

② 知识点：过马路可走人行天桥。

③ 走人行天桥的优缺点。

（3）过马路要选择的第三种方式：走行人地下通道

① 行人地下通道的功能。

② 知识点：过马路可走行人地下通道。

③ 走行人地下通道的优缺点。

（4）过马路的时候我们还要注意一些问题

① 不可以翻越交通防护栏（认识交通防护栏）。

② 不可以在马路上玩耍。

③ 要听从交警的指挥。

④ 要走人行道，不走车道（flash小游戏）。

3. 课间放松（时间：2～3分钟）

（1）播放儿歌《小汽车》。

（2）学做小司机，交警指挥交通。

4. 明辨是非，加深记忆（时间：5～7分钟）

（1）交警出题，考考大家，争做安全之星。

（2）出示图片和视频让大家判断行为的对错。

5. 首尾呼应，模拟情境（时间：8～10分）

模拟情境：如何过马路

（1）布置教室：马路。

（2）讲解游戏规则。

（3）交警指挥，学生有秩序地根据自己喜欢的方式过马路。

（4）过马路后进入超市选择自己喜欢的食品。

6. 交通安全歌（时间：2分钟）

小结知识点，交警寄希望语并赠《交通安全歌》手册。

（以评安全之星来激发学生踊跃回答问题的热情，通过此环节巩固所学知识。结合生活实际进行巩固练习。对于能力较弱的学生教师可以语言指导，或请能力强的学生带着一起过马路以此来培养学生团结互助的品质。）

［板书设计］

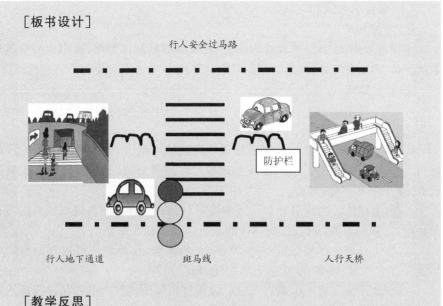

［教学反思］

本节课根据学生的能力设置了分层目标,但是内容偏多,约60%的学生能完成任务。课后还需不断巩固练习及实践。

2. 教学评价

(1) 评价的目的与功能

评价的目的:激励每位学生的发展;促进课程的发展,提高教育质量;促进教师的自我成长,提高专业能力。

评价的功能:诊断与调节功能是通过评价了解课程实施的情况,判断学生学习的质量与水平,了解学习的成就、问题与需要,并对课程下一步的实施进行有针对性的调整;强化与教育功能是指评价本身具有教育性,是人与人互动与交流的过程。利用评价对智障学生、脑瘫学生、自闭症学生的学习成就进行鼓励,对于不足提出改进建议,保证课程目标的实现。

(2) 评价内容

本课程主要对智障学生、脑瘫学生、自闭症学生在学习过程中各方面的表现进行综合性评价,其具体内容如下:

① 学习态度。包括学生在学习过程中主动参与和完成学习任务的态度。

② 学习能力和方法。包括学习中观察、探究、思考、表达的能力;搜集、整理、分析资料的能力;与人合作完成学习任务的能力等。

③ 学习结果。完成学习任务的质量和进步程度。

(3) 评价的方式和方法

① 评价方式

本课程采用多主体、开放性的评价,教师可根据具体情况,选用或综合运用教师评价、学生自我评价、学生相互评价与家长、社会参与评价等方式进行评价。

② 评价方法

a. 教师观察记录。教师对学生在日常生活中表现出的情感、态度、能力、行为进行观察,并做记录。

b. 描述性评语。在与学生进行充分交流的基础上,教师对学生在一段时间内学习本课程的学习态度、表现等以描述性的语言写成评语,鼓励学生巩固进步,修正不足,继续努力。

c. 学生自评。教师引导和帮助学生对自己在学习中的表现与成果进行自我评价,以提高自我认识、自我调控的能力。

d. 学生互评。学生依据一定的标准互相评价,这种评价可以帮助智障学生逐步养成尊重、理解、欣赏他人的态度,相互促进。

e. 作品评价。将学生调查、访问、收集资料等活动产生的作品进行展示和交流,师生共同进行评析。

f. 个案分析。教师针对某一学生学习的特殊状况进行跟踪评价,这有助于教师因材施教和个别化教学。

g. 建立学生档案袋。档案袋由教师、家长、学生共同建立,主要是用来反映智障学生在学习方面的表现及他们的兴趣和能力等,并辅助学生写自我反思。

教学评价的方式方法不是固定的,每一种评价方法都有自己适用的范围,教师应根据具体情况灵活地使用以上方式方法,并在教学改革中探索创新,使其不断完善。

表 3-2 深圳元平特殊教育学校生活适应课主题教学评估表
第三单元 有礼貌的孩子

学生姓名:_____ 评估教师:_____ 评估时间:_____

项目	评估内容	评估结果				
		A	B	C	D	兴趣
1	在同他人说话或回答他人的问题时与人有目光接触					
2	说出或运用肢体语言表达出礼貌用语					
3	观察在日常生活中主动运用礼貌用语的次数					
4	遵守课堂纪律					
5	完成课堂常规					
6	与他人分享自己的物品					

续表

附：评估标准（能力体现）   1. A. 独立完成　　　　　　　B. 语言提示下完成   　　C. 动作或表情提示下完成　D. 完成较困难,需要大力协助   2. 兴趣：主动、积极√　　社会性强化△　　食物强化○　　不感兴趣×
教师 反思

表 3-3　深圳元平特殊教育学校教材使用反馈表

科目：_____　　主题：_____　　班级：_____
授课时间：_____年____月　　教师：_____

项　　目	反馈内容
教学内容 （课题是否合适/系统是否合理/ 基本概念是否正确）	
教学目标	
图片	
练习	
学生对教材内容的掌握率(%)	完全掌握——（　　　） 基本掌握——（　　　） 部分掌握——（　　　） 在教师协助下完成——（　　　） 完全不能掌握——（　　　）
家长反馈意见	
教师小结	

　　［注］：教师在打印教材时如果更改了教材中的错字,请及时填写此表。并请各任课教师在每个主题教学完成后,认真填写此表,反馈教学指引和教材的可行性。

（六）研究成果

学校在开发生活适应课程教材的同时，还注意加强对校本教材开发的研究工作。很多参与校本教材开发的教师都有了相关的研究成果，如周媛和刘玲共同撰写的《中度智障儿童适应课程生活化的实践反思》、廖剑芳撰写的《聋生作文的生活化教学》、雷春燕撰写的《重度智力落后学生生活适应课程实行大单元教学模式的可行性》、周燕娜撰写的《生活适应教学中多媒体课件的设计与应用》、曹瑾撰写的《对脑瘫学生应用中度生活适应校本教材的心得体会》、何小玲撰写的《谈中度智障学生生活适应课中的青春期教育》等。以上研究成果是学校2006年出版的《教育·康复·就业·训练一体化办学模式的探索与实践》及2012年出版的深圳元平特殊教育学校《教学论文集》收录的相关文章。其中何小玲老师的《谈中度智障学生生活适应课中的青春期教育》于2006年6月在全国第二届现代特殊教育论文大赛中获二等奖。

案例 3-2

谈中度智障学生生活适应课中的青春期教育[①]

深圳元平特殊教育学校　何小玲

青春期又叫青春发育期，是人生最为关键的时期。青春期教育实质上就是对处于青春发育期的学生进行的性生理、性心理和性道德的素质教育。从生理角度看，青春期是从儿童发育为成人的时期，也是性成熟时期。进入这一时期的少男少女，性器官迅速发育成熟，并开始出现第二性征，性意识渐渐觉醒，开始意识到两性差别，对异性表现出好奇心理，并产生了关心、接近异性的倾向和性的欲望，渴望获得更多的有关性的知识。但由于他们社会阅历浅，思维能力、分析能力还不成熟，心理发展不像生理发展如此加速，他们的道德观、人生观和世界观还未形成，社会化过程也刚刚开始，缺乏两性社会道德规范方面的知识，容易误入歧途，容易做出一些错事和傻事。

智障学生就智力因素而言，要比同年龄普通儿童的智力发展晚4至6岁，甚至更多，但从性成熟与第二性征的出现方面来看，智障儿童与普通儿童相比却差不多。由于现在人们生活水平的提高，儿童的发育普遍提前，加之智障儿童入学一般都较晚，在入学后或进入小学中年级就已进入青春期，

---

① 黄建行.教育·康复·职业训练相结合办学模式实践成果集（下）[C].深圳：海天出版社，2012：151-156.

性意识的朦胧发展与性知识缺乏的矛盾,使他们陷入迷惑、恐惧与焦虑中,不知所措,影响正常的学习生活。另外,对弱智学生性行为的研究表明:智力残疾程度不同其性行为的表现也不同,较之轻度与重度智障学生,中度智障学生性行为的出现率最高。

一、中度智障学生青春期的特征及行为表现

智障学生一般也是在 10 到 19 岁开始进入青春期,个别学生可能稍早或稍晚。进入青春期后,开始有与正常青少年一样的第二性征出现。如:男孩子开始长胡须、喉头变大、嗓音变粗、遗精;女孩子乳房开始发育,月经来潮;男女孩都会长出阴毛、腋毛等。进入青春期的中度智障学生,受性渴望的影响,性意识已经觉醒,对身体器官有着浓厚的兴趣和好奇,乐于接近异性,常常有意制造身体接触。但受智力等因素的影响,他们了解的性知识很少,行为自制力极差,羞耻感并不强烈,也不能分辨行为的对与错,不知道性行为的影响。

如我所带的中度智障七年级学生,全班有 13 人,年龄在 13~18 岁,5 男 8 女,在他们身上除了有正常的青春期生理变化外,还有下列具体的青春期现象:(1) 全班学生对人体图片和与人体、青春期有关的词语比较敏感,如听到"屁股""胡须""月经"等词就会怪笑、尖叫。(2) 男同学喜欢接触自己或别人的生殖器,在别人上厕所时喜欢看别人的生殖器,在日常疯闹时故意抓捏他人的生殖器,而被抓的同学也常常手捂着生殖器高声叫喊,夸大宣扬。(3) 女同学喜欢看男同学,上课时转过身与后排的男生长时间讲话,有意地撒娇、让男生为自己做事、喜欢男生摸自己的手等。(4) 女同学喜欢年轻的男老师上课,会要求与男老师拥抱,主动去牵男老师的手,抚摸并亲吻。(5) 女同学来月经后会有意在男同学面前议论,把卫生巾给男同学看。(6) 一男生做了包皮手术后到校异常兴奋,不时把裤子拉开看看自己的生殖器,还把自己的生殖器展示给其他男同学看,在一起讨论。

由此可见,对中度智障学生进行青春期教育是非常必要的。

二、中度智障学生生活适应课青春期教育的目标

培智学校开设的社会适应课就是希望通过对学生进行有计划、有层次、有针对性地教育,使学生个体具有有效地满足自己所处的自然环境和社会环境需要的能力,提高和发展智障学生的社会适应性。这是智障学生直面社会、适应社会、学会生存的需要,是对其进行教育的最终目标。

在社会适应课上对中度智障学生进行青春期教育的目标有以下四方面：(1)教给学生性的生理知识。(2)通过讲授性理论,引导学生形成正确的人生观、价值观,具有良好的性态度和自信心。(3)预防性暴力,学会自我保护。(4)引导学生适应生活,提高生活质量。总体来说,教师要使中度智障学生正确对待青春期现象,具有基本的青春期知识,适应青春期的身体、心理变化,正确处理青春期的问题,健康快乐地成长。

三、中度智障学生生活适应课青春期教育的内容

（一）培智学校青春期教育的对象

培智学校青春期教育的对象一般为四年级以上的学生,在生活适应课中青春期的教育内容一般有以下几个方面：(1)青春期生理发育及卫生保健的基本知识;(2)青春期心理发展的基本知识;(3)青春期的性道德规范;(4)自我保护,防止性侵犯。教学的重点要突出(3)(4)两方面的内容。其中对男生着重进行性道德规范教育,对女生着重进行自我保护、防止性侵犯教育。

（二）中度智障学生的青春期教育内容可以以主题教学的形式进行

中度智障学生的青春期教育内容可以以主题教学的形式进行,将他们所要学习的知识和要掌握的技能按照一定的层次组成一个个合理的、贴近学生生活的、容易掌握的主题,对于中度智障学生来说,教给他们的知识系统性不一定很强,但必须以生活经验为中心,在内容的选择上本着"为了用而学",从学生的发展需要出发,主题内容确定重点放在学生最直接需要的主要方面,是生活化、实用化的知识,是一种生存教育,使中度智障学生获得易于接受的感性知识和直接经验,习得知识并发展个性,帮助学生适应生活,适应社会。

例如,我校在中度智障学生的生活适应课教材中采用的是螺旋循环上升的单元教学法,其有关青春期教育的教学内容安排如下：

四年级第一学期第一单元《我长大了》(一)

1. 胎儿、儿童、少年、成年、老年等人生阶段的名称、基本的身体特征及活动。

2. 常见的表情。

3. 对待隐私的态度。

4. 独立生活技能的培养：洗澡、洗衣服等。

四年级第二学期第三单元《男孩、女孩》

1. 男孩、女孩的衣着。
2. 男孩、女孩服装的选择：鞋、袜、衣裤、内衣等。
3. 男孩、女孩的身体特征及清洁。
4. 如厕、洗澡时男、女隐私的自我保护。
5. 梳头。

六年级第二学期第三单元《幸福家庭》（一）

1. 家庭的组成及家庭成员的相互关系。
2. 家庭里的日常活动。
3. 人从哪里来（妈妈怀孕、生产的过程）。
4. 弟弟或妹妹出生后自己的身份及家庭成员的变化。
5. 家人相处的态度和正确行为。

七年级第一学期第一单元《我长大了》（二）

1. 青春期的认识，乳房、性器官、体形、相貌随着年龄增加而发生的变化。
2. 胡须、青春痘、体毛的名称和清洁。
3. 卫生巾的名称及使用，月经、梦遗的处理。
4. 自我保护的正确行为。

九年级第二学期第三单元《幸福家庭》（二）

1. 婚礼的场景，新郎、新娘及其穿着特点。
2. 参加婚礼时的穿着、礼仪，祝福语的使用。
3. 新郎、新娘组成新家庭后的家庭生活，家庭成员的变化。
4. 我国《婚姻法》对婚姻的基本规定。

四、中度智障学生生活适应课青春期教育的方法

在生活适应课中教师必须结合各个单元的主题内容选择恰当的方法对中度智障学生进行青春期教育，在实际的教育过程中，教师往往要选择多种方法同时运用。可以采用以下方法：

（一）讲授法

它包括讲述、讲解、讲读、讲演等具体方式，主要是对于性生理、卫生知识的教学。教师在讲授时可以多运用现代信息技术，结合有关的影像资料进行讲解，避免枯燥无味，努力做到态度自然，声音平和，讲授清楚、有序、科学，便于学生理解和记忆。

（二）情况调查法

为了掌握学生生理、心理的情况，以便更好地有针对性地对学生进行教

育,在上课前老师可以设计几个问题,用集体谈话和个别谈话的方式对学生进行调查了解。如"你知道人是从哪里来的吗?你知道胎儿在哪里成长?你有没有喜欢学校里的某一个异性同学?你觉得你的身体与以前相比有什么变化?你来过月经吗?你的父母给你讲过月经知识吗?你刮过胡子吗?"等等。对学生情况比较了解后,就能有的放矢地安排教学重点和教学活动。

(三)集体讨论法

在生活适应课中,老师可以发挥集体的力量让学生互相学习,引导学生讨论一些不涉及个人隐私的性知识或性防范问题,消除学生谈论性问题的羞耻感,用科学、正确的态度来面对青春期知识。如在讲"青春期的自我保护"这部分内容时,可以让学生集体讨论"当你的身体受到侵犯时,你会怎样做?",也可以设计在公共汽车上、在公园里受到身体侵犯的具体场景让学生讨论。

(四)个别谈话法

谈话法是指通过与学生面对面的、有目的、有计划的交谈来了解其心理活动的方法。教师可以针对每个学生的不同问题,了解其内心真实的想法,了解其在青春期的困惑。在生活适应课的教学中,我们要注意观察学生的反应,发现学生的问题,课后及时找他们谈话。老师以和蔼可亲的态度关注、聆听学生的讲话,找出学生问题的症结,进行引导。

(五)演示和实践法

受智力水平的限制,中度智障学生的理解能力较差,动手能力较差,单纯的说教容易使学生厌学或是机械学习。开设生活适应课的最终目的就是要让学生在生活中能用、会用。所以,演示、实践是生活适应课的重要环节。教师要多运用模型、挂图、影像资料、实物演示进行教学。例1:在学生学习月经知识时,如何使用卫生巾、安放卫生巾就必须让学生实际操作。教师拿来女式内裤和卫生巾,让全班女生了解卫生巾的构成,演示安装的步骤,让学生分别操作练习,直到每个女生都掌握为止。例2:在学习"青春期的自我保护"时,为了让学生理解运用"心到、口到、手到、脚到、口再到"的自我防护方法,教师可以设计情景让学生表演,在活动中体验学习。

(六)分组教学法

在课堂教学中,需要集体讨论或动手操作时可以把学生进行分组,好、中、差三种层次的学生交叉组成,便于互相学习帮助。在讲授某些性别差异较大的青春期知识时,可以进行男女分组。如在讲授月经和梦遗的知识时,在给女生讲月经知识时安排男生看青春期教育宣传片,在给男生讲梦遗知识时让女生观看青春期教育宣传片，没有必要让智障学生知道过多的异性隐私处理方法。

五、中度智障学生生活适应课青春期教育应注意的问题

青春期教育是一个敏感话题，对智障学生的青春期教育更要注意"实用、实效、适时、适度、适当"。在教学中，要注意以下问题：

（1）对中度智障学生进行青春期教育要从实际出发，注意实用和实效。教师在教学中要结合学生的情绪、智力水平，从学生的生活、学生的生理和心理需要出发，设计学生关心的、能够接受的活动内容。教师在了解每个学生的具体情况的基础上，有针对性地教育，运用符合年龄、性别的术语表达，并尊重学生的提问。让学生体验到：老师讲的是我的身体情况，老师解决的是我现在困惑的问题，我能自己动手处理好生活中的具体事物了。

（2）教师要与学生建立民主的师生关系，以朋友的身份和姿态出现，与学生分享快乐、分担苦恼。教师要尊重每个智障孩子的人格，从正面启发，积极引导，不讽刺、嘲笑学生，允许学生存在差异和不参与主题讨论。

（3）对智障学生进行青春期教育不能单单依靠生活适应课，必须与其他的学科教育、思想教育相结合，也必须与班主任、其他任课老师、生活老师、家长、社会舆论联合起来进行教育。特别要重视家长的教育，多与学生家长交流学生的青春期问题，使家长知道相关的教学内容和使用方法，能和老师积极配合。

（4）对中度智障学生进行青春期教育要注意适时、适度、适当。适时是指在学生的青春期早、中、晚时期，抓紧时机，及时地进行教育，使学生接受的性教育与自身的生理、心理发展同步。适度指传授性知识时要根据中度智障学生的年龄、生理、心理、智力等特征和承受能力，把握分寸，防止过度。如教师出示的图片或影像资料不能激发起学生的性欲，画面不要过于外露或挑逗，应以动画卡通或手绘图出示，不要过于细化身体部位；在确定教学内容时不能超前或过于深入；在预防性侵犯的情景表演中不能全部仿效；等等。适当指教学的形式、方法和教育态度要适当。教师在理解学生的情感，尊重学生的人格基础上把握方法，正确引导学生。

（5）在对中度智障学生进行青春期教育时分清正常的青春期现象和非正常的青春期问题。不要把学生青春期发育的正常生理表现都视为问题来校正。如：进入青春期的女孩喜欢看男同学是正常的青春期现象，但因为喜欢看男同学，见到男同学就脱衣服暴露器官就属于青春期行为问题，要引导学生增强自制力，增强道德情感教育。

> 另外，对有青春期行为问题的智障学生，在教育时要注意转移学生的目标。转移，是指把注意从一个事物转向另一个事物，以减轻学生的心理负担。可以引导学生多参加体育锻炼，参加一些有益的兴趣活动，分散他们的时间和精力。

二、案例二：生活数学课

深圳元平特殊教育学校根据国家课程标准要求开设生活数学课程，在结合本校学生实际及数学课程性质的基础上，课程研制小组开发了学校的生活数学课程标准及教学指导手册。能够为特殊学生学习生活数学提供很大的帮助。

（一）校本课程开发背景

1. 政策背景

学校之前使用的《全日制培智学校教科书（试用本）》编写于1993年，适用于临界状态和轻度智障的学生，而学校有轻、中、重度智障学生以及自闭症学生和脑瘫学生，而《全日制培智学校教科书（试用本）》只分了一个层次，不适合教师灵活使用，教师使用起来比较难以掌握，不能适应现在学校学生的发展。

《培智学校义务教育课程设置实验方案》将基础教育课程设置中的数学学科称之为生活数学，这是为了进一步弱化学科色彩，强化生活教育的思想。因此，在教学中应当把教学内容与学生的生活经历紧密地联系在一起，设计富有生活情趣和意义的活动，激发特殊学生的学习兴趣，调动学生利用自己已有的生活经验去探索知识的积极性，同时也让学生真正体验到知识的价值。

2. 生活数学课程开发背景

生活数学课程在开发过程中，开始注重"生活化"。首先，鼓励学生发现生活中的数学知识。生活是数学的源头活水，在生活数学教学中，教师要善于结合教学内容尽可能地创设一些生动、鲜活的生活情景，把生活中的数学原型展现在课堂上。其次，提高学生在生活中应用数学的技能。教师从学生直接的生活或再现的生活情景入手，为学生设计生动有趣、具体形象的可操作的学习内容，不仅让学生感受到数学的魅力，享受到学习数学的乐趣，同时也提高了学生学习的效果，有效地培养学生应用数学的技能。最后，帮助学生解决生活中的数学问题。将特殊学生的课外学习与课堂学习结合起来，使生活真正成为学生的练兵之地,成为学生课堂教学的延伸;也要让学生感受到生活中处处充满数学,提高对数学的学习兴趣和解决问题的能力。①

总之,在数学教学中,教师应该从学生的生活实际出发,联系生活讲数学,把生活经验数学化,数学问题生活化。要把社会生活中的鲜活题材引入数学学习课堂,使学生感受到数学与现实生活的联系,激发数学学习的兴趣,使他们逐步学会从数学的角度去观察、分析现实社会,去解决日常生活中的问题,形成勇于探索、不断创新的科学精神,从而实现新课程实验方案所期盼的"让生活走进教育,让教育改善学生生活"的目标。正是在此理念及国家政策的指引下,深圳元平特殊教育学校积极开发适合智障学生、自闭症学生、脑瘫学生的生活数学课程。

(二)校本课程开发过程

1. 课程开发阶段(2008—2010年)

(1)成立生活数学研制小组

学校开发生活数学校本课程,成立生活数学研制小组。包括轻、中、重智障学生、脑瘫学生、自闭症学生等各组的教师,保证了课标研制的全面性与实用性。为了保证生活数学校本课程研制的科学性和时代性,课程研制小组通过一个月左右的时间查找、收集、整理资料和文献,形成了参考资料,为下一步的工作打好坚实的基础。

(2)重新制定课程设置

根据2007年《培智学校义务教育课程设置实验方案》和《全日制义务教育数学课程标准(实验稿)》的内容,经过多方分析与考证,重新制定了生活数学的课程计划表、课程设置及比例表。将生活数学课程设置为轻、中、重度智障学生、脑瘫学生、自闭症学生开设,并分为一至三年级、四至六年级和七至九年级三个阶段,每周开设课时根据学生类型及年级而不同。

(3)制定内容标准

生活数学内容标准主要包括五部分的内容:第一部分:前言;第二部分:课程目标;第三部分:内容标准;第四部分:实施建议;第五部分:生活数学知识点分布。

2. 课程标准及教学指导手册修改完善阶段(2010年至今)

(1)对课程标准的反馈

2010年学校生活数学课程标准已经完成,同时制作了生活数学教材使用

---

① 许丽敏.让"生活"成为智障学生学习数学的"伴侣"[J].现代特殊教育,2008(1):25-27.

反馈表，由担任本学科的教师对课程标准进行试用并及时反馈。通过教材反馈表对教材使用的情况进行说明，提出意见与建议，根据实际情况进行适当的修订，使教材更加科学，更加适合学校学生学习。

（2）教学指导手册制定

生活数学课程标准初稿制定结束后并不断进行新的调整和改革，教学指导手册、学生练习册、课程资源开发和课程评价体系等也已经正式开始制定并不断完善。在教学指导手册的编制过程中，力求将数学生活化，生活数学化，根据学生的年龄特点和生活体验，科学、有效地创造生活情景，让学生在熟悉的数学生活情景中愉快地探究问题，找到解决问题的规律。

（三）课程设计

生活数学是与我们日常生活息息相关的一门学科，为了给特殊学生将来参加正常的社会生产和生活打好基础，让他们更好地融入社会，为其开设了生活数学课。在生活数学教学中根据特殊学生的年龄特点和生活体验，科学、有效地创造生活情景，让他们在熟悉的数学生活情景中愉快地探究问题，找到解决问题的规律。课程重视特殊学生的生活体验，把数学教学与他们的生活体验相联系，把数学问题与生活情境相结合，让数学生活化，生活数学化。

1. 课程性质和理念

生活数学是以一门帮助学生掌握与其生活相关的涉及简单的数与计算、空间与图形、统计、实践与综合活动等内容的课程。旨在培养特殊学生具有初步的计算技能、初步的思维能力和应用数学解决日常生活中一些简单问题的能力。

生活数学的课程理念，首先是感受生活数学，让数学生活化。数学来源于生活，在数学课堂教学中，应把书本上的知识放在生活中来学习，让数学问题生活化。利用学生日常生活中经常遇到的问题激发学生探索问题的兴趣，从而更好地学习数学。其次是探究生活问题，让生活数学化。在数学教学中，把数学知识与生活、学习、活动有机地结合起来，通过收集资料、动手操作、合作讨论等活动，让学生真正感受到数学在生活中无处不在，获得探索数学的体验，提高利用数学解决实际问题的能力，让生活数学化。

2. 课程目标

（1）总目标

根据特殊学生生活数学课程的特殊性原则、发展性原则、选择性原则和系统性原则，有针对性地组织、选择外界刺激，训练和加强学生的数字、空间、逻辑等能力。学校开设生活数学课程的总目标是：通过学习生活数学的课程使特殊学生能够获得适应未来社会生活和进一步发展所必需的基本数学知识（包括数学事实、数学活动经验）以及基本的数学思想方法和必要的应用技能；初步学会运用数学的思维方式去观察、分析现实社会，去解决日常生活中和其他学科学习中的问题，增强应用数学的意识；体会数学与自然及人类社会的密切联系，了解数学的价值，增进对数学的理解和学好数学的信心；具有初步的创新精神和实践能力，在情感态度和一般能力方面都能得到充分发展。

（2）具体目标

① 知识与技能

学生通过学习生活数学，能够通过体验生活问题抽象到数与计算问题的过程，初步掌握数与计算、简单的基础知识和基本技能，并能解决日常生活中的简单数学问题；通过体验探究物体与图形的形状、大小、位置关系和变换的过程，初步掌握一定的空间与图形的基本知识和基本技能，并能尝试解决日常生活中的简单问题；通过体验提出问题、收集和处理数据、做出决策和预测的过程，初步掌握一定的统计与概率的基础知识和基本技能，并能尝试解决日常生活中的简单问题。

② 实践与应用

经历运用数学符号和图形描述现实世界的过程，建立初步的数感和符号感，丰富对现实空间及图形的认识，建立初步的空间观念，发展思维能力；初步形成从数学的角度提出问题、理解问题、解决简单日常生活问题的能力，发展应用意识；初步了解和掌握一定的解决问题的基本策略，体验解决问题策略的多样性，发展实践能力与创新精神；经历运用数据描述信息、做出推断的过程，发展统计观念；经历合作学习的过程，发展合作精神；初步形成评价与反思的意识。

③ 情感与态度

能积极参与数学学习活动，对数学有一定的好奇心与求知欲；在数学学习活动中获得成功的体验，锻炼克服困难的意志，树立自信心；培养实事求是的精神和形成独立思考的习惯。

（3）分层目标

学校在开设生活数学课程时，提出了分层教学目标，按照特殊学生的特点以及他们的程度提出不同的目标，使不同层次的学生通过学习生活数学拥有不同的目标，获得相应的知识和技能，达到适应生活、适应社会的目的。

① 轻度智障学生

通过体验提出问题、收集和处理数据、做出决策和预测的过程，初步掌握一定的统计与概率的基础知识和基本技能，并能尝试解决日常生活中的简单问题;初步了解和掌握一定的解决问题的基本策略,体验解决问题策略的多样性,发展实践能力与创新精神;经历运用数据描述信息、做出推断的过程,发展统计观念。经历合作学习的过程发展合作精神;初步形成评价与反思的意识;培养实事求是的精神和形成独立思考的习惯。

② 中度智障学生

通过体验探究物体与图形的形状、大小、位置关系和变换的过程,初步掌握一定的空间与图形的基本知识和基本技能,并能尝试解决日常生活中的简单问题;初步形成从数学的角度提出问题、理解问题、解决简单日常生活问题的能力,发展应用数学的意识;在生活数学的学习活动中获得成功的体验,锻炼克服困难的意志,树立自信心。

③ 重度智障学生

通过体验生活问题,初步掌握数与计算的、简单的基础知识和基本技能,并能解决日常生活中的简单问题;经历运用数学符号和图形描述现实世界的过程,建立初步的数感和符号感,丰富对现实空间及图形的认识,建立初步的空间观念,发展思维能力;能积极参与生活数学的学习活动,对生活数学有一定的好奇心与求知欲。

3. 课程设计思路

为了满足特殊学生学习数学、开发潜能及终身康复需要,学校选取了数与计算、空间与图形、统计、实践与综合活动。首先,遵照普通学生的数学知识体系,结合特殊学生的数学学习能力,有选择地安排生活数学内容。其次,根据数学认知规律,结合特殊学生发展的特点和特殊需要,将生活数学的内容细化为数与计算、空间与图形、统计、实践与综合活动四个部分。最后,根据《培智学校义务教育课程设置方案》和《全日制义务教育数学课程标准(实验稿)》,将生活数学的内容进行归类、整理。

4. 内容标准

学校生活数学课程设计中,根据特殊学生的心理特点及不同程度学生的特殊需求,将智障学生分成三个学段,即第一学段(一至三年级)、第二学段(四至六年级)、第三学段(七至九年级),并根据数学教育的特点,主要加强和训练他们的数与计算、空间与图形、统计、实践与综合活动这四个方面。

表 3-4　深圳元平特殊教育学校生活数学内容标准

	第一学段(1—3 年级)	第二学段(4—6 年级)	第三学段(7—9 年级)
数与计算	数前概念 数的认识 数的计算 探索规律	数前概念 数的认识 数的计算 探索规律	数前概念 数的认识
空间与图形	图形的认识 图形与位置	图形的认识 图形与变换 图形与位置	图形的认识 测量 图形与变换
统计		数据统计活动初步	数据统计活动初步 简单数据统计过程 统计
实践与综合应用	实践活动	综合应用	

(1) 数与计算

① 数前概念

a. 比较大小

b. 比较多少

c. 比较长短

d. 比较厚薄

e. 比较粗细

f. 比较轻重

g. 比较胖瘦

h. 比较快慢

i. 比较高矮

j. 比较宽窄

k. 比较前后

l. 比较左右

m. 比较里外

n. 比较上下

o. 比较远近

p. 比较曲直

q. 比较 1 和许多

r. 比较有和没有

② 数的认识

a. 数的认识

b. 数字的认识

c. 生活中的数字

③ 数的计算

a. 加法与减法的含义

b. 5以内的加法与减法

c. 10以内的加法、减法及连加

d. 20以内的不进位加法

e. 20以内的进位加法(1)

f. 20以内的进位加法(2)

g. 20以内数的减法

h. 20以内的连加和连减混合运算

i. 表内乘除

j. 简单应用题

k. 100以内数的加法

l. 100以内数的减法

m. 竖式计算

n. 计算器

(2) 空间与图形

① 空间

东、南、西、北

② 平面图形

a. 椭圆形和圆形

b. 三角形和扇形

c. 正方形和长方形

d. 菱形和平行四边形

e. 特殊图形

③ 立体图形

a. 认识长方体

b. 认识正方体

c. 认识球体、圆柱体

d. 认识直线、曲线、线段、射线、平行线、垂线

e. 角的认识

④ 测量

a. 认识千米、米、厘米,会进行简单的单位换算。

b. 能估计一些物体的长度,并进行测量。

c. 指出并能测量具体图形的周长。

d. 结合实例认识面积的含义,能用自选单位估计和测量图形的面积,体会并认识面积单位(平方厘米、平方米、平方千米),会进行简单单位换算。

(3) 统计

① 能从实物中找出相应统计数据。如:体检表、温度表的数据等。

② 体验对数据的收集、整理、描述和分析过程。

③ 认识统计表、统计图。

④ 能根据简单的问题,使用适当的方法收集数据,并将数据记录在统计表中。

⑤ 知道获取数据信息的其他渠道。

⑥ 根据统计图表中的数据提出并运用统计图,能和同伴交换自己的想法。

⑦ 收集各种生活中的数据,制作统计图表。例如:了解同种商品在不同场所的价格,做成简单的统计图表。

(4) 实践与综合活动

a. 认识学校和同学

b. 教室里的东西

c. 穿衣服的步骤

d. 制作小红旗

e. 分玩具

f. 校园里的数学

g. 我们的节日

h. 坐车回家

i. 生日快乐

j. 美丽的公园

k. 我心目中的学校

l. 测量衣长

m. 称重

n. 有趣的小数点

o. 漂亮的鞋子

p. 地铁知多少

q. 挂历知多少

r. 做表格

s. 谁跑得最快

t. 小小勘测员

u. 购物

v. 拆拆剪剪

w. 多少排序

(四) 校本教材

1. 适用对象

深圳元平特殊教育学校开设生活数学课程,适用于轻、中、重度智障学生、脑瘫和自闭症三类不同学生,将各类学生的教学分成三个阶段:第一阶段(一至三年级)、第二阶段(四至六年级)、第三阶段(七至九年级)。每个阶段不同残疾程度的学生的每周课时安排不同,具体课程设置课时数安排见表3-5。

表3-5 深圳元平特殊教育学校生活数学课时安排(2008年)

阶段	学生类型	年级	每周开设课时(节)
义务教育阶段	轻度智障	1—3	2
		4—6	3
		7—9	4
	中度智障	1—3	2
		4—6	2
		7—9	4
	重度智障	1—3	2
		4—6	2
		7—9	1
	脑瘫	1—3	2
		4—6	2
		7—9	4
	自闭症	1—3	1
		4—6	1
		7—9	1

2. 内容举例

表3-6　深圳元平特殊教育学校生活数学内容举例

二年级上册							
学生层次		轻度		中度		重度	
领域	次领域	知识点	次领域	知识点	次领域	知识点
数与计算	数前概念	比较快慢	认识快慢；能指出两物品哪个快、哪个慢；多个物品哪个最快、哪个最慢；能按物体快慢排序。	比较轻重	认识轻重；能分辨出两个物体哪个轻，哪个重。	认识高矮	认识高矮；能指出两个物品哪个高、哪个矮。
		比较前后	认识空间方位：前、后；能以自我为中心，正确说出物体所处的前、后方位；能以其他客体为中心正确说出物体所处的前、后方位；能根据要求正确摆放物体前、后方位。	比较前后	认识空间方位前、后；能以自我为中心说出物品所处的前、后方位。		
数与计算	数前概念	比较厚薄	认识厚薄；能指出两个物品哪个厚、哪个薄；多个物品哪个最厚、哪个最薄。	比较胖瘦	认识胖瘦；能比较动物或人的胖与瘦。	比较长短	认识长短；能指出两个物品哪个长、哪个短。
		曲直	认识曲直；能辨别直线和曲线；能按曲直分类。	曲直	认识曲直；能辨别直线和曲线。	曲直	认识曲直；能辨别直线和曲线。
实践与综合活动		制作小红旗	研究小红旗的形状；研究材料，纸的薄厚、宽窄，绳子的粗细等，决定用什么材料制作小红旗最好；把制作好的小红旗10个一组穿好；商议把小红旗挂在哪里（教室的上下、前后、里外）。	分玩具	数一数每种玩具的数量；将玩具分别放在不同位置；学会整理玩具。	分玩具	把玩具或作业分给每位同学；玩完玩具收起来，看一看谁的玩具或作业没有交；学会整理玩具。

3. 课程特色分析

深圳元平特殊教育学校对智障、脑瘫、自闭症学生开设生活数学课程，将课程内容分为数与计算、空间与图形、统计、实践与综合活动四部分内容,开设的生活数学课程所具有的主要特点如下。

(1) 尊重学生的生活需要和生活经验

教师教给学生的不仅是单一的、理论化的、体系化的书本知识,更应将其渗入到他们的生活世界并加以组织,使知识进入学生的生活经验。因而教学内容不仅要有现实感,更重要的是还要有理想性,通过体验现实生活,感悟和追求可能的生活,来赋予教学内容生活的意义和生命的价值。将教材作为学生学习的基本线索,努力开发丰富多彩的、有趣的、与学生生活背景相关的各类课内外教学资源,创造性地进行教学。

(2) 以操作性教学为主

学习数学最好的方法是让学生在数学实践活动中去接触多种事物,把数学知识"外化"为学生的操作活动,让学生动手做数学。例如,在学习三角形的稳定性后教师安排了这样的活动:怎样让凳子变得更牢固？让学生动动手、动动脑,通过学生自己的积极参与,使数学变得有趣、易懂,使学生既加深了印象也学会了应用。

(3) 多媒体的整合

数学概念是现实生活中数量关系和空间形式在人脑中的反映,正确理解和掌握数学概念是学好数学的基础。数学概念大多数是比较抽象的,而抽象的概念又是最难理解的内容,所以概念教学要求学生在大量实物和情景中抽取出数字或图形。在这个由直观到抽象的教学过程中,计算机技术最易发挥它的优势帮助学生学习和理解。教师可以利用网络的搜索功能找出图片、影视动画或音乐运用到教学软件当中。

(4) 变单一数学为综合数学

变单一数学为综合数学,可以使学生的学习达到事半功倍的效果。如学习综合部分的生日快乐内容时,既要了解去哪个公园玩什么,要了解公交线路,又要统计吃饭的人数、还要计算路费门票一共要用多少钱等。既考察学生的生活适应能力,也考察了学生的数学学习能力。综合教学使学生在动中学、做中学,激发了学生的学习兴趣和热情。

(5) 培养学生的自学兴趣

指导、培养学生的自学兴趣,养成良好学习的习惯,提高学生自学的效率是增强其综合素质的主要途径。兴趣是激发学生学习最好的老师,特殊学生也不例外。尤其是培养特殊学生学习兴趣,能把他们潜在的学习积极性充分调动起来,把"要我学"变成"我要学"就能减少厌学率,提高教学质量。

（五）课程实施

深圳元平特殊教育学校开设生活数学课程，制定了详细的生活数学课程标准及教学指导手册，教师在教学过程中根据教学指导手册的思想结合本班学生实际进行教学。

1. 教学建议

对智障、脑瘫、自闭症学生开设生活数学课程，在教学中要紧密联系学生的生活实际，从他们的生活经验和已有知识出发，创设生动有趣的情境，引导学生开展观察、操作、猜想、推理、交流等活动，使他们通过数学活动，掌握基本的数学知识和技能，初步学会从数学的角度去观察事物、思考问题，激发对数学的兴趣，以及学好数学的愿望。教师是学生数学活动的组织者、引导者与合作者，要根据他们的具体情况，对教材进行再加工，有创造性地设计教学过程；要正确认识特殊学生个体差异，因材施教，使每个学生都在原有的基础上得到发展；要让他们获得成功的体验，树立学好数学的自信心。具体的教学建议是：

① 让学生在生动具体的情境中学习数学。
② 充分发挥师生双方在教学中的主动性和创造性。
③ 在教学中努力体现生活数学的实践性和综合性。
④ 遵循学生的身心发展规律和生活数学的学习规律，选择教学策略。
⑤ 本课程标准可供各班进行集体教学使用。
⑥ 脑瘫、自闭症班级的任课教师应按班级优势部分（多数部分）学生的实际水平，挑选一个层次进行集体教学。
⑦ 对学生进行个别指导教学时应根据学生的个体差异选用相应的练习册。

案例 3-3

"麦当劳里的小数点"教学设计

深圳元平特殊教育学校　马　凯

[教学理念]

小数点的含义和作用广泛，在教授学生认识钱币的课程中也会涉及，为了能让智障学生理解小数点在价格中的作用，设计了"麦当劳里的小数点"一课，集合学生的生活情景帮助学生学习价格中小数点的作用。

本课是在学习新课标、感悟新课程的基础上设计的。具体体现在以下几点：

1. 激发兴趣。准备好麦当劳里的各种食品，并介绍今天我们要一起去麦当劳点些自己喜爱的食品，如何来点这些食品就是我们今天要学习的内容。

2. 联系生活。麦当劳已经成为孩子们日常生活中经常选择的食品了，孩子经常在家长的带领下去麦当劳，根据价格牌点自己喜欢吃的食品。智障孩子对能吃到可口的食品非常感兴趣，并能够知道买麦当劳食品的具体过程。本节课一开始就创设在麦当劳店点餐的教学情景，让学生结合商品价格认识小数点。

3. 实物教学。引入麦当劳的实物和真实的钱币，能够更好地配合教学，调动学生学习的兴趣；同时将抽象的数字价格和真实的钱币相对应，让智障学生初步建立起抽象的价格等于多少钱的概念。

4. 引导参与。为了让学生更好地了解小数点在价格中的作用，建立起价格和钱币的对应关系，课程中准备了为小数点找位置的游戏，通过游戏，参与活动的学生和下面观看的学生都能直观地看到小数点位置确定以后，各个数字的真实含义。

[教材分析]

小数，在现实生活中有着广泛的应用，但对于智障学生来说，抽象的小数很难理解，因此，必须与生活情景相联系，让学生在具体的情境中感知小数表示法的具体含义。本节课一开始就创设在麦当劳店点餐的教学情景，让学生结合商品价格初步认识小数点。新授部分，主要有三个层次：第一层次：读出商品标价，知道其实际含义。第二层次：商品价格的简便写法。第三层次：把几元几角几分用小数表示成用元作单位的形式。并通过随后的练习帮助学生巩固运用小数点的相关知识。

[教学对象]

授课对象为智障九年级中度学生，学生个别差异较大，大体将学生分为三类。

A类学生综合能力较强，能较好地配合课堂教学，独立完成简单的教学任务。

B类学生综合能力相对较弱，需要教师调动和指导才能参与教学。

C类学生能力较差，需要教师指导和帮助才能参与一些简单活动，而且情绪和行为问题比较严重，需要教师及时关注和调整。

[教学用具]
麦当劳实物、多张钱币实物、号码衣、彩虹卡(元角分)、多媒体课件

[教学目的]
1. 学习认识小数点,并能根据规则读取商品中带有小数点的价格。
2. 学习认识价格中数的含义和小数点的作用。
3. 能根据小数点的作用练习写价格,并能给出实际的钱数。

[教学重点]小数点的作用(分清价格中数对应几元几角几分)

[教学难点]价格与钱的对应关系。

[教学过程]

一、创设情景,导入新课

师:同学们,数学课的题目是什么?(揭示课题)

师:今天我们就一起去麦当劳里点餐好不好?(播放课件)

师:我们已经准备好了需要的东西,请大家看一看。(看看讲台上准备的食品和钱)

二、探究新知

1. 发现小数点

师:我们先来看看菜单上都是什么好吃的(鸡翅、派、汉堡),同学们说得真好。(课件:出现麦当劳价格)

2. 如何读这些带小数点的价格

(1)请学生先试着读一读鸡翅的价格(5.00元)(课件)

5.00元　⟹　五点零零元

[讲解——由左向右读数,先读小数左边部分的数,再读小数点(小数点读作"点")。]

(2)练习读不同的价格

6.50元　⟹　六点五零元

(讲解——读小数点右边的数时,要一个数字一个数字地读,最后元为单位。)

10.50元　⟹　十点五零元

(讲解——小数点把价格分成两个部分,左边整数部分要整读,右边小数部分一个一个读。)

3. 价格中小数点和数的含义

(1)课件展示鸡翅的价格,学习小数点左右两边数的含义

5.00元

5元0角0分(可以省略)

(讲解——注意小数点把这个价格分成了两个部分,小数点左边的数代表几元,小数点右边第一位代表角,第二位代表分。)

(2)展示彩虹表:请学生注意老师边读边写鸡翅的价格

元		角	分
5	●	0	0
6	●	5	0
10	●	5	0

(讲解——注意彩虹表中小数点刚好把整数部分的元与小数部分的角、分区分开来,方便我们读出这些价格等于多少钱。)

(3)课件展示其他食品的价格,请学生写一写价格

图片1——7.50元＝7元5角

图片2——8.00元＝8元

图片3——13.50元＝13元5角

(讲解——请学生根据课件中图片的指引,一步一步完成书写练习。先写出价格再转换成对应的钱币数。)

(作业说明:根据本班学生能力,A类学生将餐券上的价格写出来自己进行转换练习;B类学生则模仿书写作业中的价格,并在教师的帮助下完成转换练习。注:A——能力较好学生,B——能力较弱学生。)

4. 给小数点找位置

(活动方式:请学生扮演1—5这五个数字,请另外一个学生扮演小数点。)

(1)展示可乐的价格

2 5 3 元

讲解1——请小数点到数字2和数字5之间。

讲解2——请下面的学生读一读它的价格。

讲解3——根据小数点的作用,我们请小数点左右两边的数都回到自己的位置(元、角、分)上去吧,并引导学生读出钱币数。

(2)展示薯条(3 4 2 元)和麦香酥(4 1 5 元)的价格,在教师的指导下完成活动。

5. 总结

师:由左向右读数,先读小数点左边部分的数,再读小数点(小数点读作"点"),再读小数点右边的数,小数点右边的数要一个数字一个数字地读,最后元为单位。

师：(价格中的小数点,依据小数点的位置,左边数的含义——元,右边第一个数的含义——角,第二个数的含义——分。)

[板书设计]

元	角	分

=(　)元(　)角(　)分
=(　)元(　)角(　)分
=(　)元(　)角(　)分

[教学反思]

本课以小数点为参照,让中度智障学生认识价格中各个位置数的单位,并能顺利读出价格。在授课中依然发现很多智障学生只能机械地读出价格,但是要联系起实际的钱币就不能很好地指出,也说明了学习人民币这一和生活密切相关的数学知识时,简单地以会读价格,会认人民币作为教学目标是远远不够的,最终的目标还是希望多数智障学生能理解钱币的用途并能正确使用钱币,所以应在今后的教学中增加学生独立思考和独立购买的过程。

2. 教学评价

评价的目的是全面了解学生的学习状况,激励他们的学习热情,促进他们全面发展。评价也是教师反思和改进教学的有力手段。对学生生活数学学习的评价,既要关注他们知识与技能的理解和掌握,也要关注他们情感与态度的形成和发展;既要关注他们数学学习的结果,也要关注他们在学习过程中的变化和发展。评价的手段和形式应多样化,应以过程评价为主。对评价结果的描述,应采用鼓励性语言,发挥评价的激励作用。评价要关注学生的个性差异,保护他们的自尊心和自信心。教师要善于利用评价所提供的大量信息,适时调整和改善教学过程。在对学生学习生活数学进行评价时要坚持终结性评价和过程性评价相结合;建立新型的评价方式,实现评价主体的多元化;重视评价的反馈。

《基础教育课程改革纲要》中明确指出"要建立促进学生全面发展的评价体系","要发挥评价的教育功能"。对学生数学教学的评价也要与时俱进,从主体、内容、形式等多方面进行考虑,扩大评价的覆盖面,加强社会实践和学生生活经验的联系,使评价生活化,让学生真正体验到我们所学的数学知识是有用的。生活数学课程评价体系是通过系统地收集有关的信息,对教育活动中受教育者的变化的诸种因素满足社会与个体需要的程度作出判断,并为被评价者的自我完善和课程改进提供依据。学校对生活数学的评价体系分为三个部分：诊断性评价、形成性评价、综合性评价。

对智障学生学习生活数学课程的评价请参见第 1 章表 1-1 深圳元平特殊教育学校生活数学课程诊断性评价表、表 1-2 深圳元平特殊教育学校生活数学课程形成性评价表 1(二年级上)、表 1-3 深圳元平特殊教育学校生活数学课程形成性评价表 2(二年级上)、表 1-4 深圳元平特殊教育学校生活数学课程总结性评价表(二年级)。

对教师使用生活数学课程标准的反馈表则见表 3-7。

表 3-7　深圳元平特殊教育学校生活数学课程标准使用反馈表

班级：_____　授课时间：____年____月　教师：_____

项　　目	反馈内容
本月课标教学内容	
课标外补充或删减	
分享 (本月教学"闪光点")	
本月课标在生活中的应用	
学生对教材内容的掌握率(%)	完全掌握——(　　　) 基本掌握——(　　　) 部分掌握——(　　　) 在教师协助下完成——(　　　) 完全不能掌握——(　　　)
教师建议	

[注] 请各任课教师在每个月教学完成后,准确填写此表,反馈生活数学课课程标准的可行性。

(六) 研究成果

深圳元平特殊教育学校高度重视教育科研的探索工作,营造相互激励、相互支持的科研气氛,教师们在参与教育科研的过程中,不仅教学经验得到积累,而且成为教育智慧的真正创造者。近年来学校青年教师积极参加《生活数学》课程标准的编写与教学指导手册的写作,并参与《生活数学》的科研工作,教师的科研素质和能力得到了明显的提升。其中,李艳撰写的《对中度智力障碍儿童进行10以内数学教学的个别化教育训练》、黄海撰写的《浅谈运用多媒体技术优化数学课堂教学》、邱红卫撰写的《重视小学数学实践活动,培养学生的创新能力》、张怡撰写的《生活化在智障学生生活数学教材中的体现》(2010年6月荣获全国第四届现代特殊教育论文大赛三等奖)、黄斌撰写的《分层次教学在培智教育数学教学中的应用》(2010年6月荣获全国第四届现代特殊教育论文大赛三等奖)、郭建宏撰写的《浅谈智障儿童数学课堂中的操作活动》等。以上研究成果均收录在深圳元平特殊教育学校2006年出版的《教育·康复·就业·训练一体化办学模式的探索与实践》及2012年出版的深圳元平特殊教育学校《教学论文集》(上、下)。以下将以张怡老师的《生活化在智障学生生活数学教材中的体现》为例。

案例 3-4

生活化在智障学生生活数学教材中的体现①

深圳元平特殊教育学校 张 怡

一、前言

智障学生作为特殊学生中的一类,他们的心理发育迟缓,智力低下,以直观形象思维为主,抽象逻辑思维发展差。智障学生学习数学的能力相对较弱,因而对其数学能力的培养需要具体化,直观的观察判断能力、动作思维能力、形象思维能力、初步的逻辑思维能力、数学语言表达能力及对数学的理解、实践运用能力的培养对于智障学生学习数学尤为重要。在编写教材时,我们给智障学生的不仅是单一的、理论化的、体系化的书本知识,更应将其渗入到他们的生活世界加以组织,使知识进入智障学生的生活经验。

二、问题提出

长久以来,智障学生的教育存在着一些不容忽视的问题。我们使用的《全日制培智学校教科书(试用本)》编写于1993年,它适用于临界状态和轻度智障的学生,只分了一个层次,不能适应轻度、中度、重度智障学生以及自闭症学生和脑瘫学生的需求。课程标准与学生生活相脱节,知识体系中很

---

① 黄建行.教育·康复·职业训练相结合办学模式实践成果集(下)[C].深圳:海天出版社,2012:15-18.

少有内容与学生实际生活相联系,忽视了数学与生活的有机结合,导致了学生不能学以致用,虽然掌握了数学知识却不知道怎样解决生活中的实际问题,致使课堂教学缺乏生气,缺乏现代气息,不能适应智障学生的发展。

培智学校课程设置试验方案中将生活数学解释为"以帮助学生形成和掌握与生活相关的简单的数的概念、数的运算、时空认识,以及数的运用,学习运用简单的运算工具等为课程内容。培养学生具有初步的计算技能、初步的思维能力和应用数学解决日常生活中一些简单问题的能力"。"数学来源于生活""数学应用于生活",我们旨在赋予枯燥的数字以"生命",使学生积极主动投入学习,同时也让学生真正感受到"数学就在我们生活中间"。我们的教材将数字、图形、统计都融入了生活当中,并注重在学期末对本学期学过的知识进行总结,设计了基本涵盖本学期所有内容的综合与实践活动,让学生更好地在生活中学习数学知识。

三、解决方案:生活数学教材中体现生活化

(一)生活中的数字

"数"在衣、食、住、行等的日常生活中都是不可或缺的。几乎没有一个民族不知道1,2,3,4等或"很多"这些与"数"有关的概念或名称。对于智障学生来说学习数学的基础与关键就是要学好数字。智障学生记忆力很差,学习过的东西不能积累,抽象思维能力亦特别差。到了三四岁,甚至八九岁还不会数数,有的能从1数到10或20,但数不到100。计算时只会掰手指头、画圈圈。而且,这种发展迟缓的速度是与智力低下的程度成正比的。

在编写"1+1=2"教材内容时,我们设计了小游戏,先请出同学们最喜欢的1位"喜羊羊",接着,又请出1位"美羊羊",请同学们来数,我们班一共来了几位小客人。最后让学生来编出算式。同学们最喜欢看喜羊羊的动画片了,跟他们的生活很贴近,不仅引出了学习内容,还活跃了课堂气氛,学生的兴趣高,参与面广,学生掌握起来也比较容易。

在教"分数"时,我们改变了传统的教学方式,让学生自己动手,通过将1块饼干分成2份,1个橘子分给3个同学吃来感受分数的意义,让学生感受到学习数学知识并不难,它与生活很贴近,能够主动投入到学习中去。接着,让学生分西瓜,将西瓜分给班上的13个同学吃,让学生了解部分与整体的关系。

学生通过自己亲自动手实践来体会生活中的数字。将枯燥的数学知识在生活中变得生动起来,让学生利用自己的已有经验来学习。建构主义教学

理论认为：复杂的学习领域应针对学习者先前的经验和学习者的兴趣，只有这样，才能激发学习者学习的积极性，学习才有可能是主动的。

（二）生活中的图形

智障学生的直观形象强，抽象形象弱。在教学中，教师应根据需要让学生更多地去用眼睛看，用双手去感觉，使学生手眼脑齐动，不仅可以较好地激发学生的兴趣，还强化了学生的感知。

在学习"圆形的认识"这一内容时，教师出示收集到的各种圆形，让学生看一看、摸一摸、比一比，来感知圆形的特点，加深对圆形的理解。

在学习了"已知圆的周长求圆的半径"一课后，教师请同学们参观校园，并提问"有什么办法可以求出树的横截面的直径呢？"这时学生就能运用所学的公式先量出周长，再算出直径。将校园生活与课堂教学有机结合起来。数学知识得到了进一步的巩固。将生活数学化，将数学生活化是两者最佳的融合，它对培养学生应用数学解决实际问题起到了催化作用。

学习"立体图形"时，举行搭建模型比赛，同时填写操作表格，看用了哪些立体图形。这里面要考虑形状、大小、个数、美观、独创等因素。用这样喜闻乐见的实践活动培养学生的动手能力。通过活动，学生认识了各种立体图形，他们利用几种立体物体模型进行搭拼其实也是一种创造。

可见牢固掌握与运用数学知识解决问题必须与生活实际结合起来。利用生活中随处可见的图形例子作为教具，让学生感觉到生活中图形的应用无处不在。

（三）生活中的统计

《新课程标准》中强调数学教学是一种数学活动，教师要密切联系学生的生活环境，从学生已有的生活经验出发，让学生亲身经历将实际问题抽象成数学模型并进行解释和应用的过程。统计知识是比较抽象的内容，如何让学生更好地理解抽象的统计内容呢？

设计"春天来了"一课。校园里的花都开了，教师请学生去欣赏五颜六色的花。请学生观察花架上有哪几种颜色的花，数一数每种颜色的花各有几盆。怎样才能让大家一看就知道哪种颜色的花有多少盆？哪种颜色的花多？哪种颜色的花少？为了更清楚地表述出每种颜色的花各有几盆，我们可以制成条形统计图，每个方格代表一盆花。这样，学生在轻松愉快的生活环境中了解了统计的意义，知道怎样制作使用简单的条形统计图。要从学生已有的生活经验出发，将数学学习与智障学生的生活结合起来，通过多种形象化的教学手段，使他们学会抽象的数学知识，学会用数学的眼光观察周围的客观世界，发现数学的作用与意义，体验数学来源于生活又应用于生活的乐趣。

（四）综合与实践活动

生活中蕴藏着无穷无尽的教育资源，每一位智力落后学生在日常生活中都会碰到各种数学问题，教师应该充分认识学生的已有生活经验和数学的实际，将书本知识融入生活中。在学过日历、人民币、10以内的加法后，我们设计了一堂以"生日快乐"为主题的综合与实践活动课。首先，在日历上找出本月过生日的同学，为过生日的同学办一个生日会。在班中建起一个"百货店"，一位学生负责做营业员，而其他学生为顾客。百货店里有各种各样的物品，包括书本、文具、玩具与零食。请每位同学为过生日的同学挑选礼物，价钱在10元以内（可以是1种也可以是几种）。购买礼物的学生计算好10元钱可以买哪些东西再自己付款。最后与班上的同学一起度过这个有意义的生日。这之中的教学，既将本学期所学的所有内容进行了复习，又联系了实际，充分调动了学生学习的积极性。此后，去学校超市的时候我也有意识地让学生自己来购买食物，有了前面积累的经验，有不少同学都能够自己购物。

四、结论

"数学来源于现实，存在于现实，并且应用于现实，数学过程应该是帮助智障学生把现实问题转化为数学问题的过程。"智障学生尤其应重视这一点，强调与现实生活的联系作为新一轮数学课程改革的一个重要特征，要求我们在生活数学课标、教材内容的编写过程中，密切联系智障学生的生活，为他们未来的生活打下基础。将教材作为智障学生学习的基本线索，努力开发丰富多彩的、有趣的、与智障学生生活背景密切相关的各类教学资源，更好地为智障学生的教育教学服务。

生活化的教材内容恰好体现了生活数学现实、有趣、有用的特点，它具有强大的吸引力，因为它有着熟悉的生活背景，有着智障学生乐于参与的空间，让智障学生去思考、去想象、去创造。唤起智障学生已有的生活经验和生活知识，启发他们从生活化的数学学习中发现问题，大胆猜想，敢于质疑，激发他们积极思维，引导他们自己发现和掌握有关规律。不论是实际问题还是理论问题都应融合于生活的情景中，紧密结合生活和教材内容，使学生在不知不觉中解决问题，形成清晰的思路。在愉快的学习过程中，锻炼智障学生的思维能力，使数学走进生活，为生活服务，使生活与数学有机地融为一体，智障学生一定会学好生活数学，打好生活的基础。

第4章 康复类校本课程开发

康复一词源于英文"rehabilitation",原意是指复原、恢复原来良好的状态,重新获得能力,恢复原来的权力、资格、地位、尊严等。1969年,世界卫生组织将"康复"定义为综合地、协调地应用医学的、社会的、教育的和职业的措施,对患者进行训练和再训练,使其活动能力达到尽可能高的水平。康复不仅是指训练残疾人,使其适应周围的环境,而且也指调整残疾人周围的环境和社会条件以利于他们重返社会。① 在实践中,康复概念有广义和狭义之分。广义康复也就是全面康复,包括医疗康复、教育康复、职业康复、心理康复和社会康复等一整套完整内容;狭义康复则指医疗康复。本章将康复界定为医疗康复,是指通过临床诊断、康复功能评估以及运用物理治疗、作业治疗、语言治疗、运动治疗等手段,使功能障碍者的生活自理能力得以最大限度的改善,潜在功能得以充分发挥,为患者重返社会做好全方位的准备。② 深圳元平特殊教育学校在开发康复类校本课程过程中,加快推进"医教结合"教育改革的进程,积极探索与康复机构和医疗机构互为依托的合作模式,拓宽学校康复服务的渠道和范围,建立多元化的康复师资队伍,继续加大康复类专业教师引进和培养力度,充实物理治疗师、职业治疗师、言语治疗师、心理治疗师、康复医师等各类康复人才。积极争取深圳市残联的资金支持,完善客座教授、兼职治疗师的聘任机制,打造在全国具有领先水平的专业康复治疗师团队。

第1节 实施原则

2007年国家教育部颁布了《培智学校义务教育课程设置实验方案》,在课程的设置上明确提出要遵循教育与康复相结合的原则,力求使特殊学生的身心缺陷得到一定程度的康复,受损器官和组织的功能得到一定程度的恢复,身体素质和健康水平得到提高。这不仅体现了我国特殊教育未来发展的趋势,

---

① 陈云英.中国特殊教育学基础[M].北京:教育科学出版社,2004:366.
② 朴永馨.特殊教育辞典[M].北京:华夏出版社,2006:64.

也为特殊教育学校今后如何培养特殊儿童指明了方向。① 广东省残疾人康复工作意见中也指出要增强康复服务能力，提高康复技术水平，实现残疾人康复事业现代化，使全省残疾人实现"人人享有康复服务"。② 基于此，深圳元平特殊教育学校注重特殊学生身体机能、感知、认知、沟通、运动等各方面能力的康复与培养，重视各类特殊学生康复课程的设置，并结合学校自身条件以及学校学生的类型和特征，开发了康复类的校本课程。

一、坚持康复与教育相结合的原则

《培智学校义务教育课程设置实验方案》明确提出，要将教育与康复相结合，"针对学生智力障碍的成因，以及运动技能障碍、精细动作能力缺陷、言语和语言障碍、注意力缺陷和情绪障碍，课程吸收现代医学和康复技术的新成果，融入物理治疗、职业康复和社会康复等相关专业的知识，促进学生健康发展"③。特殊教育实施医教结合，旨在采用多学科合作的方式，根据特殊学生身心发展规律和实际需求，对特殊学生实施有针对性的教育与康复，开发其潜能，使每一个特殊学生的身心都能得到全面发展。这不仅是落实"以学生发展为本"理念的最好载体，也是特殊教育内涵发展的必然要求。④

为了使各种类型的特殊学生身心得到最大化的发展，学校在开发康复类校本课程时坚持教育与康复相结合的原则，主要体现在以下五个方面：① 在课程内容的安排上，实现教育与医疗康复的融合。例如，听障学生的沟通与交流课程并没有专门的教材，但其教学内容在各个学科中都有体现。脑瘫学生的作业治疗中，融入儿童感知、语言、认知等各方面能力的训练。② 课程实施方面，为了改善医疗康复的枯燥、机械的训练方式，增加训练的趣味性，调动学生的积极性，在医疗康复中融入集体干预、游戏干预、音乐治疗等教育手段，给予学生丰富的刺激，让学生在轻松愉快的环境下进行训练。③ 学生评估方面，针对不同特殊学生身心发展特点和课程特点，由教师、医疗工作人员、家长共同参与对学生的评估，将医学评估与教育评估相结合，根据培养目标与学生

---

① 培智学校义务教育课程设置实验方案.[EB/OL]. http://www.dzjks.com/xkjy/ShowArticle.asp? ArticleID=130.
② 深圳市人民政府.关于进一步加强残疾人康复工作意见[EB/OL]. http://www.34law.com/lawfg/law/1797/3122/law_4646168916.shtml.
③ 培智学校义务教育课程设置实验方案.[EB/OL]. http://www.dzjks.com/xkjy/ShowArticle.asp? ArticleID=130.
④ 陈东珍.建设医教结合特教支持体系，促进残疾儿童全面发展[J].现代特殊教育，2010(4)：13-14.

的实际情况,整体设计社会性与情感、认知、语言、自理和运动等多方面的评估内容,建立适合特殊学生特点的发展性评价体系,全面评估学生的身心发展水平。④ 师资建设方面,医学治疗、康复训练等都是专业性较强的工作,要求康复人员具备专业的知识、技能和方法,为了更好地致力于特殊学生的康复工作,学校引进了一大批物理治疗师、职业治疗师、言语治疗师、心理治疗师、康复医师等各类康复人才,打造了专业的康复治疗师团队,参与教师对学生的评估鉴定工作,指导康复计划的制订,为学校康复课程的实施提供康复医学方面的技术支持。另外,学校对现有教师进行康复医学的培训,使学科教师具备医学康复知识,更好地与医学康复人员合作。⑤ 师资配置方面,实行跨学科的综合干预团队,脑瘫班级基本实现了 1+1+1 的教师配备模式(1 名特教专业老师、1 名康复治疗师、1 名班级管理员),自闭症班级基本实现 2+1+1 的教师配备模式(2 名特教专业老师、1 名康复治疗师、1 名班级管理员)。

二、坚持全面发展与因材施教相结合的原则

校本课程开发所表达的是一种"以人为本"的课程理念,要求学校在开发校本课程时要关注学生的个体差异和个别化需求。① 深圳元平特殊教育学校一直以来坚持"以生为本、育残成才"的办学宗旨,并将这一办学理念融入学校校本课程开发的方方面面。学校学生残疾类型较多,主要包括视障、听障、智障、自闭症、脑瘫学生,不同类型的特殊学生之间以及同类别的不同学生个体之间存在很大差异。考虑到特殊学生的差异较大,学校根据不同类型、不同年龄段的学生的特点和需求开设了相应的课程,同时在具体实施过程中,还注重学生个体间的差异,为学生制订个别化教育计划。

在不同类型的特殊学生需求方面,针对自闭症学生的沟通障碍和感觉统合方面存在的问题,学校设置了社会交往课和感觉运动课;针对脑瘫儿童肢体障碍,开设了物理治疗、作业治疗和运动功能训练课;针对智障学生在感知觉方面存在的问题,开设了感知训练课;针对视障学生由于视觉受损出现的多方面的发展障碍,为一至三年级的视障儿童开设了综合康复课;为了对听障学生的语言进行早期干预,开设了沟通与交往课。在不同年龄段特殊学生的需求方面,通过课时的调整来满足不同年龄段学生的需求。例如,为了对脑瘫学生的功能障碍进行及早干预,在低年级(一至三年级),作业治疗、物理治疗、运动功能训练所占的课时比例较高,分别为 3 节、2 节、6 节。在高年级(七至九年级),脑瘫学生的功能障碍经过早期干预有一定程度的恢复,所以肢体方面的

---

① 徐玉珍.校本课程开发的理论与案例[M].北京:人民教育出版社,2003:56.

康复课程减少,分别为 2 节、2 节、2 节,而职前训练的劳动技能课课时增加。在个体差异方面,学校依据课程标准和学生的实际情况,为每个特殊学生量身打造了合适的个别化教育计划,教师在各领域教学目标的拟定需要参考每位学生的 IEP 来制定年度目标和学期目标,以作为进行分组或多层次教学安排的依据。

三、坚持缺陷补偿与潜能开发相结合的原则

缺陷补偿是在机体失去某种器官或某种技能受到损害时的一种适应,可通过其他途径替代、改善或恢复受损伤器官和组织的功能。[①] 我国特殊教育过去侧重于强调特殊学生的"缺陷补偿",在吸收中外科研成果的基础上,建立了缺陷补偿理论。在课程设置上,主要是缺陷补救式课程,从感官知觉、行为、语言等方面,针对特殊学生的缺陷,进行相应的补救式教学,但忽视了学生的潜能开发和全面发展。[②] 随着生物科学、脑科学、心理学的逐步发展成熟,潜能开发开始受到人们关注。以人为本的科学发展观,要求特殊学校教师真正关注每一个学生的发展,尤其要重视学生兴趣、需求、动机、情意等因素对特殊儿童成长的作用。多元智能理论的提出更是为特殊学生的潜能开发奠定了理论基础,多元智能理论认为每一个学生都有自己的优势智能领域。因此,特殊教育不仅要通过特殊的教育训练,克服特殊学生存在的障碍、缺陷、弱点,还要去发现特殊学生可能存在的优势智能,通过"扬长"的方式"补短"。因此,新的特殊教育课程改革提出了"缺陷补偿与潜能开发相结合"的新理念,要求教师重新审视自己的学生观、教育价值观,用全新的发展的理念去看待学生,发现特殊教育真正的价值所在。

学校在开发康复类课程时,坚持缺陷补偿与潜能开发相结合的原则,在课程内容的选择上,根据学生的身心发展障碍选择有针对性的训练内容,同时又考虑学生的兴趣和需要,着眼于特殊学生优势能力的培养,不仅要关注特殊学生不能做什么,还要关注特殊学生能够做什么;在课程内容的组织上,既考虑学生的心理发展顺序,又兼顾学生的生活实际,将发展性课程和生态性课程相结合。学校在补偿缺陷,开发潜能的基础上,为学生构建了自我教育、康复、职业训练的发展平台,促进学生终身学习能力的形成,从而提高生活质量、完善自我。

---

① 何敏学,全海英.论特殊教育学校体育缺陷补偿功能[J].体育学刊,2010(5):43-45.
② 李秀,张文京.试论缺陷补偿与智能开发[EB/OL]. http://www.chledu.com/show.aspx?id=20256&cid=72.

四、坚持生活适应与社区融合相结合的原则

特殊学生作为社会个体,最终能否独立生活、融入社会并服务于社会,关键在于其生活适应能力的高低,特殊学生的康复效果,不仅要评价其生理指标,还要评价其社会功能状态。学校整个校本课程体系以促进学生的适应能力为总目标,配合学生身心能力的发展历程,体现本土文化,重视学生的基本态度,尊重个体差异,发掘个人潜能,减轻其缺陷行为状态。康复类校本课程以提高学生生活适应能力为办学理念和课程开发理念,通过各种康复手段,提高特殊学生的生活自理能力和社会适应能力。例如,针对脑瘫学生的作业治疗,它不仅是一种单纯的治疗方法,还是将"生活即训练"作为作业治疗的核心理念,抓住生活中的各类场景来设计和安排作业活动,让作业治疗渗透到学生生活的每一个细节中去。[①] 以生活适应为核心目标的康复课程,不仅能满足各类学生的生理康复需求,还能让学生最终学会照顾自己,养成良好的学习、生活、劳动、卫生习惯和进行社会交往的正确态度,掌握适应社会生活必需的技能,即"适应个人、适应他人、适应社会"。

第2节 结构体系

一、康复课程设置

(一)课程类别

康复课程的设置主要依据各类学生的障碍类型和康复需求而定(见表4-1)。脑瘫学生存在运动发育迟缓以及运动姿势异常的特征,粗大和精细动作发展迟缓,平衡能力差,四肢不协调,动作呆板而机械,不能保持稳定姿势,严重影响了他们的日常生活和学习。针对脑瘫学生的特点,学校开设了物理治疗课,通过系统合理地安排物理因子对学生进行治疗;开设了运动功能训练课,通过大运动和精细动作的训练来改善和提高脑瘫学生的头部、躯干等部位的控制能力;开设了作业治疗课,以改善脑瘫学生的上肢运动能力。自闭症学生在语言方面存在着严重的障碍,主要表现为语言的主动性严重不足,影响了自闭症学生的社会交往能力,使社会交往问题成为自闭症学生的核心症状。[②]因此,学校为自闭症学生开设了社会交往课。

---

① 秦涛.作业治疗在脑瘫儿童教育康复中的应用[J].现代特殊教育,2010(3):37-38.
② 杨晓玲,蔡逸周.解密孤独症[M].北京:华夏出版社,2007:5.

表 4-1 深圳元平特殊教育学校各类学生康复课程设置(2008 年)

学生类型		课程设置	年级		每周开设课时
			低年级(1—3)	中年级(4—6)	高年级(7—9)
脑瘫		物理治疗	2	2	2
		作业治疗	3	2	2
		运动功能训练	6	4	2
自闭症		感觉运动	7	6	5
		社会交往	1	2	3
智力障碍	轻度	感知训练	4	0	0
	中度		4	2	0
	重度		4	4	3
视觉障碍		综合康复	3	0	0
听觉障碍		沟通与交往	3	2	0

除了语言障碍和社会沟通障碍,自闭症学生在视觉、听觉、嗅觉、触觉、前庭平衡觉与本体觉的传送与接收等方面,也存在显著个别差异与障碍,影响自闭症学生的学习成效。针对学生的需求,学校开设了感觉运动课,以感觉统合训练、感知觉训练和身体大小肌肉练习为主要手段,促进学生感觉统合能力的协调发展。听障学生最主要的特征是语言发展困难,听障学生无法通过听的途径学习说话,因而很难形成说话能力,不能进行口头交谈,整个语言发展及社交沟通均受到限制。[①] 针对学生的需求和特点,学校开设了以语言治疗为中心的沟通与交往课,发展听障学生的说话能力和交往能力。智障学生基本的感知觉和输入机能存在障碍,无法感知或感知不到正确的信息,同时还存在感知速度慢、感知容量小、感知觉不够分化的特点,[②] 根据智障学生的身心特点,学校开设了感知训练课,通过有效的感官刺激,训练和加强智障学生的感觉和知觉能力。视障学生由于视觉受损,缺乏与周围环境互动的动机,运动能力不能随着身体的成熟而自然发展,导致动作发展迟缓,而且由于出行不便,长期生活在隔离的环境中,导致社会交往和社会适应存在障碍等。针对视障学生存在的多方面的问题,学校重视视障学生的早期干预,为一至三年级的视障学生开设了综合康复课,对学生进行生活指导、感觉训练、社会适应、行为矫正等若干领域的康复与训练。

---

① 陈云英.中国特殊教育学基础[M].北京:教育科学出版社,2004:158.
② 郝传萍.浅谈残疾学生体育教育[J].中国特殊教育,2000(3):56-58.

（二）课时安排

特殊学生在不同的发展阶段，对康复内容、康复强度的需求不同，学校将年级分为三个阶段，分别为低年级（一至三年级）、中年级（四至六年级）、高年级（七至九年级），康复课程比例的设置，根据学生的需求，在不同的年级阶段都有所调整和变换，主要有由高到低递减、由低到高增加、平行发展三种变化趋势。

1. 由高到低递减

课时量由高到低递减，主要是指某门康复课程在低年级阶段课时量较多，随着学生升至中年级阶段和高年级阶段，课时量则逐渐减少。这类课程主要有脑瘫学生的作业治疗课、运动功能训练课，自闭症学生的感觉运动课，智障学生的感知训练，视障学生的综合康复课，听障学生的沟通与交往课（表4-1）。这些课程的课时比例由高到低的安排，体现了学校对特殊学生的早期干预和对高年级学生职业技能的重视。

器官的发育完全及功能的完善离不开对其适度的使用，任何器官如果不经常使用，会逐渐衰弱，能力愈来愈低，最后导致消失。[1] 脑瘫学生的躯干、四肢存在各种功能障碍，发展迟缓，如果不加以训练，会出现肌肉萎缩和关节挛缩，应该在脑瘫学生器官发育最为迅速的时期，为他们提供良好的、及早的刺激，以促进器官的发育。所以，学校脑瘫学生低年级阶段，安排了大量的运动功能训练课和作业治疗课，分别为每周6节和3节，为学生提供丰富的刺激和训练。

早发现、早诊断、早佩戴助听器、早进行训练是听障学生康复必须遵循的首要原则。教育心理学和发展心理学的许多研究表明，语言发展的敏感期是2~5岁。如果在敏感期之前或在敏感期之中进行训练，便能事半功倍，但如果错过了敏感期再进行训练，很难取得理想的效果。[2] 因此，学校在听障学生低年级阶段，每周为他们安排了3节沟通与交往课，训练他们的语言能力和沟通能力，当进入高年级阶段后，学校就不再单独开设沟通交往课，而是将沟通能力的训练融入其他课程中。脑发育最敏感的时期是出生后的4至5年内，在此阶段，适宜的经验和刺激是感觉、运动、语言及其他脑功能正常发育的重要前提，也为教育和训练提供了良机。[3] 学校抓住脑发育的敏感期和关键期，为自闭症学生和智障学生分别安排了每周7节感觉运动课、4节感知训练课，经

---

[1] 李娜,张福娟.听力障碍幼儿早期干预的个案研究[J].中国特殊教育,2007(8):24-27.
[2] 王雁.早期干预的理论依据探析[J].中国特殊教育,2000(4):1-3.
[3] 刘泽先.早期教育——使每个孩子成才[M].北京:知识出版社,1989:69.

过干预脑功能逐渐得到恢复后,在中高年级阶段,这类课程的课时安排逐渐减少。

2. 由低到高增加

课时安排由低到高增加,主要是指某门康复课程在低年级阶段安排数量较少或没有安排,随着学生升至中年级阶段和高年级阶段,课时量逐渐增加,主要是为自闭症学生开设的社会交往课,反映了学校对特殊学生心理发展和认知发展的重视。

社会交往是自闭症学生的核心障碍之一,低年级阶段,学校把干预重点放在自闭症学生发音障碍的矫正上,随着自闭症学生年龄的增长,需要融入社会与他人进行沟通的技能越来越重要。因此,高年级阶段,为自闭症学生安排的社会交往课逐渐增加,由低年级的1节变为3节。

3. 平行发展

课时安排平行发展是指各年级阶段,某门康复课程的课时设置相同,此类课程主要是为脑瘫学生开设的物理治疗课。脑瘫学生的康复是个长期的过程,要重视早期干预和终身干预,所以一至九年级均安排了物理治疗,每个年级的物理治疗课课时均为每周两节。

二、康复课程内容介绍

(一)物理治疗

1. 课程性质

物理疗法是利用自然界中及人工制造的各种物理因子作用于人体,以治疗和预防疾病为目的一种治疗方法。其中人工的物理因子包括电、光、磁、超短波、激光、水等。物理治疗作为医学康复的主要手段之一,对脑瘫学生功能恢复有较重要的作用。

2. 课程目标

物理治疗作为康复医学的基本构成要素和重要内容,对脑瘫学生恢复功能有重要的作用。学校物理治疗学科是通过各种类型的功能训练、手法治疗,并借助自然界中及人工制造的电、光、声、磁、冷、热、水、力等物理因子来恢复、改善或重建脑瘫学生躯体功能的一种治疗方法。

3. 设计思路

物理治疗课程标准内容的设计思路如下:① 参照普通儿童的运动及心理发展规律,结合脑瘫学生的个体特征,有选择性地安排物理治疗内容。② 根据治疗目的和物理因子的不同,将物理治疗课程的内容按各领域进行细化。物理治疗项目可划分为:电疗法、水疗法、热疗法和其他物理疗法。

4. 课程内容

课程内容从框架结构上可以分为四个单元,分别是电疗、水疗、热疗以及其他物理疗法(图 4-1),每个单元将利用物理治疗仪器与康复运动训练相结合的方式引导学生掌握康复仪器的使用与康复知识的学习。

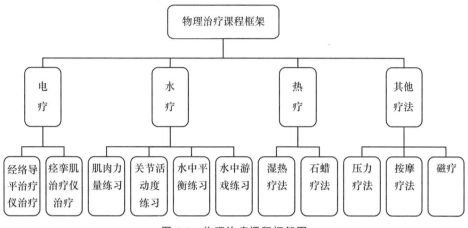

图 4-1 物理治疗课程框架图

第一单元是电疗,电疗有直流电疗、低频电疗、中频电疗、高频电疗法等。学校根据学生的需求,引进了经络导平治疗仪和痉挛肌治疗仪等电疗设备,对脑瘫学生进行康复训练。本单元共分为两章,第一章是利用经络导平治疗仪并配合运动训练的康复训练,共分为八节,分别是针对头颈部位、腕关节、肘关节、肩关节、髋关节、膝关节、踝关节和躯干部位的治疗;第二章是利用痉挛肌治疗仪并配合运动训练针对脑瘫学生进行康复训练,本章分为十一节,分别是针对腕关节、肘关节、膝关节、髋关节和踝关节周围的肌群进行治疗。

第二单元是水疗,在水的环境中,运用水的温度、浮力及水静压等作用进行多种功能锻炼以达到治疗的目的。本单元共分为四章:分别为水中肌肉力量训练、水中关节活动度的训练、水中平衡训练和水中游戏训练。第一章水中肌肉力量的训练,共分为五节:水中上臂肌肉力量训练、水中前臂肌肉力量训练、水中腰部肌肉力量训练、水中大腿肌肉力量训练、水中小腿肌肉力量训练;第二章是水中关节活动度的训练,分为六节:水中腕关节、肘关节、肩关节、髋关节、膝关节、踝关节活动度的训练;第三章是水中平衡训练,共分为四节:水中坐位平衡训练、水中膝立位平衡训练、水中站立平衡训练和水中行走平衡训练;第四章是水中游戏,共分为三节:水中推球游戏、水中竞走、水中踢球游戏等。

第三单元是热疗,热疗效应可使局部血管扩张,具有改善血液循环和缓解肌肉痉挛的作用。学校采用的是比较安全、可操作性强的湿热疗法和蜡疗法。本单元共分为两章,第一章是针对上肢各关节的湿热疗法,共分为八节,分别是针对指关节、腕关节、肘关节、肩关节、髋关节、膝关节、踝关节和趾关节的治疗;第二章是石蜡疗法,共分为两节,分别为针对上肢的石蜡疗法和针对下肢的石蜡疗法。

第四单元是其他物理治疗,共三章,包括压力疗法、按摩疗法和磁疗,这三类治疗可以起到缓解肌肉痉挛,降低肌张力的作用。第一章的压力疗法包括两节,分别是针对上肢和下肢的压力治疗。由于实际开展情况的限制,第二章和第三章只对按摩和磁疗做简单的介绍。

(二)作业治疗

1. 课程性质

作业治疗课程是一门为一至九年级脑瘫学生开设的康复课程,是通过具有某种目的性的作业和活动来促进脑瘫学生健康生活的一种康复类课程。脑瘫学生开展作业治疗的目的:减轻致残因素所造成的后果,通过专业化的训练、游戏、文娱活动、集体活动等,促进脑瘫学生的感觉运动技巧的发展,掌握日常生活活动技能,提高言语、认知和社会生活能力,争取达到生活自理和能够接受普通的教育或特殊教育,为将来参与社会活动、劳动和工作奠定基础。

2. 课程目标

脑瘫学生普遍存在上肢功能障碍,上肢功能受损;这会不同程度地影响其他功能的发育,如感觉、精细运动能力、粗大运动能力、认知能力和日常生活能力等,这些功能受损导致脑瘫学生日常生活活动能力受到影响,包括进食、更衣、洗漱、如厕、洗澡、移动、使用工具、书写、游戏等。[1] 针对脑瘫学生的障碍特点,学校的作业治疗通过有目的的、经过选择的作业活动,对身体、精神存在障碍以致不同程度丧失生活自理能力和职业劳动能力的学生进行训练,改善他们的肢体功能、认知和感知功能,使其生活、学习、劳动能力得以恢复,提高他们的生活自理能力和职业劳动能力,最终使他们重返社会。

3. 设计思路

根据脑瘫学生在不同阶段的需求,选择作业治疗的内容。刚进校的脑瘫学生,由于上肢功能障碍,缺乏最基本的诸如进食、饮水、如厕、梳理等生活自理能力。为了让脑瘫学生尽快地适应学校生活,对于低年级的学生,作业治疗课以日常生活活动为主,通过训练来增强学生上肢的肌力和耐力,改善关节活

---

[1] 梁和平.康复治疗技术[M].北京:人民卫生出版社,2005:272.

动度和手指的灵活性,从而提高学生的日常生活活动能力。学生通过一至三年级的以日常生活活动为主的作业治疗后,手指灵活性和关节活动度等上肢功能得到改善,基本具备了生活自理能力。所以中年级的作业治疗课程转向更高要求的手部精细动作,例如手指捏物、双手协调、手眼协调、手部综合功能活动。高年级的学生需要为职业教育阶段的学习打好基础,这个阶段的作业治疗课主要让学生掌握普通的编织、园艺、家居、家政等职业所需要的基本技能,在这些职业技能训练中对学生的肢体障碍进行改善。

4. 课程内容

该套教材从框架结构上可以分为三个单元,分别是日常生活活动、休闲活动、职业前技能。每个单元将选择适合学生的作业活动,促进学生的发展(图4-2)。

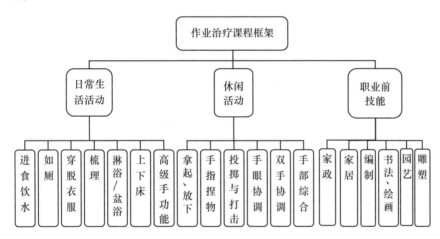

图4-2 作业治疗课程框架图

第一单元为日常生活活动,目的在于促进运动发育、上肢功能、感知认知功能的训练,应该与日常生活活动作训练结合,在学生日常生活活动中训练学生的各种功能,最终实现学生生活自理。本单元主要包括七章,第一章进食与饮水,包括用手进食、用汤勺进食、用筷子进食、自行饮水训练四节;第二章为如厕功能训练,包括扶手向下蹲坐在便盆上训练、坐在便盆上训练、从坐在便盆上起来训练、大小便控制、便后自我清洁五节;第三章为穿脱衣服功能训练,包括穿脱上衣训练、穿脱裤子训练、穿脱袜子训练、穿脱鞋子训练四节;第四章梳理功能训练,包括洗手、洗脸、刷牙、梳头四节;第五章为淋浴/盆浴功能训练;第六章为上下床功能训练;第七章为高级手功能训练,主要包括抓、握、捏、书写、双手协调活动等方面的综合训练。

第二单元为休闲活动，共六章。第一章为训练手拿起、放下动作的丢沙包、套圈练习；第二章为训练手指捏物的插板、插棒、捡豆子练习；第三章为训练投掷与打击动作的投掷沙包、敲击蹦跳玩具的练习；第四章为训练手眼协调性的串珠子、传球练习；第五章为训练双手协调性的拧螺丝、拼装飞机、插图等的练习；第六章为训练手部动作的综合能力的各种棋类游戏、钓鱼及组合型玩具的练习。

第三单元为职业前技能训练，共六章。第一章为家政类，包括衣物清洁、室内清洁、厨房清洁、物品整理四节；第二章为家居类，包括常用电器使用、电器维修；第三章为编织作业，包括编织、织染两节；第四章为书法、绘画，包括书法、绘画、刻绘三节；第五章为园艺，包括花卉、盆景、果蔬三节；第六章为雕塑。

（三）运动功能训练

1. 课程性质

运动功能训练是一门为一至九年级脑瘫学生开设的康复课程，是脑瘫学生康复的核心，其根本是促进学生身心的正常发育，即通过运动功能训练等疗法来促进正常运动、姿势发育、控制病态和异常。

2. 课程目标

脑瘫学生的粗大和精细动作发展迟缓，平衡能力差，四肢不协调，动作呆板而机械，不能保持稳定姿势，容易跌倒，严重影响了他们的日常生活和学习。学校开设运动功能训练课，通过上肢训练、下肢训练和平衡能力的训练，并运用手法、生物力学疗法、神经生理学疗法来促进脑瘫学生的头部控制能力、躯干控制能力、坐位控制能力、翻身运动能力、用上肢负荷体重的能力、四点支撑位及四肢移动能力和步行控制能力等。

3. 设计思路

运动技能训练康复课程主要的设计思路如下：

① 以上肢和下肢各个关节的训练为依据设置课程内容，例如上肢训练主要包括肩关节、肘关节、腕关节的训练以及手指各关节的训练，下肢的训练主要包括髋关节的训练、膝关节的训练、踝关节的训练以及肌肉的训练和步行的训练等。

② 将教育康复和医学康复结合起来，增加训练的趣味性，以康复操的形式把各关节的基本运动融入其中，既增加了训练的趣味性，又达到了康复的目的。

③ 课程的内容注重操作性和实用性。每一种训练都包括具体动作过程、

动作要求以及图片动作示范三部分,简洁明了,便于操作。

4. 课程内容

运动功能训练课程包括三个单元,第一单元为上肢训练方法,包括两章:第一章大关节运动,主要有旋转肩关节、旋转前臂、旋转腕关节、后压肩、上肢综合练习、拍手操、屈伸肘关节七节。上肢训练以康复操的形式把各关节的基本运动融入其中,既增加了训练的趣味性,又达到了康复的目的。第二章手指精细运动,主要有握拳、分指、碰指、弹指、碰掌五节。第二单元为下肢训练方法,训练的目的主要是抑制下肢关节的挛缩、腿部肌肉的痉挛,促进关节的选择性伸展运动,促进足及足趾的主动背屈并防止下垂,增加下肢的运动控制能力,包括直腿抬高、直腿后抬高、直腿侧抬高、正压腿、侧压腿、开跨坐、跪撑、蹲马步、弓步正压腿、屈膝抬腿、腿后伸、俯卧屈腿、坐位屈伸腿、仰卧屈髋屈膝、坐位屈踝等内容。第三单元为平衡及协调能力的训练,主要包括三章,第一章为跪位平衡训练方法,内容为双腿跪、单腿跪;第二章为立位平衡训练方法,包括后倾、前倾、侧倾、足跟立、足尖立一字步、平衡木上一字步等内容;第三章为器械上平衡训练方法,包括重心左右移、前后转移。

(四) 感觉运动

1. 课程性质

感觉运动课程是一门为一至九年级自闭症学生开设的康复课程,是一门以身体感知和运动为主要手段,以增进自闭症学生身心健康为主要目的的课程。课程通过有针对性地组织、选择各感觉器官提供外界刺激,丰富自闭症学生大脑的感知信息,增加信息反馈,提高大脑皮层的调节、控制、分析和综合能力,促进自闭症学生的康复和发展。

2. 课程目标

感觉运动能力是人的基本能力,并随学生的生理成熟而不断提高。在儿童早期教育中,尤其是在特殊学生的早期干预中,这种能力占有极其重要的地位。因为特殊学生在日常生活中获得各种经验的机会常常受到限制,所以有目的的、有意识的训练是不可缺少的。[1] 自闭症学生的感觉能力差,不能在生活和活动中得到体验和感受,学不会必需的技能,更难从经历体验中理解事物其中的意义与规律,所以只能是机械地学习,或以固定、刻板的程序进行活

---

[1] 李彩云.特殊儿童早期干预[M].长春:东北师范大学出版社,2002:23.

动。① 学校基于自闭症学生的感知觉障碍特点,发展了感觉运动校本课程,通过感觉统合训练,促进学生感觉统合能力的协调发展,发展学生感知外界事物的能力;帮助自闭症学生了解自己的身体各部分以及身体与周围环境的关系,改善大肌肉发育不良,提高肌肉的力量和控制力,加强平衡及协调能力,为他们的进一步学习提供条件;扩大自闭症学生的感知觉范围,增加他们的感知内容,发展其听觉与视觉的有意注意,不断提高认识水平,发展思维能力。

3. 设计思路

感觉运动课程根据自闭症学生身心发展的特征和需要划分学习领域,共包含感知、粗大运动、精细运动、感觉统合游戏四大方面的内容。课程在编制时,加大内容的选择性,教师在制订具体的课程实施方案时,可以依据课程的学习目标,从本班的实际情况出发,选用适当的教学内容和教学方法。

4. 课程内容

感觉运动课程的内容共分为感知、粗大运动、精细运动、感觉统合游戏四个单元,主要采用游戏的形式进行组织。

第一单元为感知训练,包括视觉、触觉、嗅觉、听觉、味觉五章,对自闭症学生的各种感知觉能力进行全面综合的训练。第二单元为粗大运动训练,主要内容有侧翻、前后翻、坐、爬行、攀爬、钻圈、队列、行走、上下楼、蹲、短跑、长跑、跳、扛、背、拉、推、投、广播体操。第三单元为精细运动训练,包括抓、捏、撕、拔、穿、插、拼图、折纸、填图、画线、画图、描、使用剪刀、使用锤子等。第四单元为感觉统合游戏,主要有球池游戏、平衡步道游戏、拳击袋游戏、触觉坐垫游戏、平衡触觉板游戏、大龙球滚压游戏、毛巾蛋卷游戏、羊角球游戏、趴地推球游戏、阳光隧道游戏、摇滚跷跷板游戏等,通过各种感觉统合器材,以游戏的形式开展教学。

(五)社会交往

1. 课程性质

社会交往课程是为一至九年级自闭症学生设置的一门以儿童社会生活为基础,促进学生社会适应能力的形成和社会交往能力发展的综合课程。本课程以儿童的社会生活为主线,引导学生通过与自己学习、家庭生活、社会生活密切相关的社会环境、社会活动和社会关系的交互作用,不断丰富和发展自己的经验、情感、能力、知识,加深对自我、对他人、对社会的认识和理解,有效地

---

① 中国孤独症网. 自闭症儿童的感觉统合训练[EB/OL]. http://cautism.com/2015/6－2/1433210977.html,2015-06-02.

补偿其社会交往行为的缺陷,为使其具有相应的社会适应能力、交往能力和平等参与社会生活奠定坚实基础。

2. 课程目标

(1) 总目标

社会交往课程旨在促使自闭症学生了解和掌握社会交往的基本技能和技巧,认识和遵守基本的社会交往常规,学会社会普遍接受的行为,能够更容易地被他人所接纳,并能够发展恰当的人际关系,能顺利地参与集体生活,以便最终能融入社会。对于不同阶段的自闭症学生,课程的目标不同。

(2) 具体目标

低年级阶段(一至三年级)侧重于学校场景的教育训练。此阶段要求学生能基本适应学校的生活。在学校的生活、学习中,会与老师同学问好告别;会对自己进行简单的介绍;对师长或他人的提问做出应答;能排队等待;学会食堂的用餐礼仪;能正确表达如厕的意愿;会与同学老师分享食物、玩具;基本能准确地称呼在学校遇到的人;基本学会致谢、道歉、拒绝;会与同学进行简单的合作;学会听指令等。中年级阶段(四至六年级)侧重于家庭场景的教育训练。此阶段要求学生在家庭场景中,会正确称呼亲朋好友,并能主动问好;会跟邻居借东西、还东西;在小区里结识新朋友;能与家人和睦相处;会与家人一起休闲、购物;参与亲朋好友聚会;欣赏电视节目;分享食物、玩具及快乐等;能正确表达情绪及意愿;学习招待客人等。高年级阶段(七至九年级)侧重于社会场景的教育训练。此阶段要求学生能基本掌握走向社会的交往技能,如主动与他人问好并能较准确地称呼初次见面的人,会较得体地与刚认识的人握手、拥抱,会在家人陪同下去不太熟识的人家拜访、送礼、做客,学会在公共场所接人、寻求帮助等。

3. 设计思路

社会交往课程以学生的社会生活为基础,主要涉及家庭、学校、社区等与自闭症学生生活密切相关的不同生活领域。儿童社会交往行为习惯的养成与社会交往能力的发展是在逐步扩大的生活领域中,通过与各种社会要素的交互作用而实现的。

4. 课程结构

根据自闭症学生的身心及社会交往障碍特点,训练和加强学生在家庭、学校和社会三种场景下的社会交往能力。第一单元家庭场景交往,包括饮食、如厕、家庭礼仪、分担家务、起居、家庭过节等场景的交往,让自闭症学生学会在家中与家人沟通。第二单元学校场景交往,包括教室场景交往、食堂场景交往、操场场景交往、学校里的活动场景交往四章,让学生学会学校各种场所需要的沟通语言和沟通技巧。第三单元社会场景交往,第一章为日常接触场所场景交往,主要包括商场、医院、社区、康复机构、饭店、理发室、公园、银行、邮局九大交往场景;第二章为旅游场景交往;第三章为聚会场景交往;第四章为各种节日场景交往。第四单元为交往礼仪,包括自我仪表、读懂他人情绪和交往礼节三部分。总之,让学生充分掌握在常见的各种社会场景中所需要的沟通技能,提高他们的生活适应能力。

(六)感知觉训练

1. 课程性质

感知觉训练课程是培智学校开设的一门重要的基础康复课程。它是一门根据智障学生的身心特点,通过大量的、综合的、有效的感官刺激,训练和加强学生的感觉和知觉能力,帮助智障学生进行心理第二缺陷的补偿,刺激大脑功能定位的恢复,从而改善大脑皮层活动机能的课程。

2. 课程目标

感知训练课目的在于通过大量的、综合的、有效的感官刺激,训练和加强学生的感觉和知觉能力,帮助智障学生进行补偿,刺激大脑功能定位的恢复,从而改善大脑皮层活动机能。学校通过感知训练协助学生充分发挥各项感官功能,刺激大脑功能定位的恢复和补偿,从而为学生在其他领域的学习做好准备。智障学生根据智力和生活适应的水平分为轻、中、重度三个层次,课程兼顾学生的能力和程度的客观差异,对学生所要达到的课程目标,进行分层、分类教学。

3. 设计思路

感知觉训练课程的设计思路如下:

① 根据感受器的不同,将感知训练的内容按各领域进行细化。感觉可分为视觉、听觉、味觉、嗅觉、肤觉、运动觉、平衡觉、机体觉等八种;知觉是由各种分析器的协同活动而产生的复合刺激物(即事物的整体),可分为视知觉、听知觉、视听知觉、嗅知觉、触知觉。其中,视听知觉的相关内容分别融入视知觉和听知觉两项训练内容中。

② 根据儿童心理学、教育学专家朱智贤的儿童心理发展阶段划分标准,将感知训练的内容进行归类、整理。朱智贤教授认为儿童心理发展阶段分为:"乳儿期(0—1岁)、婴儿期(1—3岁)、幼儿期(3—6,7岁)、学龄初期(6—12

岁)、少年期(11、12—14、15岁)。"①根据儿童的心理发展阶段对感知训练内容进行归类、整理,这样的呈现形式使教师更快捷地掌握学生在各学习领域所能达到的实际年龄水平。

4. 课程内容

根据智障学生的身心特点及各感觉器官的重要性,提高学生视觉、听觉、肤觉、嗅觉、味觉、平衡觉、运动觉以及机体觉等八大领域的能力。具体内容如下:第一单元视觉,主要包括训练学生的凝视、追视、精确度、双眼协调、视觉注意、视觉辨别、视觉记忆与序列、视觉对象背景区分、视觉空间形式的处理、手眼协调等能力。第二单元听觉,训练学生的听觉敏锐度、听觉辨别、听觉记忆、听觉对象背景区分能力。第三单元肤觉,对学生的痛觉和痒觉、触觉、压觉和振动觉、温觉和冷觉、触觉辨别、记忆与序列等进行训练。第四单元为嗅觉,训练学生对不同气味反应的敏锐度、嗅觉辨别能力、嗅觉记忆能力。第五单元味觉,对学生味觉的敏锐度和辨别能力进行训练。第六单元平衡觉,包括静态平衡和动态平衡。第七单元和第八单元分别为运动觉和机体觉。

(七) 综合康复

1. 课程性质

综合康复是为一至三年级的视障学生开设的一门康复课程。它包括认识初步与生活指导和感知觉训练两部分,希望通过加强视障学生的感知觉训练和生活自理能力,帮助其尽快适应学校生活。

2. 课程目标

综合康复课程主要达到以下目标:对学生进行早期干预,使学生认识生活中常见的事物(如日常生活用品、交通工具、蔬菜水果等),学习一些基本概念(如高、低、大、小等);培养学生的生活自理能力,使学生尽快适应学校生活;对视障学生的感知觉进行及时的、综合的训练,弥补视力缺损对学生造成的不利影响,帮助他们拓展更多的感知机会,发挥这些感官更多的潜能,使其感知觉功能可以基本满足学习、生活的需要;对学生进行定向行走的训练,让学生能够顺利地行走和出行。

3. 设计思路

综合康复课程的设计思路如下:

① 实施生活技能和感知觉的综合康复。视障学生由于失去了视觉模仿这一最有效的学习日常生活技能的手段,普通学生能够自然而然获得的生

---

① 朱智贤. 儿童心理学[M]. 北京:人民教育出版社,2007:96.

活技能,视障学生需要专门的系统的教学与训练。由于视力的缺损,视障学生学习任何一项技能,必须依靠听觉、触觉、嗅觉等其他感知觉能力,其听觉、触觉、嗅觉等不得不承担额外的任务,尽量去完成原本由视觉完成的任务,对视障学生进行听觉、触觉、嗅觉等感知觉训练是基础。因此,视障学生的早期干预生活适应能力和感知觉训练缺一不可,必须及时对二者进行训练。因此整套教材包括认知初步与生活指导和感知觉训练两部分,统称为综合康复。

② 教材内容的选择要求贴近学生的生活。任何司空见惯的事物对于视障学生都是陌生的,任何简单的技能,由于没有视觉的参与都可能变得很复杂,只有在真实的情境中,他们才能有真实的感性认识。因此,生活指导和感知觉训练的内容必须来源于学生生活,形式必须贴近生活,才能满足视觉障碍学生生活的需要,提高视障学生的生活适应水平。使视障学生的生活技能在生活中得到训练,在训练中学会生活。

③ 由于生活技能的训练和感知觉的训练对视障学生来说都十分重要,必须尽快实行干预,因此两部分的训练可同时进行,但是要求相互穿插,要求把感知觉的训练融入生活技能的训练中,生活技能所需要的某种感知觉技能要在感知觉训练中加以强化,二者相互配合。

4. 课程内容

认识初步与生活指导课程内容的编写,在结合本校实际情况的基础上,参照人民教育出版社出版的全日制盲校教师教学用书《认识初步与生活指导》,一年级的教学内容主要包括熟悉学校环境、如厕、洗手、刷牙、洗脸、洗脚、认识自我、穿脱上衣、穿脱袜子、穿脱鞋、会辨认自己的衣物、擦桌椅、叠被子等最基本的生活自理能力。二年级的教学内容主要包括折叠上衣、扫地、拖地、打扫教室、整理床铺、整理房间、洗裤子、面部表情、点头和摇头、常见的水果、校外环境等劳动技能和生活常识的训练。三年级的教学内容主要为洗澡、洗外衣、常见的交通工具、家畜、昆虫、天气、电视机、洗衣机、电冰箱、安全用电、打电话、校外环境等偏向于难度较高的家务劳动技能和生活认知训练。

感知觉训练的课程内容,主要包括残余视力训练、听觉训练、触觉训练、嗅觉训练、定向行走训练五章。残余视力训练主要包括视觉注意行为(如物体的固视、搜索物体、跟随物体、转头时维持固视、从一个物体转而注视另一个物体、跟随下落的物体、对近处和远处物体的反应)、视觉检查行为(如集中注意力看手、对面孔或物体消失的反应、注意小的物体、看图画并识别图画、匹配物体或图画)和视觉指导性运动行为三节。听觉训练包括辨别日常声响、听觉选择性训练、声音辨别能力训练、听觉记忆训练(如电话号码、上下课铃声、地址等)、利用听觉协助理解其他感官信息等内容。触觉训练包括辨认物体形状、物体质地、触动觉训练、辨认物体的轻重、盲文符号的辨别等。嗅觉训练包括辨认日常生活中的不同气味、通过气味辨认特殊场合、通过气味辨认日常生活用品、估计方向与距离。定向行走训练共两章,第一章为定向所需的技能训练,第一节听觉技能,包括声音定位、声音的确认、声音辨别、回声定位、声音掩蔽;第二节触觉技能,包括触觉的辨别和触觉辨认;第三节为通过嗅觉定位;第四节为转向技能,包括90度、180度及各种角度的转向;第五节为保持直线移动;第六节为搜寻技能;第七节为回原位技能和参照点的使用。第二章为室内独行与自我保护,使学生在不需要手杖等辅助工具的帮助下,能在一定的空间中安全行走,主要包括上手保护、下手保护(用手臂对身体下部做保护,防止腰部以下高度物体的碰撞)和沿物行走三种。

(八) 沟通与交往

1. 课程性质

沟通与交往是为一至六年级听障学生开设的一门语言康复课程,通过早期语言治疗,为听障学生提供专门系统的学习语言技能和沟通技能的机会,有目的、有计划地提高他们的沟通与交往能力,为培育具有健全人格的社会人奠定基础,是一门对听障学生全面发展与终身发展具有重要价值的课程。沟通与交往是在不同情境下,借助各种社会性形式手段实现的,具有极其明显的功能特性,要求所学内容与真实世界有关,融儿童个人生活经验和生活于课程,使课程知识与实践操作紧密结合,让儿童在学习过程中建立起现实生活和未来生活所必须具备的沟通与交往技能,将所学到的沟通与交往技能恰当地运用于社会环境中。

2. 课程目标

沟通与交往课程旨在帮助听障学生掌握多元的沟通交往技能与方式,促进听障学生语言和交往能力的发展;激发听障学生沟通与交往的兴趣,增强其语言理解与表达的能力,养成使用语言进行思考的习惯,提高他们在实际情景中使用恰当语言(口语/手语/书面语)进行沟通的语言运用能力;要求听障学生根据自己的发展特点和特殊需要,具备运用多种沟通交往技能与方式(口语/手语/书面语)与人沟通交流,掌握文明礼貌的人际沟通与社会交往规范,促进语言和交往能力的发展。

3. 设计思路

沟通与交往课程的设计思路如下:

① 课程目标九年一贯整体设计。课程标准依据听障学生的身心特征,尤其是认知和语言特点,在"总目标"之下,按一至三年级、四至六年级两个段分别提出阶段性目标。

② 课程目标根据知识与能力、过程与方法、情感态度与价值观三个维度设计,三个方面相互渗透融为一体,注重整体提高听障学生沟通与交往的能力,注重培养他们适应社会生活的能力,发展他们的健康人格。各阶段目标相互联系,呈螺旋上升的态势,最终全面达到总目标的要求。

③ 课程内容从"感觉训练""口语训练""手语训练""书面语训练""其他沟通方式和沟通技巧的学习和训练"几方面提出要求。

4. 课程内容

根据一至三年级和四至六年级阶段目标的不同,课程内容的设计也进行了分层,以满足不同发展阶段学生的需要。

小学一至三年级的课程内容包括四个单元。第一单元感觉训练,包括通过听觉分辨出大自然、机械、乐器声音的能力,通过听觉识别出音乐的韵律与节奏,辨别言语声音、日常生活声音与噪音三章。第二单元口语训练,包括养成能够用口语进行沟通的习惯和能够运用口头语言进行日常生活的简单交流。第三单元手语训练,包括了解手语的交往作用、手语交往的重要性、课堂常用手语、日常生活中的手语、中国手语的常用词汇和简单句型、用手语进行沟通与交流等内容。第四单元书面语训练,包括简单的读话、理解简单的对话内容、理解复杂的对话内容、能够通过手指语阅读一般的图画书、能够看图读书、能够就阅读的图画书与同学进行简单交流和讨论、会用笔交谈。

小学四至六年级的课程内容包括三个单元。第一单元口语训练,包括会使用口语与人交流,使用口语与人讨论问题,表达自己的意思,使用简单的疑问、陈述和否定句式表达自己的想法,能够通过读话了解简单的记叙文、说明文的内容,能够运用口头语言进行日常生活的基本交流。第二单元手势语训练,包括能够流畅地以自然手语和他人进行自如交流,会用中国手语打出常用的词汇、简单的句型、完整的句子。第三单元书面语训练,要求学生能够流畅地将所学语文课文以自然手语打出,能够通过手指语将阅读的故事自如打出,能够初步通过笔谈就所看到的事物与发生在身边的事情与教师、家长和同学进行简单表述。能够通过笔谈就学校管理人员、教师所提出的简单问题作出回答。会写书信、请假条、贺卡、通知等。其他沟通方式,喜欢看图读书,对语言文字产生兴趣。喜欢并能够采用电子邮件、网络、手机等沟通方式进行一般性沟通。继续认识常用功能性符号。

第3节 特色校本课程开发案例

一、案例一：物理治疗

（一）课程开发背景

1. 政策背景

2007年，教育部颁布了《培智学校义务教育课程设置实验方案》，并指出在课程设置上教育要与康复相结合，促进学生的健康发展。广东省残疾人康复工作意见中也指出要增强康复服务能力，提高康复技术水平，实现残疾人康复事业现代化，使全省残疾人实现"人人享有康复服务"。学校康复类课程的开发正是响应国家和广东省关于残疾人康复工作的号召而进行的。

2. 康复类课程开发现状

特殊学生由于生理上的缺陷，除了知识的学习外，还需要针对生理障碍进行康复训练，这要求特殊学校除了要开设数学、语文等知识型的学科，还根据特殊学生的障碍和残疾特点，开设相应的康复课。特殊学校长期以来受普通学校课程设置的影响，重视学生的学业成绩，使许多培智学校实际上成为普通学校的复制品。[①] 目前，特殊学校康复课程的开设已逐渐被提上日程，众多特殊学校开始将康复课程作为学校课程内容的一个组成部分，例如北京宣武培智学校的运动、休闲领域中包含了康复；上海卢湾辅读学校在"活动训练"板块中，设置康复一科；广东中山特殊学校在活动课程中，成立了康复训练组；顺德特殊学校把康复任务贯彻在体能课中。[②] 但是由于康复课程开设时间较短，各个学校都处于摸索阶段，没有系统的、正式的康复教材来指导教学与康复训练，脑瘫儿童的康复训练教材更是缺乏，需要结合各个学校情况和学生康复需求探索适合学校发展的康复教材。

3. 学校开发物理治疗课程的可行性

学校物理治疗师资队伍庞大，截至2016年，学校共有16名是有医学专业背景的治疗师，其他教师有特殊教育和康复的专业背景，为物理治疗课程的开发打下了坚实的师资基础。深圳市政府和残联重视学校的发展，每年为学校投入充足的资金供学校购买各种康复仪器。学校建设了功能完善的物理治疗室，拥有痉挛肌低频治疗仪、经络导平仪、肌兴奋仪、解痉仪、经络通治疗仪、下

---

① 邓猛,雷江华.培智学校课程改革与社会适应目标探析[J].中国特殊教育,2006(8):17-20.
② 王辉.培智学校校本课程研究案例分析[J].中国特殊教育,2004(9):40-46.

肢关节 CPM 康复器、神经肌肉电刺激仪、经皮神经电刺激仪、下肢按摩器、全身按摩椅等一大批物理治疗设备,为学校物理治疗课程的开发提供硬件保障。

(二)课程开发过程

1. 课程积累(2000—2007 年)

学校在没有成立康复部之初,将脑瘫学生和智障学生安排在一起集体教学,脑瘫学生的肢体训练主要通过集体的运动训练课进行。自 2000 年开始,学校开始安排有医学背景和康复背景的老师,利用运动训练课的时间,对智障班级的重度脑瘫学生进行有针对性的康复训练。随着学校脑瘫学生人数的不断增加,新招收的学生障碍程度不断加重,学校将脑瘫学生从智障学生中分离出来单独编班,并成立了康复部,学校教师逐渐引进经络导平仪、解痉仪等仪器等对脑瘫学生进行专业的训练。在国家教育部颁布特殊教育学校新课程方案后,学校正式开设了物理治疗课,对学生进行专业的物理治疗。前期的探索和实践为学校物理治疗校本课程的开发在师资建设、素材搜集、经验积累等方面打下了坚实的基础。

2. 课程编写(2008—2009 年)

应广东省和学校开发校本课程的要求,学校康复部教师成立物理治疗开发小组,2008 年 9 月开始着手编写物理治疗课程标准。课程标准编写前,为了保证课程内容最适合学生的需求,课程组向脑瘫学生的家长发放调查问卷,向家长了解每位学生在入学前曾在医疗机构做过何种物理治疗,哪些治疗方法对学生的发展有效,哪些物理治疗法学生不宜使用等,同时向每位脑瘫学生的康复老师、班主任发放调查问卷,了解学生的发展状况和康复需求。在进行为期一个月的详细深入的调查后,物理治疗开发小组将物理治疗课程的内容确定:电疗法、水疗法、热疗法和其他理疗方法。对于每种疗法具体内容的确定,开发小组采取集体商讨、共同编制的形式,采取边开发、边实践、边修订的原则,以每种治疗方法为单元。至 2009 年 5 月,基本完成课程标准编写工作。

3. 课程实施与修订(2009—2010 年)

课程开发小组以治疗方法为单元,每编订完一种物理治疗方法的内容,例如电疗法,便由康复教师对各个班级的脑瘫学生进行试用,并由授课教师、家长填写意见反馈表。开发小组定于每周五下午召开课程标准修订会,根据教师和家长的反馈意见,对课程内容进行及时的修订,例如,将对学生有创伤、内容较为陈旧、操作难度大、康复仪器不具备等治疗内容进行删减。2010 年 10 月,正式完成了课程标准的修订。

4. 编写教学指导手册(2011—2016 年)

2011 年,广东省开展中小学地方课程教材的立项申报工作,深圳元平特殊教育学校组织各个部的教师进行教材开发申报工作,为此,学校康复部成立了教学指导手册编写小组,开始编写《物理治疗教学指导手册》,并拟定了详细的进度安排:① 2011年3—4月,完成《广东省中小学地方教材立项审查表》的填写和样章的编写,推进广东省中小学地方教材的立项工作。② 2011年5—7月,修订《物理治疗课程标准》;开展《物理治疗教学指导手册》的研制工作,同时推进广东省中小学地方教材立项工作;并规划、新建配套的物理治疗室。③ 2011年9—12月,完成《物理治疗教学指导手册》的研制工作。④ 2012年1—6月,开展《物理治疗评估手册》的研制工作,建立起合理的评估体系,并完善课程资源库。⑤ 2016年,完成了《物理治疗教学指导手册》(上、下)两册编写工作。

(三)课程设计

1. 指导思想

物理治疗课程标准的设计贯彻《培智学校义务教育课程设置实验方案》的基本精神,根据脑瘫学生身心发展规律及特殊性、发展性、选择性等教育康复原则,以促进脑瘫学生身心的健康发展、潜能的充分开发和终身康复需要的满足为目的,根据物理疗法的内容选取各种物理治疗仪器进行康复治疗。

2. 课程目标

(1)总目标

根据课程的特殊性原则、发展性原则、选择性原则和系统性原则,有针对性地组织、选择各种物理因子(包括电疗、热疗、水疗和其他疗法等)对学生身体局部或全身进行刺激,改善学生的身体血液循环,提高肌肉力量,缓解肌肉痉挛,从而改善脑瘫学生身体的活动机能。

(2)具体目标

① 调整肌肉张力使之正常化,加速协调运动和随意活动控制能力的恢复;② 避免并发症,如挛缩,肌肉萎缩,纤维化;③ 扩展血管,促进血液循环,改善肌肉营养;④ 强调整体动作模式,改善其肢体功能;⑤ 对神经细胞的分化和功能重建等起到积极作用。

(四)教材体例

1. 教材编写目的

(1)努力推动广东省实现残疾人"人人享有康复服务"。为了适应广东省国民经济和社会发展以及残疾人日益增长的需求,建设具有增强康复服务能力、提高康复技术水平的特殊教育,构建符合素质教育要求的特殊教育课程,成为实现现代教育康复的重要基础,努力推动广东省实现残疾人康复的总目标。

（2）坚持特殊教育内涵建设，加强"医教结合"。医教结合是特殊教育实施的一项基本原则。学校"医教结合"康复模式改革与创新的原则是立足于教育，以教育为本，以医促教（以物理康复治疗为主），注意吸收现代医学和康复技术的新成果，建立具有广东特色的立体多元康复体系。

（3）为教育者开展教育康复提供依据。为提高特殊教育的质量，帮助脑瘫学生恢复和改善躯体功能，就必须要有从内容到教学模式都满足脑瘫学生教育康复需要的教材，但是目前国内仍没有一套系统的适合脑瘫学生康复训练需要的教材来指导教学与康复训练。

（4）满足脑瘫学生身心全面发展和可持续发展的需求。脑瘫学生主要存在运动功能的障碍，为了补偿其缺陷，应采取以物理治疗为主、其他形式相辅的各种康复训练措施，使其各方面的潜在能力发展到尽可能高的水平，达到康复的最佳效果。

2. 教材编写的指导思想

（1）坚持改善功能为主，从整体出发，改善脑瘫学生的身体机能。脑瘫学生存在以运动功能障碍为主，伴随有知觉、视觉、听觉及语言等障碍。在康复训练过程中，应该融合体能、认知、语言沟通、情绪及社交等各方面的发展，从整体出发改善学生的身体机能。将物理治疗和运动功能训练相结合，以理疗、运动疗法和治疗性游戏相互促进为指导思想，进行综合治疗。

（2）坚持终身康复的观念，实现学生的自我康复。脑瘫学生的生理障碍需要进行长期的干预和治疗，物理治疗作为康复医学的重要内容，从课程设计到课程评价都应该体现自我发展和终身康复的观念，应该调动学生的积极性，始终把学生主动、全面的发展放在中心地位，让学生逐渐确立自我康复的态度，掌握自我康复的方法，最终实现学生的终身康复。

（3）关注脑瘫学生的个体差异和康复需求，使每个学生得到最大限度的康复。脑瘫学生除了在瘫痪类型和功能障碍方面表现不同外，由于年龄、性别、生活习惯及学生的身体状态导致对物理因子和运动疗法的反应能力也不尽相同，在开展物理治疗课程的过程中，应考虑到脑瘫学生的个体差异性，挖掘每个学生的康复潜能，使学生得到充分发展。

3. 教材结构

本教材注重学生的教育和功能恢复，着力促使学校教育与医疗康复的有机结合，整合学校资源综合多种理疗方式，从学生的整体出发，以改善功能为主，结合主动运动和被动运动，在兼顾趣味性、参与性的基础上，让学生边学习、边游戏、边康复，游戏的同时，达到康复目的，同时增加学习的娱乐性与快乐感。简而言之，本套教材以引导的方式让枯燥的康复注入娱乐，在快乐中寻找康复途径和掌握康复治疗技术。

本套教材从框架结构上可以分为四个单元，分别是电疗、水疗、热疗以及其他的物理疗法，每个单元将利用物理治疗仪器与康复运动训练相结合的方式引导学生掌握康复仪器的使用与康复知识的学习。

4. 体例设计

本教材采取单元策略的形式来组织学科内容，并根据脑瘫学生特点、训练目标、训练内容，制订不同的教学计划实施教学。

本套教材总共分 4 个治疗单元，共设置 50 节课。每课内容都由训练项目、训练目标、训练器材、训练要点、拓展训练、注意事项六个板块组成。

"训练项目"以标题的方式使学生了解本课的训练内容；"训练目标"对本课训练活动所希望达成结果的设定，是训练主体具体努力的方向；"训练器材"是学生训练时所使用的主要设备和器材等；"训练要点"概括性地叙述了本课所要训练的重点，同时为教师组织教学提供合理的指导；"拓展训练"包括自我按摩和家庭康复训练两部分内容，以满足脑瘫学生的不同学习要求；"注意事项"介绍训练过程中所要注意的问题。

5. 教材特色分析

（1）突出传统的理疗特色。脑瘫学生普遍存在肌力、肌张力异常，从而导致运动功能障碍和姿势异常，以致影响正常的学习和生活。物理治疗通过系统合理的安排物理因子对学生进行治疗，可以增强肌力，调整肌肉张力，改善血液循环，避免肌肉萎缩和关节挛缩。

（2）注重医教结合特色。在物理治疗过程中，运用先进的理疗仪器对学生的身体功能进行改善，同时教会学生对身体的控制技巧，并根据学生的不同肌能，安排不同的治疗目标，同时也让学生参与和了解目标的制定，在达到目标的过程中，学生逐渐了解自己的身体，并学会自我康复的方法。

（3）创新课堂组织形式。传统的物理治疗多采用一对一的、被动的方式进行治疗，学生多感孤单、枯燥，加上学校的医疗资源相对较少，难以满足大范围开展康复训练，针对以上情况，物理治疗课根据学校实际以课时为时间单位，以班级为单位进行集体康复治疗训练，从而增加了康复训练的普及面。

（4）体现学科互补性特色。基本的身体控制能力是学生学习和生活的基础，脑瘫及运动功能障碍的学生由于运动功能的障碍，在听、说、读、写及生活自理活动中都可能存在不同程度障碍，针对学生身体的弱项进行康复训练，随着学生身体肌能的改善,则为促进其他学科的学习打好基础。

(五)教学指导手册

学校针对物理治疗课程编制了教学指导手册,包括电疗、水疗、热疗和其他物理治疗,以下以"电疗"指导手册中的经络导平仪治疗法为例(表4-2)。

表4-2 深圳元平特殊教育学校物理治疗指导手册(电疗)

领域	电疗
次领域	经络导平仪治疗
训练内容	踝关节的导平治疗和功能训练
训练目标	改善下肢肌肉紧张,提高下肢肌力,纠正足翻
训练器材	导平治疗仪器、步行板、所需的功能训练器、皮球
训练要点	一、踝关节的导平治疗 1. 接通电源、调整电源电压指示到220伏。 2. 检查全部旋钮是否调回至"0"(如图1所示)。 3. 根据治疗疾病部位的需要按下强度按键:2档肢体。 4. 选定穴位后,将"电极"棉垫固定扎紧在穴位上。 (1)足内翻选取穴位 ① 双阳陵泉 双环跳 双丘嘘(如图2所示) ② 双阳陵泉 双环跳 双悬钟(如图3所示) 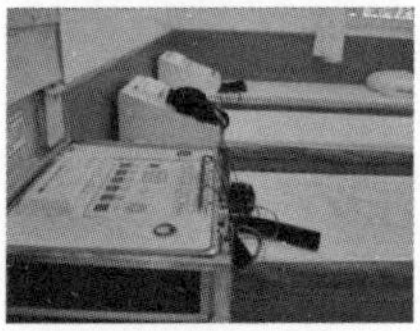 图1 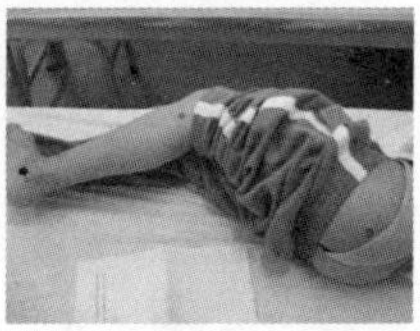　　　图2 　　　图3 (2)足外翻选取穴位 阳陵泉　悬钟　三阴交　阴陵泉(双腿取四穴如图4或是每条腿取四穴如图5所示) 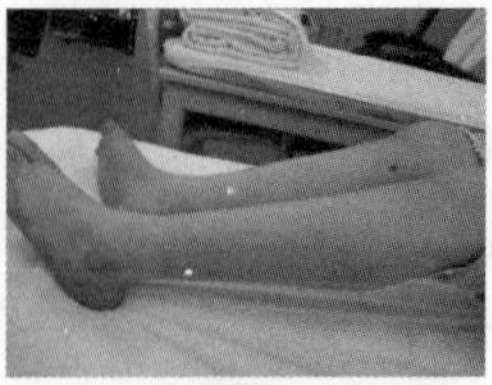 图4 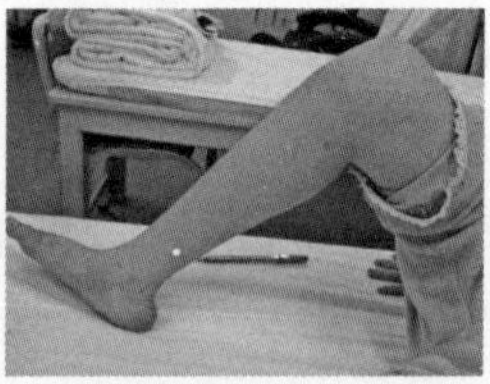　　　图5(小腿里外的穴位相对应)

续表

领域	电疗
	(3) 时间：40分钟 (4) 强度：以当天学生耐受情况而定。 二、纠正足翻的功能训练 1. 纠正足内翻的功能训练 (1) 纠内翻板站立训练：保持足外翻姿势站立（如图6所示）。 (2) 纠内翻步行板行走训练：双脚分立于"V"形板上，沿"V"形板行走（如图7所示）。 图6　　　　　图7 (3) 踝关节屈伸练习器训练：踝关节屈、伸的练习（如图8、9所示）。 图8　　　　　图9 2. 纠正足外翻的功能训练 (1) 纠外翻板站立训练：保持足内翻姿势站立（如图10所示）。 (2) 纠外翻步行板行走训练：双脚分立于"∧"形板上，沿"∧"形板行走，双脚不能过中线（如图11所示）。 图10　　　　　图11 (3) 踩脚踏器训练：学生双手握扶手，双脚站在或绑于踏板上，双脚交替踩动（如图12、13所示）。

169

续表

领域	电疗
	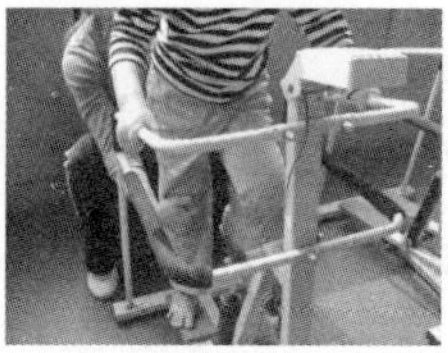 图12 　　　　　　　　　图13 三、游戏活动 立位抛捡球游戏：学生取站立位围成一个圈，帮助者双手固定学生的髋或膝关节，由学生弯腰捡起地面上抛来的球，再抛出（如图14—16所示）。  图14　立位捡球 　　图15　捡起 　　图16　抛球
拓展训练	1. 自我按摩 （1）足内翻者取长坐位或卧位，自我按摩阳陵泉穴和丘墟穴或阳陵泉穴和悬钟穴或阴陵泉和三阴穴（如图17、18所示）。 （2）足外翻者取长坐位或卧位，自我按摩阳陵泉穴和悬钟穴或阴陵泉穴和三阴交穴（如图18、19所示）。 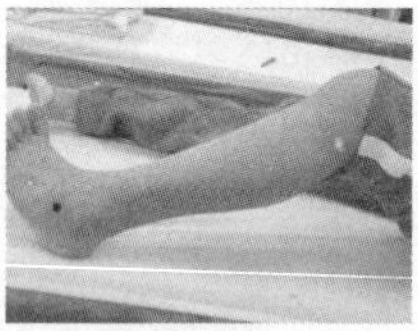 图17 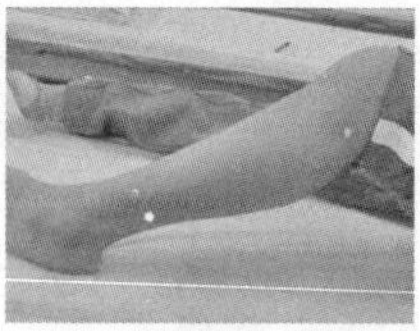　　　　　图18 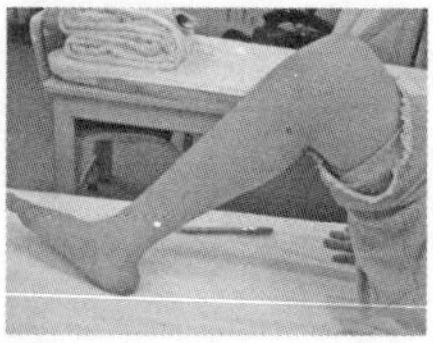　　　　　图19 2. 家庭康复训练 （1）主动踝背屈训练（如图20、21、22所示）。  图20 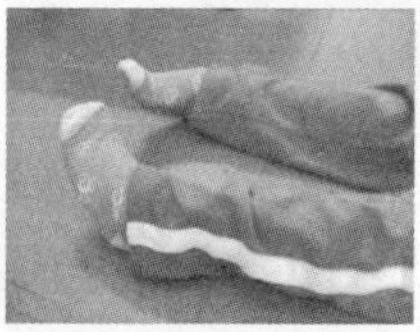　　　　　图21 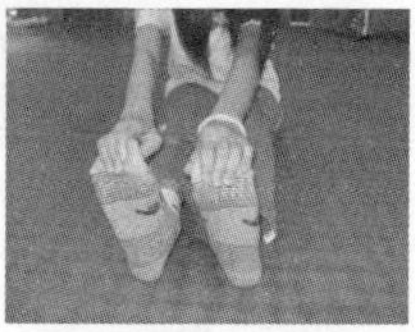　　　　　图22

续表

领域	电疗
	(2) 手法牵拉跟腱(如图 23、24、25 所示)。 图 23　　　　图 24　　　　图 25
注意事项	1. 如出现头晕等症状时,当即停止治疗,静卧片刻,喝些热开水可得到缓解。 2. 严格防止棉垫滑脱,致金属电极片直接接触皮肤,引起皮肤电灼伤。 3. 纠足翻板站立训练时,学生呈直立位站在纠足翻板上,保持髋、膝伸直,可使用绑带固定,脚尖向前,足跟着板。 4. 进行立位抛捡球游戏时,注意保持学生下肢的持续伸展,脚尖向前,足跟不离开地面。 5. 手法牵拉跟腱时家长可在使脚掌背屈的同时注意使足做反向矫正(如内翻者稍外翻),操作时不要施以猛力,要注意循序渐进。

（六）课程实施

1. 适用对象

物理治疗课程适用于不同年龄阶段(低年级、中年级、高年级)的脑瘫学生。具体课程设置、课时数安排见表 4-3。

表 4-3　深圳元平特殊教育学校物理治疗课时设置

学年段	设置年级	每周开设课时
低年级	1—3 年级	2
中年级	4—6 年级	2
高年级	7—9 年级	2

2．教学建议

（1）教学方法

① 坚持"改善功能为主"的指导思想,从整体出发,改善学生的身体机能。物理疗法是一种条件刺激,通过生理调节机制发生治疗作用。因而,在进行物理治疗时,必须注意学生全身功能状态和对物理因子的反应能力,把人体内脏和体表各部组织器官视为一个有机整体,既强调人体内环境协调性和完整性,又重视人体与外环境的统一性。因此在治疗脑瘫疾患时,要注意从整体观念出发,以改善功能为主,切记头痛医头,脚痛医脚。

② 坚持理疗和运动康复训练相结合的原则，以运动康复训练为主，物理治疗为辅，从儿童整体出发，综合考虑学生需要合理安排。

（2）物理治疗内容的选择

① 物理治疗项目的选择。选择物理治疗项目，应根据每个学生功能状态和物理治疗的目标，从多种物理治疗技术中选择合适的物理治疗内容。

② 物理治疗量的选择。选取何种物理治疗的强度，物理治疗的时间，不仅要考虑局部肢体的病损情况，而且还要考虑学生对物理治疗项目的反映情况，选择适度的物理治疗强度和治疗时间。

③ 注意事项。在做物理治疗的过程中要确保学生的安全，密切关注学生对治疗的反映，避免治疗时发生损伤。

案例 4-1

"站位和蹲位的姿势转换训练"教学设计

深圳元平特殊教育学校　崔　璨

[教学对象分析]

本次授课对象是脑瘫五年级的学生，共10名，平均年龄13岁。总体智力水平为中度。根据粗大运动功能分级系统（GMFCS），Ⅰ级学生1名（章某）；Ⅱ级的学生3名（黄某、黄某、龙某）；Ⅲ级或Ⅳ级的学生4名（金某、杨某、彭某、杨某）；Ⅴ级的学生2名（彭某、陈某）。根据GMFCS分级中是否使用辅助运动器械来行走，把本班学生分成2组，Ⅰ级和Ⅱ级的同学为甲组，Ⅲ级、Ⅳ级和Ⅴ级的同学为乙组。甲组学生都能独立行走，但走的步态异常：章"外八字"型步态；黄锦芸为"内八字"型步态；黄璐鸭子步态；龙为蹑起脚尖型步态。他们在户外活动时，异常步态很容易造成跌倒，而且他们的姿势转换、活动的速度以及质量会受到限制；乙组学生不能独立行走，除了彭树洁之外，均可四点爬（爬行运动是步行以外的代表性的移行运动），但在户外活动时他们的姿势转换、爬行的速度和质量会受到限制。

[教学内容分析]

运动疗法是以徒手以及应用器械进行运动训练来治疗伤病残患者，恢复和改善功能障碍的方法，目的在于改善功能、抑制不正常的姿势反射、诱导正常的运动发育。按照正常儿童粗大动作的发育顺序：翻身、坐、爬行、站立、走、跑、跳等来训练。引导式教育是运动疗法的一种有效手段，本课教学内容：站位和蹲位的姿势转换是根据世界卫生组织康复协作中心香港复康会出版的《引导式教育——伴儿同行——运动障碍儿童康复训练手册》一书中第四部分中的坐位至站位活动序列内容而设计的。本课的设计是贯穿引导式教育的理念,主要是指导学生进行站位和蹲位的姿势转换功能训练,培养学生掌握一定的姿势转换的能力。良好的对位对线(正确的坐姿和站姿)能使脑瘫患儿获得最好的活动功能并能预防骨骼肌肉的畸形。站位和蹲位的姿势转换可促进全身动作的协调发展,为直立行走打下基础,可增加对空间的搜寻和主动接受和认识事物的意识和能力。本节课通过穿越障碍的游戏设计复习了本学期学习的运动功能训练的部分内容,如坐、爬行、站立、行走及姿势转换等。

[设计理念]

1. 引导式教育的理念。将音乐、舞蹈、游戏进行有机的结合,激发学生康复训练的兴趣。

2. 情境教学。本节课设计的最大特点是游戏的穿插,把艰苦枯燥的动作训练寄予在学生感兴趣的活动中,本着"我参与,我快乐;我运动,我健康"原则,以利于调动学生的积极性和参与性,提高康复训练的效果。

3. 集体训练和个别化训练相结合。训练过程中通过唱歌和节律性活动的集体训练的引导式教育,是融合教育与康复于一身的康复手段。本课设计的提高练习中穿越障碍游戏的设计采用分组训练,以兼顾学生级别程度和个别差异。

[教学目标]

1. 促进肢体的粗大运动功能,特别是站位和蹲位的姿势转换功能。

2. 抑制异常的姿势活动,促进正常的姿势活动。

3. 促进上下肢的分离活动和改善机体的平衡功能。

[教学重难点]

站位和蹲位的姿势转换。

[教学媒体的选择和使用]

预先准备好的游戏场景;垫子若干、按摩床;引导式教育的功能训练的器材:椅子、提背架、地梯等;自制教具:脚印、圣诞礼物盒、水果积木、水果模型、钓鱼玩具等。

[教学过程]

1. 礼物导入:激趣

(1) 同学们,每年的12月25日是什么节日?同学们看前面架子上的盒子,那是圣诞老人提前给同学们准备的礼物,大家去打开它看看里面是什么,好吗?

(2)今天我们学习一个新动作——站位和蹲位的姿势转换,一会儿大家到达那里去领取自己的圣诞礼物。

2. 准备部分:热身操活动

(1)热身操内容

坐位姿势下完成,先按要求坐好:腰挺直,手肘伸直,双手紧握凳子两边,腿分开,脚踏实地,双眼平视前方。

① 头部运动:低头2次;抬头2次,左左右右做2×8拍;水平转动各2次;

② 肩部运动:两手经体侧水平搭在肩膀上,向前2×8拍,向后2×8拍;

③ 上肢运动:双手交叉,手腕旋转,2×8拍,双手拉开并翻掌向前推出2×8拍;

④ 躯干转体运动:双手交叉,手肘伸直,水平向左(右)转动90度,2×8拍;

⑤ 下肢伸展运动:蹬出双腿,脚尖向上,分别抬起左右腿。

(2)伴随着音乐,学生跟着老师的引导语一起来完成热身操

第一节:头部运动:我低头2次,1,2;我抬头2次,1,2,左左右右做2×8拍;向左看1 2 3 4 5,向右看1 2 3 4 5(再来一次);

第二节:肩部运动:两手经体侧水平搭在肩膀上,向前2×8拍,向后2×8拍;

第三节:上肢运动:我双手交叉,我手腕旋转2×8拍;我双手拉开并翻掌向前推出2×8拍;

第四节:躯干转体运动:我双手交叉,我手肘伸直,我水平向左(右)转动90度,2×8拍,坚持10秒钟。

第五节:下肢伸展运动引导语:

我双手抓住凳子　　　抓住　抓住　抓住

我蹬直双腿　　　　　蹬直　蹬直　蹬直

我脚尖向上

我抬起右腿　　　　　抬起　抬起　抬起

我慢慢放下右腿并伸直(换左腿如上进行)。

大家准备站起来:从独立坐位至扶梯背架站位(坐位→站位):

我脚放平　　　　　1　2

我脚分开　　　　　　1　2
我抓住梯背架　　　抓住　抓住
我向前推提背架　　推　推
我抬高屁股站起来　　1　2　3　4　5
我双手向上爬并站好
我站得很直同学们都站得很直

3. 基本部分：站位和蹲位的姿势转换（新授）

教师活动要求：示范与讲解；组织进行练习；巡视确保安全；选典型的学生做示范动作；指定不同功能的学生蹲起的方式。

学生活动的要求：学生认真听讲；按教师的要求进行练习；认真练习并完成动作。

（1）示范讲解

站位→蹲位的动作分析：

① 双手向下爬（至提背架中）

② 蹲下

③ 脚放平

④ 膝分开

蹲位→站位的动作分析：

① 推提背架

② 抬高屁股站起来

③ 双手向上爬

④ 我站直

（2）组织集体练习

（3）巩固练习：变成小矮人或大巨人游戏

游戏巩固站位和蹲位：老师想请同学们玩一个变成小矮人或大巨人的游戏，老师说变成小矮人，同学们蹲下来，老师说变成大巨人，同学们要站起来，不能快只需慢，因为变化要有个过程的。

（4）提高练习：穿越障碍游戏

第一关：分组练习捡起水果积木——站位和蹲位姿势转换训练。分组：第一组：张某、黄某、黄某；第二组：……对第一组（章，黄）的3个同学提出要求，不扶提背架，独自来完成；第二组学生扶住提背架按照要求捡起水果积木放到自己的篮子里。（我拿起水果积木，我放进篮子里）一次只能放进去一个，看谁放进去的多？第一关展示比赛结果。

第二关：步行和爬行障碍区——步行或爬行训练。分组后要求，甲组：步行穿越地梯和斜坡等障碍；乙组：爬行穿越斜坡和桥洞等设定的障碍。在第一关分组的基础上进行，第一条路上有地梯和山坡，第二条路上有山坡和桥洞。大家怎么穿越这些障碍物去到那边呢？教师分别对两组提两个要求，要求第一组同学：第一，独自步行过地梯和山坡；第二，一定要注意脚尖朝前，不能"内八和外八字"（示范）。要求第二组同学：第一，爬行越过山坡和桥洞（桥洞倒了会被砸到，所以要小心通过不能把它弄倒）；第二，龙，膝立位行走，到山坡和桥洞要四点爬过去；金、彭和杨三个要求四点爬行越过障碍、彭某腹爬行过去。学生按照教师的要求完成这次的行越障碍。引导两组排好队进入（按照顺序进行），第一组的同学跟着崔老师，第二组的同学跟着张老师，先到的同学到床边双膝跪好，玩钓鱼游戏。再进行第二组的引导。

[结束部分：钓鱼游戏]

内容安排：1. 钓鱼游戏；2. 展示圣诞礼物；3. 小结、表彰奖励。

先到的同学玩钓鱼（事先准备好玩具），要求学生膝跪立姿势来完成，等待后面同学的到来。各就其位时发奖品。

小结语：今天同学们主要学了站位和蹲位的姿势转换，大家表现都不错，下节课同学们继续学习本次课未学完的内容。

结束歌：现在下课，现在下课，谢谢同学，谢谢老师，谢谢妈妈，谢谢姑姑，谢谢阿姨，谢谢姐姐的帮助！

[教学反思]

1. 引导式教育的理念。通过运动能力、认知能力和社交能力的统合训练，努力使脑瘫学生获得独立的技能，训练过程中通过唱歌和节律性活动的集体训练来使学生有所收获。本班学生的级别程度不同，个别差异性太大，日后要更好地分组才能更有效地开展引导式教育。

2. 激情。本次课开始时，师生因为紧张，有点放不开，课堂气氛不活跃。因此，教师在以后上课时要放得开，要有激情，用自己的情感去带动学生。

3. 游戏的穿插。游戏的穿插把艰苦的枯燥的动作训练寄予在学生感兴趣的活动中，调动了学生的积极性和参与性，提高了学生训练的效果。

3. 评估建议

① 建立脑瘫学生个人档案。选择适合脑瘫学生物理治疗方面的评估工具，如 Ashworth 痉挛量表、上肢功能评估量表、粗大运动功能评估量表等（表

4-4),对学生的痉挛程度、肌力、肌张力、粗大运动、精细运动等进行评估,并采用儿童适应行为量表(CABS)对脑瘫学生进行综合评量,了解学生的独立能力、认知能力和适应性,以对学生做出全面的评估。根据评估信息,教师为每位学生建立较为完整的个人档案,以便有针对性地为每位学生制订教学计划,选择合适的课程和多层次的教育内容,运用多样化的教育方法,促使每一个脑瘫学生在适合的环境中获得最佳发展。

表 4-4 脑瘫患儿粗大运动功能测量(GMFM)

	仰卧				
		0	1	2	3
1	头放中线位,双手对称于身体两侧,转动头部				
2	把手放在中线位,双手合拢				
3	抬头 45 度				
4	屈曲右侧髋、膝关节				
5	屈曲左侧髋、膝关节				
6	伸出右手,越过中线				
7	伸出左手,越过中线				
8	从右侧翻身到俯卧位				
9	从左侧翻身到俯卧位				
	俯卧				
10	抬头向上				
11	直臂支撑,抬头,抬起胸部				
12	右前臂支撑,左前臂伸直向前				
13	左前臂支撑,右前臂伸直向前				
14	从右侧翻身到仰卧位				
15	从左侧翻身到仰卧位				
16	用上肢向右水平转动 90 度				
17	用上肢向左水平转动 90 度				
……	……				

② 强调动态过程评估。物理疗法的评估主要分为基线评估、阶段性评估、总结性评估,每一阶段的评估都要基于儿童能力的发展,强调儿童能力的可塑性,由静态的"结果取向"评估转向动态的"过程取向"评估。教师应灵活

运用各种评量工具,根据学生的特点选择合理的评估方式,阶段性评估与总结性评估相结合,力求全面、客观地评估学生的总体表现。

③ 重视基于课程目标的评估。基于课程目标的评估即将评估与课程设置紧密联系,将课程目标作为教学评估的标准,并以此标准评估儿童能力水平和进步情况。通过课程性评估,教师可以确认特殊学生在课程中完成教学目标的程度,并据此对课程进行调整,使之与特殊学生的水平和进步程度相符合,使教师工作与评估工作同步进行,并为课程的实施和调整及时提供信息。[①]学校在对脑瘫学生进行评估时,在对特殊学生日常活动中的表现进行全面观察和评估的基础上,在课程实施期间对学生的发展和进步进行个别化、纵向评估。

④ 建立学校、家长共同参与的评价制度。特殊学生的发展受多方面因素的影响,其中家庭是学生长期生活的环境,家长的教育态度、家庭的生活环境对学生的发展至关重要,而且家长可以为教师提供学生发展状况的信息,让教师了解学生的动态发展过程,有利于做出最全面的评估。因此,学校应该将家长纳入到脑瘫儿童的评价工作中,加强学校教师与家长间的合作,建立学校、家长共同参与的评价制度。

(七)研究成果

自 2008 年 9 月成立物理治疗课程开发小组以来,到 2016 年 12 月,历时 8 年多的时间,在课程开发小组的共同努力下,取得了丰硕的成果,除了开发一整套完善的《物理治疗课程标准》和《物理治疗教学指导手册》之外,物理治疗教师在课程实施的过程中,通过不断地学习、思考、研究,自觉地把教育教学活动纳入到研究的轨道,由经验型教师逐步转化成科研型教师,在教育实践中撰写了大量的科研论文,推动了物理治疗课程的进一步发展和改革。如康复教育教学部的徐勇老师进行了减重支持训练对脑瘫患儿步行能力影响的研究,李凤英老师探讨了运动疗法在培智学校脑瘫儿童康复训练中的应用,王树毅老师根据实践经验总结了脑瘫儿童运动功能障碍常见的几种康复治疗方法,秦涛老师对经络导平治疗在特校康复工作中的应用效果进行了实践研究。下面以秦涛老师的研究为例。

---

① 钱文.学前融合课程评价的有效方法:课程性评估[J].中国特殊教育,2004(4):39-42.

案例 4-2

经络导平治疗在特校康复工作中的应用[①]

深圳元平特殊教育学校　秦　涛

导平治疗又称经络导平治疗仪治疗,是利用现代电子技术与传统中医理论相结合,使患者机体内病理经络的生物电子运动由不平衡转化到平衡的一种新疗法。学校从1995年至今陆续购入四台ZDL—401型经络导平仪,利用导平仪为各种类型的残障学生进行康复治疗一直是学校康复组开展康复工作的主要手段之一。实践证明,导平疗法是一项值得推广的新疗法,它在学校的康复工作中已经初见成效。

一、经络导平治疗的特点

经络导平疗法又称"生物电子激导平衡疗法",是将中医的针灸、推拿和现代医学的物理疗法结合起来的新疗法。应用现代电子仪器——经络导平仪,通过人体体表经络上的俞穴,使病人在没有针刺或推拿的情况下,有针刺及推拿的感觉。从而达到运行气血,协调阴阳,传导感应,调整虚实,疏通经络,濡筋骨而利关节的功能。利用仪器激导机体电子运动的平衡而治愈疾病。经络导平疗法从20世纪70年代开始用于临床,目前在全国各医院已广泛应用。用于治疗各种疑难杂症,并已取得较为满意的疗效。

在使用中我认为它的最大优点在于无损伤、无痛、无副作用,而且可以多人同时使用。这样既有利于患者接受治疗,又可以节约师资力量。

二、学校学生的特点

学校现有学生约500名,其中弱教部学生占总人数的60%以上。据国家卫生部门的不完全统计:30%以上的弱智人士会出现程度不一的并发症,如癫痫、语言障碍、平衡不协调、流涎等。脑瘫患者还会出现较严重的肌肉萎缩、肌腱挛缩、关节僵硬、肌张力高等伴随症状。而经络导平仪对以上症状都能起到有效的改善作用。本学期初,我们对学校智障部222名学生进行了一次调查统计。收集资料如下:

症状	肢体运动不协调	行走不稳	言语障碍	流涎	遗尿	其他
人数	6	13	27	5	17	6
百分比	3%	5%	12%	2%	7%	3%

[①] 黄建行.教育·康复·就业训练一体化办学模式的探索与实践[M].深圳:海天出版社,2006:420.

三、导平治疗在学校康复工作中的应用

学校40%以上的弱智学生需要进行及时的康复治疗,而康复组的师资有限。在这种情况下,我们根据这些学生的具体情况,使用经络导平治疗仪为其进行配穴治疗。从2001年3月至2001年7月的四个月中,我们采用导平疗法为40名学生治疗720余次,总有效率达75%以上,其中部分学生疗效显著。

典型病例:

例1 黄××,男,11岁,自闭症学生;1995年入校以来,一直流涎不止,吞咽困难。自2001年2月19日开始进行治疗,每周治疗5次(每日1次,周末除外),每次40分钟。

导平处方:

双颊车(一)[廉泉(一)]～双合谷(＋)

治疗三次后唾液流量明显减少,后继续治疗40次,流涎症状明显减轻。

例2 张××,男,15岁,轻度弱智,遗尿多年。每晚入睡前小便一次,深夜12点及次日凌晨2点仍需生活老师唤醒起床小便,周末回家晚上经常尿床。2001年3月20日开始进行经络导平仪治疗,每周治疗5次(每日1次,周末除外),每次40分钟,共治疗40次。

导平处方:

双膀胱俞(一)关元(一)～双三阴交(＋)双阴陵泉(＋)

治疗后,每晚尿量明显减少,周末回家后晚上尿床次数减少。

例3 阮×,女,6岁,盲生,脑瘫合并先天性视网膜病变,下肢无力、行走不便、步态不稳,行走时足跟离地1—2cm,需人搀扶;2000年11月开始接受经络导平仪治疗,现已持续4个疗程(约100次),每周还参加肢体康复训练3～4次。

导平处方:

双肾俞(一)～双委中(＋)双跟腱(＋)

现已能独立行走400m以上,行走时能全脚掌落地。

四、讨论与体会

特校学生的肢体运动功能障碍及身体发育状况良莠不齐,且层次、种类颇多,因此治疗起来需有针对性的区别对待。经络导平治疗法操作简易,学生容易接受,不失为治疗良方。但是,在实际的应用当中仍有值得探讨的地方。

(1) 经络导平治疗法虽然操作简单，但在临床应用上也要因人而异。经过数千次的临床实践与观察，我们发现对于同一原发病的患者也应采用不同的穴位和电位进行激导。

(2) 经络导平治疗法是我们对学生进行康复治疗的一种方法，但不是唯一的方法。因此在日常的学习与生活当中我们还应结合家庭康复、社区康复、职业康复等，把康复的理念贯穿于学生的整个学习与生活过程当中。

二、案例二：感觉运动

（一）课程开发背景

深圳元平特殊教育学校的自闭症学生规模也在不断扩大，截至2016年，学校自闭症学生达到300多人。自闭症学生在感知、语言、情感、运动、社会交往等方面存在严重障碍，康复需求迫切，需要学校开设适合自闭症学生的康复课程，对学生进行及时的干预。但我国自闭症学生学校教育起步晚，与之相关的课程都在摸索阶段，很少有正规的教材来指导教学与康复训练，需要结合学校和学生的具体情况，探索适合学校发展、学生需求的康复教材。因此，深圳元平特殊教育学校依据国家和地区对特殊学校康复课程的指导思想，结合国内特殊学校康复课程实施的现状以及学校的自身条件，开发自闭症学生医疗康复类的校本教材，感觉运动是自闭症学生康复类课程中的一种。

（二）课程开发过程

1. 早期积累阶段

学校在没有成立康复教育教学部之前，自闭症学生主要被安排在智障班级插班教学，自闭症学生的康复主要通过集体的运动训练课进行。在学校成立康复部后，学校将自闭症学生从智障学生中分离出来，纳入康复部，单独编班，并开设了感觉统合课，对自闭症学生进行身体功能方面的训练。学校在实践过程中不断积累经验，于2003年成立课程开发小组，编写了《感觉统合治疗指导手册》，包括感觉统合的基础理论概述、感觉统合能力的判断与评定、感觉统合训练、感觉统合游戏四个方面的内容，主要供学校教师平时教学使用。感觉统合治疗指导手册的编写为感觉运动校本课程的开发奠定了基础。

2. 课程编写阶段

国家颁布《培智学校义务教育课程设置实验方案》后，为了和国家课程保持一致，学校将"感觉统合课"改为"感觉运动"。感觉运动除了感觉统合训练，还包括粗大运动、精细运动、感知觉等方面的内容，学校已开发的《感觉统合治疗指导手册》不能满足新课程的需求。于是,学校康复部于 2007 年成立了感觉运动校本课程开发小组,在对学校情况和学生需求进行调查的基础上,开始着手开发感觉运动校本课程。课程开发小组采取集体商讨、共同编制的形式,并于 2010 年完成了课程标准和教学指导手册的编写工作。

3. 课程实施与修订

课程开发小组在开发感觉运动课程的过程中,采取边开发、边实践、边修订的原则,每编订完一种治疗方法,便由授课教师对各个班级的自闭症学生进行试用,并由授课教师、家长填写意见反馈表,根据反馈意见,课程开发小组对课程内容进行及时的修订。截至 2016 年,学校已经出版《感觉运动指导手册》。

(三)课程设计

1. 指导思想

(1)"残而不废、育残成才"的教育理想。特殊学生虽然有着不同程度的身心残疾,但是同样也有其优点。自闭症学生在缺陷严重的同时往往伴随着某些方面的天赋,"残而不废、育残成才"的教育理想正是对自闭症学生进行康复训练的追求。

(2)"以生为本"的人本精神。坚持以人为本、以生为本的精神,关注的核心是满足自闭症学生的需要和重视自闭症学生的情感体验。在每一个环节,始终把学生主动、全面的发展放在中心地位。在注意发挥教学活动中教师主导作用的同时,特别强调学生学习主体地位的体现,以充分发挥学生的学习积极性和学习潜能。课程的开发充分注意到自闭症学生在身体条件、兴趣爱好和运动技能等方面的个体差异,根据他们的差异确定学习目标和评价方法,并提出相应的分层分类教学建议,从而保证绝大多数学生能完成课程学习目标,使每个学生都能体验到学习和成功的乐趣,以满足自我发展的需要,进一步促进学生个性健康发展。

(3)"过程模式"的编制思想。课程开发不以事先确定好的和详细分解的目标系统作为课程编制的依据,而是关注整个课程(包括教学)展开过程的基本规范,使之与"宽泛"的目的保持一致。在这种理念中,编制课程不是生产出一套"计划""处方",然后予以实施和评价效果,而是一种研究的过程,对贯穿着整个过程所涉及的变量、要素及其相互关系进行不断评价和修正。因此,学校编写的课程标准和指导手册只提供一个操作上的框架以及基本的内容,是一个开放的系统,每个使用者都可以通过自己实践经验以及自闭症儿童的实际情况不断增加或减少其训练内容,以适应康复训练的需要。

2. 课程目标

（1）通过感觉运动训练提高和增强自闭症学生的感受能力、肌肉运动能力以及身心协调能力,改善触觉和发展认知。

（2）通过感觉运动训练帮助自闭症学生了解自己的身体各部分以及身体与周围环境的关系,改善大肌肉发育不良,提高肌肉的力量和控制力,加强平衡及协调能力,为他们的进一步学习提供条件。

（3）通过密集式的感觉运动训练,减少自闭症学生的刻板及异常行为。

（4）通过有计划、有组织的感觉运动训练,扩大自闭症学生的感知觉范围,增加他们的感知内容,发展其听觉与视觉的有意注意,不断提高认识水平,发展思维能力。

（5）通过感觉运动训练弥补自闭症学生大脑功能缺损,促使大脑机能获得补偿、修复和发展。

（6）通过集体的感觉运动训练提高自闭症学生的社会交往能力,促进其合作意识的发展。

（四）教材体例

1. 教材编写目的

（1）因地制宜,结合实际,促进广东省特殊教育事业的发展。新时期不断表现出的特殊学生的教育问题对于特殊教育提出了更高的要求,特殊教育学校必须不断与时俱进,创新总结,深化教育教学改革,探索出更加适合特殊学生康复与发展的培养模式,编写出更加适合特殊学生的训练教材,促进特殊教育的发展。感觉运动教材是根据目前自闭症学生教育教学的现状,总结丰富的教学经验而编写出来的,希望能推进广东省在探索"医教结合"模式上的发展,也为实现广东省残疾人"人人享有康复服务"的总体目标做出贡献。

（2）提高特殊教育教师的专业发展。作为一线教师,仅仅教好每一节课已经不能够满足新时期对教师的要求,成为研究型教师是教师未来发展的趋势。我国特殊教育正迎来前所未有的发展机遇,教师们能够积极投入到"医教结合"教育康复模式的探索工作中,不断积累经验,提炼总结,对其自身的专业发展有着重要的意义。

（3）为学生的康复训练提供了依据,促进学生的身心发展。特殊学生的康复训练是一个长期的过程,需要多方面的共同努力。目前,针对自闭症学生开展的感觉运动训练方面的教材资源较为匮乏,本手册内容系统而全面,为学生的康复训练提供了较好的依据,可以指导教师对学生进行有效的康复训练。

（4）积极促进社区康复,将康复教育引入家庭。特殊学生有很多的时间是在社区和家庭中度过的,学校开发的感觉运动教材结构明晰,通俗易懂,可操作性强,不仅适合学校教学使用,也适合社会训练机构和家长使用,为广大社区工作者和家长对孩子进行康复训练提供重要的指导作用。

(5)丰富特殊学生康复教育资源。感觉运动教材内容丰富,配套资料较为齐全,希望能够丰富特殊学生康复训练的资源,为探索特殊学生康复训练积累经验并提供借鉴。

2. 教材结构

根据自闭症学生的身心特点,学校将整个教材分为感知、粗大运动、精细运动、感觉统合游戏四大模块,每一模块下有若干单元,各单元之间是相对独立的(图4-3)。

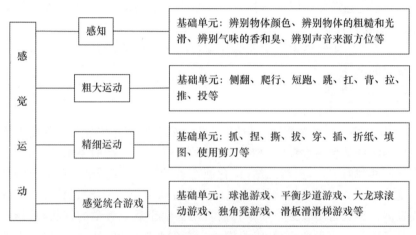

图4-3 感觉运动课程框架图

3. 教材特色分析

(1)框架体系完善,实用性强。教材采用模块化框架体系,由感知、粗大运动、精细运动、感觉统合游戏四大模块组成,每一个模块下面有若干相对独立的单元。使用者可以依据自闭症学生的具体情况制订相应的教学计划和内容,并根据学生的差异性选择更加契合学生实际的教学方式方法,使单元内容训练效果最大化。教材不但适合学校教师使用,同时也适合社会训练机构以及家长使用。作为学校教师,在制订具体的教学计划时,可以从本班的实际情况出发,根据学生的特殊情况,从指导手册中选出适当的单元组成短期、中期、长期教学计划,采用适当的训练内容和训练方法实施教学。

(2)编写格式明晰,操作性强。教材的每一个单元由表格呈现,包括标题、训练目标、训练器材、训练要点、拓展训练、注意事项等内容,使用者看到单元表格就可以清晰地理解本单元的训练目标,以及需要准备的训练器材。教材通过对每一个基础单元训练内容进行分解,配合训练图片,循序渐进地呈现出该训练的步骤,让使用者容易理解如何操作并清除在训练过程中可能出现的各种问题。同时,每一单元的拓展训练也给使用者更大的操作空间,让自闭症学生的康复训练走进社区、走进生活。

(3)配套资源丰富,拓展性强。本手册配套建有一个资源库,资源库包含相应的图片、音频、视频、参考文献、网络资源。本手册还建立了评价体系,强化评价的激励、发展功能而淡化其甄别、选拔功能。

(五)教学指导手册

学校针对感觉运动课程编制了教学指导手册,包括感知、粗大运动、精细运动、感觉统合游戏,以下以"感觉统合游戏"中的球池游戏、平衡步道游戏、拳击袋游戏、触觉坐垫游戏的指导手册为例(表4-5、表4-6、表4-7、表4-8)。

表4-5 深圳元平特殊教育学校感觉统合游戏指导手册(球池游戏)

	球池游戏
训练目标	增加触觉刺激,改善学生触觉敏感或触觉迟钝状况,强化脑干机能,促进身体协调,发展前庭固有平衡
训练器材	海洋球池、颜色各异的海洋球
训练要点	1. 指导者引导学生轻轻地进入球池。 2. 让学生将身体全部藏入球池中,接受球的挤压。 3. 让学生在球池中翻滚。

续表

	4. 让学生站在球池中,双脚踏步。5. 指导者将一些物品(比如袋装的 QQ 糖)混入球池,让学生将其找出来。
拓展活动	1. 指导者辅助学生跳入球池。 2. 指导者帮助学生在球池中做航天员漫步游戏。 3. 在球池中放入报纸团等,让学生感受不同的触觉刺激。 4. 外出游玩的时候,如果发现有球池,可以让学生在球池中和其他孩子一起玩耍。
注意事项	1. 创造一种宽松愉快的游戏氛围,吸引学生积极参与。 2. 训练时要让学生脱鞋,尽量穿单薄的衣服,增加触觉感受。 3. 注意观察学生的情绪,根据学生的承受力及情绪状况决定训练的时间和强度。 4. 注意保持球池的干净卫生,不能把一些尖锐的物品混在球池里,以免学生受伤。

表4-6 深圳元平特殊教育学校感觉统合游戏指导手册(平衡步道游戏)

	平衡步道游戏
训练目标	刺激学生脚底神经及全身触觉感应,促进学生身体控制能力和平衡能力的发展,同时提供视觉刺激
训练器材	各种颜色的平衡步道
训练要点	1. 指导者将几条平衡步道连成一长条状,让学生赤脚在上面行走。 2. 让学生赤脚在长条状的平衡步道上面慢跑。

续表

	3. 指导者将几条平衡步道拼成方块状,让学生赤脚在上面跳动。  4. 让学生赤脚在平衡步道上面爬行。  5. 让学生赤脚在方块状的平衡步道上面侧翻滚动。 
拓展活动	1. 指导者在平衡步道上铺一层薄薄的大毛巾,让学生在上面走、跑、跳、爬。 2. 配合节奏强烈的音乐,让学生跟着节奏在平衡步道上踏步。 3. 家庭训练可以在家里浴室地面放上平衡步道,让孩子在洗澡的时候就可以赤脚训练。
注意事项	1. 尽量在天气暖和的时候训练,防止学生受凉。 2. 注意检查平衡步道,防止毛刺和较锋利的边缘伤到学生。 3. 指导者时刻留意,保护学生,防止在训练中摔倒或夹伤。 4. 视学生承受力及情绪反应,适度调整训练时间和强度。

表4-7 深圳元平特殊教育学校感觉统合游戏指导手册(拳击袋游戏)

拳击袋游戏	
训练目标	增加学生的触觉刺激,训练手眼协调能力和发展运动企划能力,调节学生情绪
训练器材	拳击袋、A字架

续表

训练要点	1. 指导者将拳击袋挂在 A 字架上,高度以学生能双手抱住拳击袋中部为宜。  2. 指导者示范,要求学生用拳头击打拳击袋。  3. 指导者示范,要求学生用腿踢打拳击袋。 
拓展活动	1. 指导者晃动拳击袋,增加学生击打难度。 2. 改变拳击袋悬挂高度。 3. 改变拳击袋内的填充物。 4. 家庭训练可以用柔软布袋填充衣服,收紧口子吊起来,代替拳击袋。
注意事项	1. 学生可以戴上拳击套或手套,保护双手。 2. 指导者要随时留意学生状况,防止拳击袋大幅度晃动导致学生受伤。 3. 视学生承受力及情绪反应,调整训练时间和强度。

表 4-8　深圳元平特殊教育学校感觉统合游戏指导手册(触觉坐垫游戏)

	触觉坐垫游戏
训练目标	增加学生的触觉刺激,调节触觉的敏感度。发展学生的前庭体系,促进协调能力发展
训练器材	触觉坐垫
训练要点	1. 指导者将触觉坐垫摆放在平地上。 2. 指导者让学生坐在触觉坐垫上摇晃。 3. 指导者让学生站在触觉坐垫上,踏步、跳动。
拓展活动	1. 变换触觉坐垫两面进行训练(平面的与有凸出点的)。 2. 学生身上负重,增加触觉按压。 3. 调整触觉坐垫的气压。 4. 家庭训练。
注意事项	1. 训练时学生所穿衣物要尽量单薄一点,增加刺激。对敏感度较强的学生,可以穿厚一些,慢慢适应。 2. 注意保持触觉坐垫的清洁。 3. 视学生承受力及情绪反应,调整训练时间和强度。

（六）课程实施

1. 适用对象

感觉运动课程适用于不同年龄阶段（低年级、中年级、高年级）的自闭症学生，具体课程的课时安排见表4-9。

表4-9　深圳元平特殊教育学校感觉运动课程课时安排

学年段	设置年级	每周开设课时
低年级	1—3年级	7
中年级	4—6年级	6
高年级	7—9年级	5

2. 教学建议

（1）学校课程实施方案的制订。感觉运动课程以目标的达成来统领教学内容和教学方法的选择，在具体教学时，教师可结合相关设备资源和自闭症学生的实际情况，选择适合的教学内容，采用多种形式和方法来达成课程学习目标。

（2）教师教学方案的制订。① 根据学习目标的要求来选择和设计教学内容。课程标准对完成课程目标所必需的内容和方法只是提出了大致要求，学校、教师和学生都有相当大的选择余地。教师必须全面地学习和领会标准的精神，理解每个学习领域的学习内容，从学校和学生的实际出发，以学生的发展需要为中心，而不是以运动项目或教师为中心来选择和设计教学内容。② 教学内容的选择要符合以下要求：符合自闭症学生身心发展、年龄和性别特征；运动形式活泼，能激发学习兴趣；具有健身性、知识性和科学性；对增强体能、增进健康有较强的实效性；简单易行。

（3）教学组织形式的选择。感觉运动课教学可根据自闭症学生的情况采用全班集体练习、分组练习等形式。具体的教学形式要根据本班学生的需要和教学条件而定，也可根据教学需要随时调整。教师要充分发挥集体的创新能力，创造独特的组织教学形式。

（4）加强教学方法和学生学法的研究。教学过程是师生交往、共同发展的互动过程。教学中一方面要研究教师的教学方法，另一方面还要重视自闭症学生学法的研究和探索。通过改进学生的学法，提高学生自学、自练的能力，培养他们合作学习的意识，并为他们提供机会，培养他们的创造力、竞争力以及迎接挑战的能力。

《身体协调训练》教学设计

深圳元平特殊教育学校 钟果贤

[教学内容分析]

本节课的教学内容是选自校本教材《感觉运动》感觉统合游戏部分中的大龙球游戏、滑板滑梯上下行游戏、独角凳游戏。本节课辅以常规练习,通过组合训练,有利于提高学生的身体协调能力。

[教学对象分析]

本次授课的对象是自闭症六年级学生,共有10名,其中9男1女,年龄在13~15岁之间。本班学生的能力水平参差不齐,大多较为多动,喜欢乱跑,情绪不稳定。

[教学理念]

感觉统合是指个体将人体各器官输入的各种感觉信息(如视觉、听觉、触觉等),在大脑中枢神经中进行有效组合,做出相应的反应,在神经机能的发展以及学习的过程等范围提供充分运用的过程。简单说,感觉统合就是对进入大脑的各种感觉刺激信息,在中枢神经形成有效率的组合,并充分运用,使个体感受到满足。由此可见,感觉统合是一个信息加工的过程。由于大脑对身体感觉系统所得到、输入的各种感觉刺激信息无法有效地在中枢神经系统内进行正确的组织和分析,众多感觉信息在不适当的地方流通、作用,以致整个机体不能有效运作并使该个体的认知、活动、学习与情绪发展等出现异常的现象,即为感觉统合失调。研究发现,大多自闭症儿童都不同程度地存在感觉统合失调的状况,而这又进一步影响到他们的情绪行为。

感觉统合游戏是以游戏的形式让儿童参与,让儿童觉得训练就如同玩游戏,进而丰富儿童的感觉刺激。但这种游戏活动又有别于一般性游戏,它是训练者根据儿童的感觉和动作发展的不良状况,通过特殊研制、精心选择、调配器材,让他们在游戏中进行一系列的行为和脑力强化训练活动,使大脑能将训练中接受的各种感觉信息进行综合处理,并做出正确决策,使机体有效地运作,提高其注意力、自我控制能力、组织能力、概念与推理能力等,从而克服目前的困难。

本节课主要以感觉统合理论为基础,以大龙球游戏、滑板滑梯上下行游戏、独角凳游戏为主要教学内容,利用游戏教学的方式,让学生在训练中提高身体协调能力,促进感觉统合发展。

［教学目标］

强化学生课堂纪律。刺激学生固有感觉和本体感觉，强化前庭体系机能，提高平衡能力，促进身体协调发展。提高注意力，促进手眼协调能力。发展身体的自我保护功能。

［教学重点］

大龙球游戏、滑板滑梯上下行游戏、独角凳游戏

［教学难点］

滑板滑梯上行

［教具准备］

滑板、滑梯、大龙球、独角凳

［教学过程］

1. 常规

(1) 上课整队

(2) 师生问好

(3) 点名

(4) 报数

2. 准备活动

(1) 头颈部活动

(2) 肩部活动

(3) 腰部活动

(4) 膝部活动

(5) 手腕足踝活动

3. 大龙球练习

(1) 坐上大龙球游戏

① 让学生坐在大龙球上。

② 学生跟着老师的节拍，身体随大龙球有节奏地上下运动，保持平衡，要求不掉下大龙球。

(2) 大龙球滚动游戏

① 学生仰躺在大龙球上，头上仰，双脚着地，后背靠球，利用双脚移动，作前后滚动。通过双手姿势尽量保持身体平衡，后背不脱离大龙球。

② 学生趴在大龙球上，双手撑在地面，靠双手在地面前后移动，直至双脚移动到大龙球的上部。身体尽量保持平衡，不脱离大龙球。

4. 滑板滑梯上下行

(1) 俯卧滑板滑梯下行

① 将滑板放在滑梯上端,学生俯卧在滑板上,以腹部为中心,躯干紧贴滑板。

② 学生双手抓住滑梯两边的扶手用力向后拉,滑板下滑,学生抬头挺胸,目视前方,双腿并拢伸直。

(2) 俯卧滑板滑梯上行

① 学生俯卧在滑板上,以腹部为中心,躯干紧贴滑板。

② 学生双手抓住滑梯两边的扶手用力向后拉,借助上升之势双手抓住上端的扶手。反复几次上升到滑梯平台。

5. 独角凳上抛接大龙球

(1) 学生排成一排,分别坐在独角凳上。

(2) 老师一边在学生面前走动,一边拍大龙球,不时将大龙球抛向学生,要求学生将大龙球推开或接住。

6. 小结并下课

[教学反思]

1. 在教学过程中应充分利用好家辅及辅课教师资源,对学生进行分组训练,提高训练效率。

2. 应该充分调动学生的积极性。

3. 在训练中要加强对学生的保护,防止受伤。

4. 训练中要注意维持好秩序,不能乱。

3. 评估建议

(1) 建立自闭症学生个人档案。选择适合于自闭症学生的评估工具,例如,儿童孤独症评定量表(The Childhood Autism Rating Scale,简称 CARS)、心理教育量表(Psycho-Educational Profile,简称 PEP)、自闭症行为评定量表(Autism Behavior Checklist,简称 ABC)、感觉统合发展评定量表等,通过对自闭症学生的身体状况、智力水平、适应能力、行为问题、个性特点、语言发展水平等做出评估,了解学生的发展水平。根据评估信息,教师为每位学生建立较为完整的个人档案,以便有针对性地为每位学生制订教学计划。

(2) 强调动态、全面的评估。感觉运动训练的评估主要包括基线评估、阶段性评估、总结性评估。由于自闭症学生的特殊性,课程目标也可以作为评估内容。同时,教师在评估时根据自闭症学生的特点,灵活使用各种评估工具和手段,充分考虑学生家长的意见,尽量全面、客观地发现自闭症学生的实际水平。

(七)研究成果

学校在开发感觉运动校本课程的同时,还注意加强对校本教材开发的研究工作。很多教师在课程实施的过程中,通过不断反思与研究,在教育实践中撰写了大量的科研论文,如邓永兴老师在感觉运动课程的实践过程中探讨了自闭症儿童的"医教结合"康复模式,徐小亲老师进行了自闭症儿童感觉运动训练的个案研究,缴洪勋老师总结了感觉运动对自闭症儿童的训练效果,下面以缴洪勋老师的研究为例。

案例 4-4

浅谈孤独症儿童的症状及感统训练疗效[①]
深圳元平特殊教育学校　缴洪勋

孤独症又称自闭症,它是一种较为严重的发育障碍性疾病。该病男女发病率差异显著,并以男孩居多。自 1943 年首次正式提出"早发性婴儿孤独症"(early infantile autism)的诊断后,到目前为止,都还没有明确提出造成该病症的真正原因,但随着近年来孤独症儿童的患病率明显上升,它也受到了世界范围的普遍关注和重视,现在已成为许多不同国家儿童精神卫生问题教育和研究的中心课题之一。

那么孤独症儿童的表现究竟与普通儿童有哪些不同呢?通过对孤独症儿童的不断观察、接触和分析后,对孤独症儿童存在的主要特征归纳如下:

一、社会交往障碍

社会交往障碍是孤独症的核心特征,即不能与常人建立正常的联系,总是回避与他人眼神的接触,目光经常变化,不易停留在别人要求他注意的事情上面,对亲昵的言语和动作反应冷淡,对周围发生的事情都置之不理,很难引起他的兴趣和注意,总喜欢自己单独活动,自己玩,仿佛生活在自己的世界中。有的患儿虽然表现不拒绝别人,但也不会与小朋友进行交往,缺乏社会交往技巧。

---

① 黄建行.教育·康复·职业训练相结合办学模式实践成果集(下)[C].深圳:海天出版社,2012:245-247.

二、言语和语言障碍

言语和语言是我们传递思想、表达情感、与人沟通的工具和纽带，而孤独症患儿们大多数言语很少，严重的几乎终生不语。有言语能力的，语言的应用和表达能力也很差，总是倾向于以手势来表达其愿望和要求，不主动与人交谈。另外，其语言具有重复性，孤独症儿童的重复性语言往往是以自我为中心的，其目的也不是为了与他人进行交流。

三、刻板的行为模式

孤独症儿童对日常生活及环境的变化有强烈的反应，他们常常专注于某种游戏或活动，如喜欢玩绳子，重复地挥手、拍头，出门要走同样的路线等。在饮食上多数也都千篇一律，每天都要吃同样的饭菜，甚至只吃几样食品，对新环境及新的行为习惯难以适应，如有变动则大哭大闹，勃然大怒，表现出明显的焦虑反应。

四、智力发育落后及不均衡

多数孤独症患儿的智力发育比同龄儿迟钝，只有少数智力接近正常或正常。不过，在智力活动的某一方面，有的孤独症儿童又有惊人的表现，如有的记忆力超常，能够快速、准确地记住字词、号码、地图，有的则在绘画、音乐、运动等方面有很高的天赋。

以上四个方面为孤独症儿童存在的几个明显的特征，那么如何对孤独症儿童进行治疗，帮助他们慢慢走近正常儿童的世界？目前，针对孤独症儿童康复治疗的方法多种多样，如 ABA 方法、结构化方法等。由于本人目前从事感觉统合方面的教学，因此就感觉统合训练对孤独症儿童的康复治疗进行交流。

首先，先介绍下感觉统合，感觉统合术语是由 Sherrington C. S 和 Lashley K. S 提出，并广泛地应用于行为和脑神经科学的研究。感觉统合是一个正常的大脑所具有的功能。各种学习能力的发展经由大脑对各种感觉刺激作有选择性的吸收，再加以组织整理，提供一个正确的信息，同时大脑再针对这个信息做出一个适当的反应。感觉统合是一个正常儿童的大脑所经历的发展过程，这一过程是通过环境的刺激及内在和外在的需求引发个体不断地去统合感觉刺激，做出反应，根据反应的结果及各种反馈的刺激，再修正下一次的反应。这些经验的积累能够促使大脑功能不断发展儿童的反应及学习能力的提高。

根据感觉统合理论发展而来的感觉统合训练疗法，就是基于儿童发育过程中神经系统的可塑性，对自闭症儿童提供一种感觉输入的控制，使其能够统合这些感觉,促进脑神经生理发展,达到改善儿童运动协调、语言功能等目的。

笔者所任课的班级共有12名学生,9男3女,平均年龄8岁。在平时的感统训练教学中,主要是通过使用滑板、滑梯、平衡木、按摩球、羊角球、独角椅、蹦床、A字架等辅助器材对学生的前庭觉、本体感和触觉、视觉等方面进行训练,以便达到改善孤独症儿童运动协调能力,完善感知觉功能的目的。通过半年多的单项及多种器材搭配组合的训练,部分孤独症儿童确实在注意力、情绪、听指令等方面都有了明显的改善。例如,在训练初期,只有2~3个学生能够按照指令去站队,其余的学生即使在家长的辅助下也不能够很好地站队。但通过半年多的训练,目前,除2~3个学生还需家长主动辅助下完成指令外,其余学生都能够较好地完成简单的指令任务,如稍息、蹲起等动作,而且注意力的持续性也明显增加。

除此之外,在感统训练的教学中还多采用集体游戏的方式,如接力跑、传接篮球等。游戏是一种自愿、自发的活动,它是儿童认知发展的载体,是儿童情感交流、相互协作、学习生活、认识世界的重要形式。由于孤独症儿童存在着交往沟通障碍,因此采用集体活动的方式也有利于他们培养与人交往的能力。总之,尽可能地构建一种互动合作的氛围,让儿童在快乐中进行学习。尽管,在开始的时间里经常会有孤独症儿童不按秩序训练,喜欢到处乱跑,但经过半年时间的引导性训练,孤独症儿童慢慢地适应了这种集体的、有秩序的训练方式,逐渐养成了一种有序的习惯,个别学生在语言和与同学交往方面有所改进,如能够主动找同学一起玩等。

通过半年多的感统训练,学生大有改进。但是,我们在日常的实际工作中,也总是会遇到种种困难和问题。首先,教学的整体设计要具有活泼性、趣味性,采取循序渐进的原则,把促进学生的功能发展放在首位。其次,要在实践中不断地摸索,总结经验。再次,在教学活动中,老师要采取有效的教学方法,如要多表扬、鼓励学生,以便增强孤独症儿童的自尊心与自信心。

总之,只要我们正确掌握并遵循感觉统合训练的方法和原则,孤独症儿童一定会冲破孤独的大门,拉近与我们之间的距离。

第5章 职业训练类校本课程开发

深圳元平特殊教育学校近年来积极开发适合本校学生类型的学校教育类与康复类校本课程,已取得了显著的成绩。同时,学校积极关注职业训练类校本课程开发,并与学校教育类、康复类校本课程一起构成了完整的学校课程体系,三类校本课程开发是实现"教育、康复、职业训练一体化"的办学模式的重要举措。在当前特殊教育职业训练课程紧缺的情况下,职业训练类校本课程开发是为特殊学生提供良好的职业教育的当务之急,也是继续发展和完善学校立交桥式职业教育模式的迫切需要。

第1节 实施原则

校本课程是学校在保证国家和地方课程的基本质量的前提下,通过对本校学生的需求进行科学的评估,充分利用当地社区和学校的课程资源而开发的多样性、可供学生选择的课程。与国家课程、地方课程注重基础性和统一性相比,校本课程充分尊重和满足学校师生以及学校教育环境的独特性和差异性,体现多样性,增强了灵活性与适应性。而职业教育是和社会经济发展联系最紧密的一种教育类型,职业训练课程开发必然要切合当地社会经济发展水平以及就业市场对人才规格的要求。特殊教育学校的职业教育因其教育服务对象的特殊性,学校在开发职业训练类校本课程时除了遵循普通职业教育课程开发的原则之外,还要考虑特殊学生的发展特点和就业需求。深圳元平特殊教育学校在职业训练类校本课程开发中综合考虑了深圳市就业市场的需求、学校的办学水平和特色以及学生的发展特色,坚持以下课程开发的原则。

一、坚持以就业为导向的原则

职业教育的主要目标是培养学生掌握从事某种职业或生产劳动所需要的知识和技能,使学生顺利实现就业,提高生活质量。在市场经济的背景下,原有的通过社会帮助、寻求社会照顾来维持就业的庇护式模式已经不能适应市场经济的要求,①职业教育正在由准备式向支持式教育转变。支持式职业教育是根据市场需求,首先开拓就业机会,再根据工作条件和残疾人自身特点的匹配程度,为残疾人提供职业训练及各种支持,帮助其参与竞争性就业。

学校职业训练校本课程开发坚持以就业为导向,在开发校本课程之前开展广泛的调研和市场分析,了解深圳市就业市场对人才的需求状况,并结合特殊学生的生理和心理特点设置课程。以智障学生职业训练课程为例,学校在设置职业训练课程时主要考虑以下五个因素:适合智障学生身心特点;适合市场经济和社会发展需要;方便智障学生就业;为智障学生进一步发展打下一定的基础;确保学生学习和工作的安全。② 深圳市人力资源和社会保障局的数据显示,80%以上的企业用人需求集中在制造业、批发零售业、住宿和餐饮业、居民服务和其他服务业、租赁和商务服务业、建筑业,尤其是对技师的需求最大。③ 学校根据智障学生的认知、动作、语言等方面的发展水平,选择了以服务类为主的专业课程,通过专业的教育使学生能够具备相应专业初级技师的资格和技能水平,在劳动力市场实现竞争性的就业。

因市场是瞬息万变的,对人才的需求也是多元化的,固定单一的课程体系很难培养出适应市场需求的人才,而校本课程因其开发周期短、更新快的特点,能够对市场的需求做出灵活的反应,可根据劳动市场和学生的就业情况做出及时调整,使学生顺利实现就业。

二、坚持以能力发展为本位的原则

学校职业教育的目标是以学生的基本劳动能力和生活适应能力为基础,以职业素质和职业能力为主线,培养具有良好职业道德和思想品质,"基础扎实、技能较强、素质高"的具有健全人格、身体健康,适应社会发展的初、中级复合型实用人才。特殊学校职业训练课程突出以能力为本位的思想表现在两个方面:一是以生活适应为中心的基础能力;二是以专业技能为基础的职业能力。基础能力主要通过基础性和通用性课程来实现,这些基础性课程主要培养学生生活自理的能力、良好的体能、健康的心理品质、基本的劳动技能和劳动习惯、社会交往的能力等,旨在补偿学生的身心缺陷,挖掘学生的潜能,为职

---

① 陈书爽,曲学利.培智学校职业教育与智障人士就业的相关问题分析[J].科技信息,2008(23):337-338.

② 眭乐萍.大力加强职业教育,提高残疾人就业能力——深圳元平特殊教育学校职业教育体系的创新构建[J].现代特殊教育,2010(11):7-9.

③ 深圳市人力资源和社会保障局[EB/OL]. http://www.szhrss.gov.cn/xwdt/201008/t20100803_1556845.htm.

业技能选择和学习奠定能力基础。职业训练类校本课程在内容选择方面坚持理论性知识和操作性技能相结合,可适当开发实训类课程。在教学形式上以学生的技能训练为中心,使学生在做中学,在学中练,着眼于学生实践能力的培养。通过理论课程传授给学生从事某种职业必需的知识和职业要求;通过日常职业技能操作练习掌握技能。职业技能训练以及到企业单位的实习等实践性课程培养学生从事某一职业的技能,发现和解决实践中出现的问题,以及工作中与人相处、团队合作、遵守岗位规范、吃苦耐劳、诚实守信、安全生产等职业道德和品质。

三、坚持以立交桥式职业教育模式为特色的原则

学校提出并实施了"多元贯通,四通八达"的"立交桥"式职业教育模式。[①]"立交桥"式职业教育模式不但强调立交桥向不同方向的贯通,而且强调立交桥支架的坚固性(即加强特殊学生最基本的体力与心力的训练),更强调立交桥功能的多样化。具体来说,学校内部实现"教育、康复、职业训练一体化",即将校内的各种教育、康复、训练措施有机统整起来作用于特殊学生,实现基础教育、功能康复与职业训练的无缝衔接;学校内外衔接上打造"职业教育、就业培训、就业安置"一体化,即将学校的职业教育与校内外的就业培训、就业安置有机统整起来作用于特殊学生,实现教育、培训与安置的无缝对接;校外就业安置上完善学校学生就业后的支持服务体系,将教育、康复、职业训练的功能延伸到社会,实现就业后的追踪辅导;就业培训上将根据课程设置多样化的特点将校内外培训基地有机统整起来,实现"培训基地立体式布局",提升培训的成效等。

职业训练课程是"立交桥"式职业教育的重要一环,因此需体现出该模式的特色。首先,该模式要求职业教育的"多层次""多通道""多出口"。具体而言,"多层次"即建构宝塔形的职业教育体系,"多通道"的职业教育则指通过灵活多样的途径来实现职业教育,"多出口"的职业教育是指实现多个方面的就业安置等。这就要求职业训练课程需建立分层目标体系,开发多样化的职业训练课程,在内容上体现出灵活性的特点。其次,"立交桥"式职业教育模式要求实现学校、政府、企业、培训机构的共同协作。因此,职业训练校本课程开发不仅仅局限在学校内部,还需与企业和培训机构等单位合作开发实训类课程和各种培训类课程。最后,职业教育要实现"立交桥"式的全通达的四面贯通,其中要做到上下贯通:上不封顶,对学生职业技能发展的要求永无止境;下要

---

① 黄建行,雷江华.智障学生职业教育模式[M].北京:北京大学出版社,2011:18.

保底,对学生职业技能发展要有基本的要求;左右贯通:注意职业教育内容之间的相互贯通,左边做好基本知识技能训练,右能注意生活适应;前后贯通:职业教育能向前面的基础教育延伸,基础教育能向后面的职业教育延伸;内外兼顾:校内职业教育内容之间的彼此交融贯通,校外职业教育内容之间注意协调,做到内外有机衔接,形成网络化的职业教育体系、格局等。这些要求都需在校本课程开发中有所体现。

四、坚持以人为本的生态发展观原则

学校校本课程开发坚持以人为本的课程观,职业训练类校本课程作为学校校本课程的一部分也需体现以生为本的生态发展观。校本课程开发以期通过课程方面的支持,提高学生的个体发展水平,以及学生与环境的互动能力,改善其功能受限制的状态。

特殊学生因其身心发展水平和生活环境的不同,他们的个体差异很大,这是特殊教育区别于普通教育最明显的特征,因此特殊学校职业训练的课程开发需建立在对学生的差异性进行分析的基础之上,分析他们的生理状况、智力水平、情绪与人格特质、学习状况、已有的生活与学习经验;分析他们的生活和学习环境,如家庭、学校和社区等对他们发展的影响;还要分析学生与周围人,如同伴、家长、教师和其他人的交往互动的方式,以及他们将来在社会上生存的环境,周围人对他们的看法和态度等,这些内容都是课程开发需要参考的依据。

职业教育的目标是让学生具备一技之长,能够平等地参与社会生活,学生对社会环境的认识和适应显得尤为重要,因此职业训练课程需要为他们提供生活适应、社会适应和职业适应等方面的支持,提升他们自身发展以及与周围环境良好互动的能力。因各类特殊学生存在差异性,校本课程开发需要兼顾学生的共性特征和个别差异性。以智障学生职业训练类校本课程开发为例,智障学生在认知、动作、情绪、意志行为、人格特征等方面都有一些不同于普通儿童之处,如感觉迟钝、知觉范围狭窄、注意力易分散、记忆速度慢、遗忘快、语言发展迟缓、思维具体形象、刻板、动作笨拙、平衡性差、情感不稳定等,因此职业训练的校本课程在课程目标、课程内容的选择、数量和难度等方面要适应学生的发展特点和需求,相比于普通职业高中要求的大规模、高技术含量的、工序复杂的专业技能而言,小规模的、工序简单的职业技能可能更适合智障高中学生的能力和需求。另外学生之间以及学生个体内部的差异性很大,因此课程目标要体现差异性,尽可能地发挥学生的优势,使其掌握一技之长,适应社会。

第2节 结构体系

一、课程结构

（一）宝塔式分类推进课程目标

学校职业教育的培养目标为全面贯彻落实党和国家的教育方针，以特殊学生发展为本，以道德、文化、专业技能教育为中心，以身体、心理康复为基础，强化职业训练，培养学生自尊自强、顽强拼搏、超越自我、立志成才的品质，提高生活自理和自立能力，努力为学生将来适应职业岗位，平等充分参与社会生活打好基础。根据特殊学生身心发展特点和需要，确立宝塔式分层职业教育目标：第一层级：培养学生具有初步融入家庭、融入社区的能力，具有最基本的生存能力，在支持下实现庇护性就业；第二层级：培养学生具有融入家庭、融入社区基本能力的基础上，掌握一定的劳动技能，能够实现辅助性就业，并通过参与社会成果的生产或创造，获得一定的生存质量；第三层级：培养学生具有较强的融入社会的能力，掌握多种劳动技能，使他们接近，或达到普通人的发展水平，实现自主性就业，获得较高的生存质量。

（二）集群式模块课程结构

根据职业教育课程目标，学校采取宽基础、活模块的集群式模块课程结构。在对特殊学生的社会生活和适合他们的就业岗位所需要的知识、素质和技能进行分析的基础上，将课程组合成各种专业课程模块、基础课程模块和辅助课程模块，其中突出了以能力为主线的课程理念要求。宽基础是指职业教育要按照国家教育大纲的要求，培养学生扎实的文化知识基础和基本劳动技能，为完成高中学历教育和进一步学习职业技术打好基础。学校职业训练课程的"宽基础"体现在以下两个方面：一是重视学生基础性的通用性知识与基本技能培养，发展学生基本的身体和心理素质，提升他们生活适应水平；二是在专业课程方面，除了要求学生深入地学习一项专业技能之外，还设置部分其他专业课，这些课程为他们从事专门职业之外的其他工作提供了条件，拓宽了学生职业选择的范围。活模块强调依据社会及市场需求、家长需求、学校的办学条件和特殊学生的特点灵活调整课程设置和课程机构，[1]最大限度地实现劳动力市场和职业教育的衔接。以学校职业教育的专业课程模块为例，每一个

---

[1] 赵小红.宽基础,活模块,多层次,多能力——智障学生职业教育模式探讨[J].现代特殊教育,2006(4)：25-28.

专业课程都是一个小模块,每个专业课程又由若干个更小的模块组成,针对一个个的具体能力、技能或知识,都有明确的行为目标和训练标准,内容相对独立,可以灵活调整。

根据集群式模块课程结构,学校将职业训练课程分成主干课程和辅助课程两大模块,而在两大模块之下又分成专业技能课程、专业基础课程、基础课程、康复服务课程和就业服务课程等模块,各类课程模块的关系见图5-1。

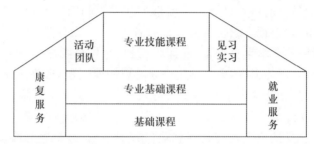

图5-1 深圳元平特殊教育学校职业训练类课程模块图

专业技能课程的设置旨在培养学生从事某一类或多类职业的能力和素质。学生根据自身的能力和兴趣选择其中一项作为自己的专业,深入学习,熟练掌握这一专业所需的基本知识和技能,具备相应职业岗位所要求的职业道德和品质。

专业基础课程旨在发展学生基本的专业知识和劳动技能,拓宽学生专业范围。具体的专业课程门类并不是一成不变的,有一定的灵活性和开放性,可根据实际情况做出调整。

基础课程发展学生身体和心理等方面的基本素质,为职业技能的学习,以及将来的生活和就业奠定基础。以厨艺课为例,学生要掌握厨艺技能,需要具备一定的阅读、计算、精细动作、大动作能力,为适应厨师这一职业要求,学生还需具备良好的职业道德和心理素质,这些基础知识和能力的学习训练需基础课程来完成。

辅助课程是在学生职业高中教育过程中为学生提供的各种服务性课程,旨在补偿学生的缺陷,开发学生的潜能,为职业发展和就业提供支持等。目前开设的辅助课程分为康复服务类课程、就业服务类课程和活动类课程等。具体而言,康复服务类课程包括体能康复训练、心理咨询等;就业服务类课程包括职业辅导、就业跟踪、转衔服务和职业评估等;活动类课程主要包括团队活动、实习和见习等。

二、课程设置

(一)课程设置方案

在同样的课程模块之下,学校根据不同类别特殊学生的特点和职业发展需求,设置了不同的课程。智障学生的认知、动作、情绪、意志行为以及人格特征等方面与普通学生存在较大差异,因此针对智障学生专业课程会选用一些小规模的、工序简单的职业技能;而听障学生因听力缺陷,表现出视神经特别发达,视觉感受性高,观察力敏锐,并且动手模仿能力和操作能力强,因此听障职业教育课程以美术设计为主,挖掘学生的潜能。

在课程的纵向发展方面,不同障碍类型学生遵循了同样的规律,从课程设置方案中可以看出,基础课程和专业课程的比例随年级而变化。以听障学生为例,在一年级基础课占了44%,与专业课程的比例大致相当,而到高年级基础课比例减少,专业课程比例增加,听障学生专业课程比例增至近70%,并新增了电脑美术设计、美术设计基础、版画、插花艺术、手工等专业课程门类,而智障学生专业课程虽然门类没有增加,但专业课程比例有了明显的增长。

表5-1 深圳元平特殊教育学校智障学生职业教育课程设置(2008年)

课程	周课时/年级	职高一年级		职高二年级		职高三年级	
专业技能课	办公文员、客房服务、洗衣服务、西式面点、中国结艺、中式厨艺、插花艺术	14	61%	16	67%	16	73%
专业基础课	日常清洁与维护	4		2		2	
	手工	—		2		2	
	信息技术	2		2		2	
	职业道德	—		—		2	
基础课	社会适应	2	24%	1	18%	1	12%
	实用语文	3		2		—	
	心理健康	1		1		1	
	体育健康	2		2		2	
活动课	班会	1	15%	1	15%	1	15%
	团队活动	1		1		1	
	课外活动	3		3		3	
总计		33	100%	33	100%	33	100%

[注]:辅助课程和实习见习等课程是根据具体情况调整的,不计在周课时中。

表 5-2 深圳元平特殊教育学校听障学生职业教育课程设置

课程	周课时/年级	职高一年级		职高二年级		职高三年级	
专业技能课	计算机应用基础	10	47%	—	65%	—	56%
	办公文员	4		—		—	
	电脑美术设计	—		8		—	
	美术设计基础	—		2		—	
	插花艺术	—		2		2	
	西式面点	—		4		4	
	动漫制作	—		—		7	
专业基础课	版画	—		2		—	
	美术	2		—		—	
	手工	—		2		2	
	陶艺	—		—		2	
	就业指导	—		—		2	
	职业道德	—		2		—	
基础课	语文	4	44%	2	26%	2	35%
	数学	3		2		2	
	英语	4		2		2	
	政治与法律基础	1		—			
	行政管理					3	
	心理健康	1		1		1	
	体育健康	2		2		2	
活动课	班会	1	9%	1	9%	1	9%
	团队活动	1		1		1	
	课外活动	1		1		1	
总计		34	100%	34	100%	34	100%

[注] 辅助课程和实习见习等课程是根据具体情况调整的,不计在周课时中。

(二) 专业技能类课程介绍

办公文员——办公文员课程是以办公软件应用和现代电子商务为基础,为职业高中智障、听障学生开设的一门办公软件和现代办公设备应用的课程。其主要内容有计算机的基础理论和知识,基本办公软件和 Internet 的应用,打印机、复印机、传真机、碎纸机、过胶机、打孔器等常用办公设备的使用,使学生掌握专业办公文员所具备的职业技能和办公礼仪、职业道德,具备从事相关职业的能力。

客房服务——职前客房服务专业培训课程,包括客房部概述、客房基本知识、客房清洁与保养、客房对客服务、客房安全管理和客房设备用品管理六个领域的知识和技能，以培养学生简单的客房清洁操作技能为主，培养学生良好的职业道德素质，使学生具备规范服务意识，掌握初级客房服务员所具备的专业知识和技能，达到适应岗位工作的水准。

洗衣服务——洗衣服务课程主要学习各类服装、织品的水洗、干洗、烘干等理论和实践技能。通过该课程的学习培养学生基本的劳动技能，提高动手能力，使其掌握洗衣服务的职业技能，养成良好的职业道德素质，基本具备初级洗衣服务员的从业资格。

西式面点——西式面点课程旨在通过对学生开展西式点心制作培训，使学生初步掌握面包类、蛋糕类、酥类、花色甜点类和其他类西式点心在选料、加工制作、成本核算等方面的基本职业技能，培养良好的职业道德和行为习惯，初步适应饮食服务行业西式点心师等岗位的要求，较好地胜任西点制作的工作。

中国结艺——中国结艺课程通过民间手工编结基础知识、基本技能的学习，使学生掌握各种基础、变化结的制作方法和过程，能够独立制作常见的手链、项链及大型挂件等成品，培养高中智障学生观察能力、动手操作能力、审美能力和想象创造能力，为其将来从事自营结艺饰品加工等相关职业打下基础。

中式厨艺——中式厨艺课程是以烹饪工艺与营养专业为基础，通过基本厨艺技艺、烹饪方法、成本核算的学习，让学生养成健康的饮食习惯，掌握重视厨艺的基本技能，培养良好的职业道德和行为习惯，初步适应饮食服务行业中式烹调师等岗位的要求。就业方向为自营饭店、酒店厨房等。

插花艺术——插花艺术课程主要学习各类花束、胸花的制作，花车、花房的装饰。通过训练使学生掌握基本的插花技能，具有较好的职业道德，端正的职业态度，具备初级插花员职业要求，为将来从事插花工作或开花店打下良好的基础。培养学生对插花艺术的热爱，对花卉的喜爱，从插花艺术体验生命的真实与灿烂，陶冶学生的情趣。

计算机应用基础——计算机应用基础课程是听障学生职业高中必修的课程。本课程既是一门计算机知识的入门课程，也是计算机基础知识的综合提高课程。课程的基本内容包括：计算机的基础知识、中文 Windows 操作系统、文字处理软件 Word 2003、数据处理软件 Excel 2003、计算机网络与 Internet 应用等五个部分。通过本课程的学习，使听障学生能够掌握计算机的基础知识、计算机的基本使用方法、文字信息的处理方法、数据信息的处理技术以及一些工具软件的基本使用方法。为听障学生熟练地使用计算机以及进一步学习计算机有关知识打下坚实的基础。

版画——版画是针对听障职业高中学生的生理特点,结合职业教育的实际与美术设计行业的岗位需求,重点学习版画的相关知识,了解版画的一般制作流程,掌握版画的创作技法,从而发展学生的个性特长,提高学生的审美能力,培养学生的实践、创新等综合能力。

电脑美术设计——电脑美术设计是针对听障职业高中学生的生理特点,结合职业教育的实际与计算机行业的岗位需求,主要学习 Photoshop CS3 的基础知识要点与运用 Photoshop CS3 软件进行图形图像处理及平面广告设计。引导学生利用发现、创新的眼光去观察事物,给学生带来新的思维空间和视觉空间,也带来新的感官需求和心理需求。培养学生学习的积极性、主动性、创造性,开拓学生思维,打开学生新的感官,实现教育的理念和实践之间的转换。

动漫制作——动漫制作课程是听障学生职业高中必修的课程,专业培养掌握计算机图形/图像、动漫设计与制作的基本理论知识和相关应用领域知识。课程的基本内容包括:Photoshop 图像处理软件、Flash 二维动画制作软件、3d Max 三维动画渲染和制作软件、数位板绘画软件,目的是让动漫设计专业的学生在欣赏美和创作美的同时,提高审美情趣和审美能力,丰富动漫设计的艺术表现技法,促进我国动漫产业的发展。

三、课程开发

深圳元平特殊教育学校职业教育教学部职业教育与训练的对象目前以智障学生(包括智力落后、自闭症、脑瘫学生)为主。但国内针对智力障碍学生职业训练的课程资源很少,并且因各地区经济文化条件和学校的师资和办学水平的差异,已有的课程很难适应学校的职业培训需要,因此,开发适合本校的智障职业训练校本课程成为当务之急,同时也是发展学校"立交桥"式职业教育模式的需要。因此目前学校的职业训练类校本课程开发从智障职业训练课程入手,逐渐向听障和其他障碍类型的学生扩展。

具体而言,近阶段职业训练类校本课程的重心在于主干课程的开发,即职业训练专业技能类课程、专业基础课程。到 2010 年 7 月,学校完成了智障学生专业培训办公文员、客房服务、洗衣服务、西式面点、中国结艺、中式厨艺、插花艺术等专业课程标准的编写工作,并将西式面点作为学校的示范性课程,已经编写并出版《西式面点课程标准》《西式面点教学指导手册》。目前正在进行修订《西式面点教学评估手册》的编写修订及出版工作。""将中式厨艺作为学校重点推进学科,逐步推进《中式厨艺课程标准》和《中式厨艺教学指导手册》的修订及出版工作。"

在此基础上有计划地展开对各类专业课程的教学指导手册或教材的编写和出版,形成并完善职业训练类校本课程体系。主干课程中的基础课程,如实用语文、生活数学、社会适应等课程的开发,以及辅助课程中的康复类校本课程开发采取康复教育教学部门与其他教育教学部门的校本课程开发相结合,以保障内容上的连贯性。

随着职业训练校本课程开发的逐渐深入,与此配套的课程资源库建设也经历了"从无到有,从有到优,从优到新"的发展过程。学校职业教育教学部门成立至今不断地完善专业课程结构,变革人才培养模式,增设职业训练的设施设备,建设功能教室,有选择性地编制教材和教辅资料,西式面点课程开发为后续的课程开发工作提供了有力的参考。对常用的课程与教学资源,如公开课材料、课件、教学参考书目、网络资料等进行分类汇总,并根据教育教学需要和时代的需求进行不断更新,逐步形成一个动态的、网络化的课程资源库。

案例 5-1

浅谈特殊学校职业培训校本课程开发[①]

深圳元平特殊教育学校　王　军

目前特殊学校职业教育正处在一个迅速发展的阶段,而职业培训校本课程的改革与实施,推动了特殊学校的职业化发展,并将进一步推动特殊教育发展向更高阶段发展。在此对职业培训校本课程开发提出一些看法。

一、特殊学校职业培训校本课程开发的内涵

新课程实施以来,校本课程开发无疑成为一个热点问题,如同对"课程"的理解一样,对"校本课程开发"内涵的认识也是见仁见智。国外较早系统地开展校本课程开发研究的是斯基尔贝克(M. Skilbeck)等少数英国学者。1973年,在爱尔兰阿尔斯特大学召开的校本课程开发国际研讨会上,菲吕马克(A. M. furumaik)和麦克米伦(I. McMullen)最先公开提出这一概念。当初的意义主要指学校内部的教职员对课程的计划、设计和实施。此后,许多学者从不同的视角对这一概念进行界定,但至今未能达成一致的定义。

斯基尔贝克认为,校本课程开发是由学校教育人员负责学生学习方案规划、设计、实施和评价的活动。菲吕马克认为,校本课程开发意指参与学校教育工作的有关人员为改善学校的教育品质所计划、指导的各种活动。

---

① 本文于2008年10月获全国特殊教育学校职业教育校本课程开发与研究论文评比一等奖。

英国教育学家艾格莱斯顿（Eggleston）认为，校本课程开发是学区内的家长、教师、学生、学校行政人员等，经由共同讨论、计划等过程，发展适合每个特定学校的儿童的课程策略。

通过上述校本课程开发的定义，并结合特殊学校职业培训的特性，可以总结出特殊学校职业培训校本课程开发的基本内涵：（1）特殊学校职业培训中特殊学校的校长和特殊学校的教师是校本课程开发的主体，他们根据特殊学校的教育理念、特殊学校学生的特点进行校本课程开发。（2）特殊学校职业培训校本课程开发的范围很广，可以涉及课程选择、课程改编、课程整合、课程补充、课程拓展、课程创编等多种活动。（3）企业参与特殊学校职业培训校本课程的开发，这是由特殊学校职业教育的特性所决定的。企业的参与可以保证课程标准、课程内容的合适性，使得学校培养出的特殊学生能够满足企业用人需求。

二、特殊学校职业培训进行校本课程开发的必要性分析

（1）"以就业为导向"是发展特殊学校职业培训的要求。以就业为导向是特殊学校职业培训课程开发的原则之一，这要求特殊学校职业教育根据就业需求进行课程设置，及时对特殊学校职业教育做出积极的反映，调整课程的内容。此外，特殊学校职业培训的课程设置还需要对市场工作岗位的变化、市场技能要求的变动做出灵敏反应，以培养出符合工作岗位要求的劳动者。特殊学校职业培训进行校本课程开发，可以根据自身的资源、与企业的关系及时调整课程设置，培养出适用性人才。

（2）特殊学校职业培训校本课程的开发有助于教育决策民主化的实现。"校本课程"是针对"特殊教育新课标"提出的。我国的特殊教育决策逐渐走向民主化，这种需要将放到学校，让学校成为教育决策的主体。这一民主化趋势对特殊学校职业培训的发展尤为重要。校本课程是教育决策民主化的一种实现形式，使得特殊学校职业培训的教师成为课程开发的主体。

（3）特殊学校职业培训是办出特殊学校特色的需要。我国的特殊学校职业培训还处于发展的初级阶段，能否健康地开展下去取决于特殊学校职业培训自身的发展和特色。目前正是我国特殊学校职业教育争取发展的关键时期。进行特殊学校校本课程开发有助于特殊学校职业教育根据自身的发展定位，进行有效的资源整合，打造出具有特色的特殊学校高职毕业生。

(4) 特殊学校教师专业化发展的需要。特殊学校教师的专业化发展已成为特殊教育理论界与实践界关注的重点。教师专业化地位的确立在很大程度上是与其专业化水平,尤其是专业的不可替代性相联系的。我国三级课程体制,无论是国家课程、地方课程还是校本课程,最终的再设计与实施都要靠教师。教师专业的重要任务就是把三级课程与自己学生的实际结合起来,创造性地设计出真实鲜活的课程。校本课程的开发对特殊学校职业培训的教师来说,教师的专业化发展就显得更加重要。一方面,特殊学校职业培训课程开发的主体是特殊学校教师,特殊学校职业培训的校本课程开发依赖特殊学校教师的专业发展;另一方面,进行特殊学校职业培训的校本课程开发将有助于促进特殊学校教师的专业发展,促使特殊学校教师关注本专业的发展动态、实践中的新进展,通过不断学习,完成专业的提升。

(5) 特殊学生发展的需要。特殊学校的办学宗旨是满足特殊学生发展的需要,进行特殊学校职业培训校本课程的开发与研究也是特殊学校学生发展的需要。要满足这一需要,就要对特殊学生进行职业培训。职业教育培训的前提就是对课程设置,课程设置就是对教材的开发与研究。

三、特殊学校职业培训课程开发的现状与制约因素

(一) 特殊学校职业培训课程发展的现状

(1) 特殊学校职业培训课程开发的实际情况和理论课程开发还是一个摸索阶段,需根据专业的培养目标来确定课程目标和课程标准,进而进行特殊学校职业培训课程开发。

(2) 在实际的课程开发中,课程的开设受制于有无教材、学校教师主观的课程计划;而在课程开发的程序中,课程的开设主要由专业的培养目标、一系列的课程调查决定的。

(3) 在实际的课程开发中,教材的选择决定了特殊学校职业培训的课程结构;而在课程开发的程序中,先确定课程结构,再根据课程结构来编制或选择教材。

(二) 特殊学校职业培训课程开发的制约因素分析

特殊学校职业培训课程开发实施过程中存在诸多制约因素:

(1) 特殊学校教师的素质。特殊教师的素质是特殊学校职业培训发展的大问题。特殊教师是特殊学校职业培训校本课程开发的主体,其对所教授职业专业的理论与实践是进行特殊教育学校职业培训校本课程开发的前提条件,在此基础上特殊教师还必须具备进行职业校本课程开发的理论知识与实践能力。但是,来自实践的调查却显示目前特殊学校职业培训的教

师素质现状堪忧：大部分专业缺乏骨干教师和学科带头人；教师缺乏职业培训理念；教师胜任本专业教学仍有困难。

（2）特殊学校职业培训课程标准。在特殊学校职业培训的校本课程开发实践中，没有课程标准可循，因此会导致特殊学校职业培训课程实施时质量得不到保证。

（3）经费。要进行比较正规的职业校本课程开发需要花费大量的人力、物力和财力。所有这些花费对于办学经费先天不足的特殊学校来说是一笔很大的开支，大部分特殊学校无力或无心承担。

（4）教材。教材本应该是为课程服务的，但是目前特殊学校职业培训的课程却受制于教材的开发。有的借助于我国台湾、香港等地的特殊职业教材。但因为地区和经济等因素，不能因地制宜。

四、特殊学校职业培训进行校本课程开发的对策分析

从对当前特殊学校职业培训课程开发中存在的问题的分析中，可以看出有些问题是可以通过特殊学校职业培训校本课程开发来解决的，但有些问题是需要通过外部力量来解决的。

（1）主动而有计划地进行特殊学校职业培训课程的设置。特殊学校职业培训课程设置必须主动而有计划地进行。一方面，这是为了应对日益激烈的竞争；另一方面，课程设置需要一个循序渐进的过程。职业培训课程设置的计划性还体现在要规范特殊学校校本课程开发的程序上。

（2）加强与企业界的合作。企业的参与对特殊学校职业培训的发展至关重要。企业可以为特殊学校提供用人信息，使得特殊学校职业培训可以有针对性地培养学生。同时企业的参与可以给职业培训的学生提供实习、实践的机会，特殊学校职业培训校本课程开发中积极吸引企业的参与，可以适时根据企业需求的变化调整课程方案。

（3）通过校本课程开发促进职校教师在专业上的进步。由于特殊学校职业培训还处于起步阶段，师资力量存在严重不足，而已有特殊学校师资进行校本课程开发的能力和态度，其准备也并不充分，所以进行课程改革和校本课程开发需要循序渐进，让特殊教育学校教师有一个在知识、能力和态度方面的调整和准备过程。特殊学校可以主动对特殊教师进行相关培训，激发特殊教师参与课程开发的热情，使之具备相应的理论知识。特殊教师只有在参与学校校本课程开发的过程中才能真正地获得在专业上的长进，促进特殊学校教师的专业化；同时，特殊学校的教师进行课程开发的过程，也是对其所教专业不断深入认识的过程，不断提高教学质量的过程。

(4)开发和推广特殊学校职业培训校本教材。如前文所述,教材也是制约特殊学校进行校本课程开发的一种重要的客观制约因素。特殊学校专业课程教材建设没有什么经验借鉴,因而特殊学校在进行职业培训校本课程开发的同时也可以进行校本教材的开发和推广。一方面可以总结特殊学校职业培训校本课程开发的成果,另一方面通过特殊学校职业培训校本教材的推广可以为特殊教育树立前进的旗帜。

第3节 特色校本课程开发案例

一、案例一:西式面点

西式面点课程是以教授职业高中智障学生(包括轻中度智障学生和脑瘫学生)有关西式面点的概念及制作原则为基础,以教授学生典型西式面点的制作技艺,训练基本点心的操作技能为主要任务,主要学习烘焙基本原料,认识与使用工具模具,掌握蛋糕类、面包类、饼干类等产品的制作,是一门以学生获得积极的实践体验,形成良好技术素养,以操作性学习为基本特征的课程。目前学校已完成《西式面点课程标准》和《西式面点教学指导手册》的编写出版工作。正在编写《西式面点教学评估手册》,准备修订出版。

(一)课程开发的背景

党的十七大报告指出,要"大力发展职业教育""关心特殊教育"。2007年全国特殊教育学校职业教育工作会议确立了"结合残疾孩子的特点和他们终生发展的需要,采取有力措施,进一步加大力度推进特殊教育学校职业教育工作"的重要任务。《残疾人教育条例》提出:"应当重点发展初等和中等职业教育,适当发展高等职业教育",明确把大力发展初等职业教育作为特殊教育学校的主要任务。通过系统的文化知识教育和职业技术教育,可以把残疾人由单纯的消费者培育为积极的劳动者,为特殊学生提供"以服务为宗旨、以就业为导向、以能力为本位"的劳动和职业技术教育是培养特殊学生掌握一技之长,提高生活质量,实现"育残成才、残而有为"的教育目标。从一定意义上讲,智障学生享有与普通人同等的社会地位,做自强不息、残而不废的人,必须掌握一定的职业技术和技能,是实现"回归主流、融入社会"的重要途径,也是体现"以人为本"思想的具体举措。

西式面点课程是关于烹饪工艺与营养专业和西式工艺专业的一门核心技

能课程,课程开发坚持"以就业为导向,以行业需求为中心,以培养职业高中智障学生获得制作西式面点技能为目标"。课程设计坚持"以工作任务引领学习,以产品生产为对象,以典型产品制作为教学载体"为原则。通过设计学习过程情境,呈现西式面点的制作对象、制作工具、制作工艺、成品鉴定方法和操作规范等,培养学生良好的职业道德和行为习惯,初步适应饮食服务行业西式点心师等岗位的要求,较好地胜任西点制作的工作,顺利实现就业,回归主流生活,提高他们的生活质量。

(二) 校本课程开发过程

"西式面点"课程开发过程大致分五个阶段完成:

第一阶段:2004年9月—2007年7月,讨论思考,课程酝酿阶段。此阶段,学校职业教育开设了客房服务、中国结艺、礼品包装等专业课程。经过几年的教学实践和学生就业前景分析,调查市场对职业教育专业的需求,结合所招生源的专业需求和学习特点,讨论了下一步职业教育专业的设置和课程方式,酝酿西式面点课程的开发。

第二阶段:2007年9月—2009年7月,合作办班,学习实践阶段。此阶段与深圳市残联合作,每年集中两个月时间,聘请专业技术人员来校培训学员。期间教师和学生一起学习,经过培训,教师取得了专业技术资格证,学生也提高了专业技能,对西式面点这一课程有了深入的认识。此阶段的课程培训地点在学校康平公司西点房。

第三阶段:2009年9月—2010年7月,编写课标,教学实践,探索课程。随着职教部综合大楼的装修完工,有了前一阶段的集中培训和师资发展的基础,开始探索职业教育课程设置。从2009年9月开始,在职教部开设常规西式面点专业课程,在智障高二、高三年级开设。同时,探索职业高中教育专业课校本课程体系,成立专门的专业课课标研制小组,教师全员参与,编写《西式面点课程标准》。对于课程标准具体内容的确定,研制小组采取集体商讨、共同编制的形式,遵循边开发、边实践、边修订的原则。至2010年7月,正式完成课程标准编写工作。

第四阶段:2010年9月—2011年7月,修订课标,教学实践,完善课程。经过几年时间的探索研究,智障职业高中的课程设置已基本形成了一个清晰的框架,在完善课程设置方面取得了突破性进展。此阶段调整了智障高中专业课的设置,并将原来的班级授课制改为分流教学,即选择合适的学生到合适的专业学习,提高了教学的针对性,促进了专业的合理发展。通过实践,修订完善了《西式面点课程标准》。

第五阶段2011年9月至2016年12月,编写出版教学指导手册,编写教学评估手册,加强教学研究,提升高度。2011年,广东省开展中小学地方课程教材的立项申报工作,学校组织各个部的教师进行教材开发申报工作,为此,学校职教部成立了教学指导手册编写小组,开始编写《西式面点教学指导手册》。确定西式面点专业的课程理念为"突出生涯教育理念,凸现我校职业教育特色"。已经完成目前学校已完成《西式面点课程标准》和《西式面点教学指导手册》的编写出版工作。正在编写《西式面点教学评估手册》,准备修订出版。

(三) 课程设计

1. 指导思想

(1) 人本主义思想

① 面向全体智障高中学生,本着对每一个学生负责的态度充分发挥学生的潜能,以突出以学生发展为中心,重视学生的主体地位。克服困难、创造条件、科学训练,使每一个学生获得不同程度的职业技能,为他们的生存与发展奠定良好的基础。

② 针对智障学生特点,注重学生潜能开发,遵循专业知识和技能形成与发展的规律,以及学生身心发展的特点,使西式面点课程教育由易到难、循序渐进、形成系统,使学生形成一定的职业技能。

(2) 生活教育观

① "教育是属于人之为人的活动",是唤醒人的生命意识,启迪人的精神世界,建构人的生活方式和实现人的价值的活动。智障学生学习并掌握必要的生存技能,还能认识、感悟生命的意义和价值,培养起学生尊重生命、珍惜生命的态度,树立积极的人生观,建立生命与自我、生命与自然、生命与社会的和谐关系,提高生命质量。

② 培养智障学生平等参与社会的意识,通过系统的培训,参与职业资格证的考取。智障学生因为生理缺陷在学习、工作等方面都受到了极大的限制,通过面点专业的培训,平等地参与社会竞争,参加全国统一的职业资格考试,从而为培养智障学生平等参与社会、融入社会提供了可能。最终实现平等参与社会生活,回归主流社会的重要环节。

2. 课程目标

(1) 总目标

培智学校职业教育入门教育要以国家的大政方针为指导,全面贯彻党的教育方针,加强智障学生自强自立精神的自我意识及合作能力。通过实践性和操作性训练,让他们掌握基本的职业教育入门技能,为他们掌握生存与就业需要的基本技能创造条件。本课程是以西式面点为教学的专业课程,它的任务是：养成适应西式面点师职业要求的行为习惯，学习烘焙基本原料理论，认识与使用工具模具，掌握蛋糕类、面包类、饼干类等产品的制作，培养解决实际问题的能力，为学生继续提高职业技能和适应职业转换奠定必要的基础。

(2) 具体目标

① 知识目标

a. 能理解西式面点制作过程中制作技法对面点制作的重要性。

b. 掌握基本面点制作技艺。

c. 较好地完成各种西式面点的制作。

② 能力目标

a. 具备良好的专业职业素养。

b. 具备良好的专业职业卫生习惯。

c. 掌握扎实的西式面点工艺理论基础。

d. 熟练掌握西饼房设备器具的安全使用、清洁和维护等。

e. 掌握西式面点的原料选择、使用和质量鉴定技巧。

f. 熟练掌握西式面点的基本制作技术，包括制作生坯、成熟、装饰装盘等。

g. 掌握西式面点的创新制作方法。

h. 掌握主要西式面点品种的制作技术。

③ 情感目标

a. 乐于劳动，与他人合作分享能力的培养。

b. 爱岗敬业，树立良好的职业道德观，具有竞争意识和竞争能力。

(四) 教材设计

为便于教师教学，职业教育部根据西式面点课程标准编写了《西式面点教学指导手册》作为本课程的教材。

1. 编写目的

通过本教材的编写，规范教学流程，培养学生解决实际问题的能力；方便教师教会学生掌握西式面点核心工艺；以就业为导向，全面提升智障学生就业能力，提高西式面点课程教学质量。

(1) 贯彻职业教育基本精神。根据《培智学校义务教育课程设置实验方案 (2007年)》要求，学校设置本课程的培养目标为使学生"具有基本的文化科学知识和适应生活、社会以及自我服务的技能"。

(2) 充实职业培训课程体系。考虑到我国特殊学生职业培训的发展情况，与职业培训课程配套的教辅资料比较少，而专门针对智障学生"西式面点"课程的辅助手册非常匮乏。本手册是在专业教师长期一线教学经验的基础上编写出来的，具有一定的指导性，因此学校通过本手册的编制，可以弥补我国目前在特殊学生职业培训教辅资料方面资源匮乏的现状,以达到资源共享的目的。

(3) 规范西式面点教学流程。目前我国关于智障学生西式面点教学的教材更多侧重于知识介绍与技能简介,没有根据智障学生的学习特点创建一个适合他们的教学流程。学校试图通过流程化的教学,规范西式面点的职业训练教学流程。

(4) 提供独到典型的教学范例。学校选择了具有代表性的范例,既代表了智障学生的学习特点和认知规律,又符合西式面点课程最经典、最典型的样例。通过指导学生实践训练,掌握西式面点的理论基础和基本知识,学会基本的西式面点制作操作技能,以帮助智障学生形成职业技能,提高自身素质。

(5) 构建方便易学的学习样例。学校本着"方便易学"的原则来组织教学内容,制作系统的学习样例,使复杂烦琐的西点制作工艺简单化、程序化,使学习过程更符合智障学生的学习特点,并为其他西式面点培训机构提供参考,为辅导家长提供资料上的便利。

2. 指导思想

西式面点教学指导手册体现出生活化的要求,强调高年级学生适应社会的要求,加强职业培训校本课程的开发。

(1) 落实政策法规文件精神,明确"以就业为导向"的职业教育理念。根据《国家教育事业发展"十一五"规划纲要》(2007年)、《特殊教育学校暂行规程》(1998年)、《中华人民共和国残疾人教育条例》(1994年)、《残疾人保障法》(2008年)等文件精神,特殊教育学校要特别重视劳动教育、劳动技术教育和职业教育,提高学生的劳动、就业能力;加强对学生的职业道德教育和就业指导工作。

《广东省中长期教育改革和发展规划纲要》(2010—2020)强调,要深化职业教育教学改革,以服务为宗旨,以就业为导向,以能力为本位,动态调整专业设置和人才培养方案,着力培养学生的职业道德、职业技能和就业创业能力。

(2) 尊重智障学生的认知发展规律,体现"流程教学"思想。每个智障学生的发展都是不同的,有的动手操作能力强,有的则比较弱。因此手册的编写要充分考虑到每个学生的需求和接受能力,对不同学生的教学要求也不同,要体现一定的层次性,尽量满足每个学生的学习需要。特别是对于智障学生的职业教育来说,要在教学过程中充分挖掘学生的优势,加以指导训练。只有通过这种差异分层教学,才能让学生在就业时更有目标性,选择适合自己的工作,体现职业教育的价值。学校在手册编写时,以"流程教学"来实现此目标,体现这一指导思想。

(3) 把握西式面点制作的核心工艺,展示"样例教学"课程特色。学校本着"方便易学"的原则来组织教学内容,西式面点的内容丰富,种类复杂,学校根据学生的身心发展特点和能力水平,选择一些实用易学的典型样例,为学生将来从事相关工作奠定基础,也为其他西式面点培训机构提供参考,为辅导家长提供资料上的便利。

（4）发挥教师个人特长,突出"分工协作"的团队特色。本指导手册"分工协作"特色体现在两个方面：一是手册的编写是由职业教育部门多位教师合作完成的,在资料收集、文本撰写、示范操作、教学设计等方面发挥每个教师的专长,体现出教师之间的团队协作精神；二是在西式面点手册的实施上体现分工协作,在实际职业训练中要求合作教学,使智障学生能够吸取到不同教师的教学精华和特长,为个人职业生涯打下良好的基础。

（5）根据指导手册编写的基本要求,贯彻"方便操作"的指导原则。本手册为教师教学提供更多参考,既提供了有关西式面点的专业理论知识,也配有具体的操作步骤和说明。例如,指导手册设置单独的章节介绍了西点的基本知识和常识,并在每个单元的第一部分都有西点制作的配料与工具介绍,具体操作技能方面,不仅有详细的文字说明还配有大量图片和视频讲解,为教学提供丰富的感性材料,提高教学效果。

（6）体现学校"育残成才"的办学宗旨,坚持"以人为本"的办学理念。《深圳元平特殊教育学校"十一五"发展规划》指出：以就业为导向,成立残疾人就业培训中心,办好劳动就业基地,实现职业教育和就业安置的无缝链接；建立面向社会、紧贴市场的专业建设体系；建立职业培训、职业推荐、就业安置一条龙服务的长效机制,努力实现产教结合,全面实现职业教育的"订单培养"模式,逐步实现毕业生零距离就业;加强职业培训基地的规划和建设。西式面点教学指导手册的编写很好地体现了学校的教育信念和教育理念。

3. 教材特色分析

教学指导手册将理论与实践紧密结合,着重于对教师的辅助作用,帮助教师由浅入深、由简到繁进行教学。手册在编写过程中遵循相关政策法规和指导思想的同时,更突出指导性、专业性、层次性、直观性、情感性、实用性、前瞻性等特点。

（1）指导性。本手册的最大特点就是指导性强,它不仅是专业教师长期教学经验和方法的总结,同时考虑到智障学生的接受程度,细化操作过程,并配有图示说明,详细指导教师教学。

（2）专业性。作为职业训练的课程指导手册,本手册专业性强,有专业教师的指导。同时充分考虑了智障职业高中学生的身心发展特点,将手册的专业性与学生的特殊性相结合,为其他课程编制指导手册提供有力参考。

（3）层次性。本手册考虑到不同类型学生实际操作能力、接受程度、兴趣等方面的差异，不仅在教学目标里提出分层要求，而且在实践操作部分也体现了层次性，符合特殊学生的身心发展特点。

（4）直观性。本手册为了提高教师教学质量，内容图文并茂，并配有视频材料辅助教师教学，以提高手册的可读性。同时尽量使内容通俗易懂，重点在于介绍实务操作流程，让人看起来一目了然。

（5）情感性。本手册除了指导教师的课程教学外，还时刻提醒教师不忘对学生进行职业情感的熏陶和培养，帮助学生养成良好的职业习惯，将来更容易融入工作的角色中去。

（6）实用性。现在市场上西式面点相关的参考书籍有很多，但与特殊教育相关的几乎没有。而本手册的实用性主要体现在它专门针对智障职业高中课程的教学，避免教师在教学时挑选相关书籍遇到障碍。

（7）前瞻性。根据目前面点业发展和人才需求趋势的预测，本手册以"西式面点"课程为出发点，将理论内容与生产实践相结合，使学生毕业后适应能力提高。这一具有前瞻性的职业课程设计，不仅拓宽了学生的就业选择，同时通过本手册的指导，也有利于辅助教师更好地教学，了解学生的需要，因材施教，培养和提高学生的就业能力。

4．内容体系

《西式面点教学指导手册》是职业培训西式面点课程的教学辅助用书。它共分为四个单元，分别是：西式面点入门、饼干工艺、面包工艺和蛋糕工艺。每一单元和每一小节内容严格按照课程的教学顺序来编排，遵循"由浅入深、由易到难"的原则，内容上环环相扣，层层推进，构成了本手册的有机整体。考虑到智障学生的身心特点和接受程度，操作部分内容进行分层教学，可分为"基础篇"和"提高篇"。其中"基础篇"要求所有学生都能掌握基本的操作要领，能独立或在教师指导下完成任务；"提高篇"要求学生能在教师指导下完成操作难度较大的任务，更好地适应将来的工作生活，但对于那些动手能力较差的学生来说，则可以适当放低要求，只需要完成基本操作就可以了。

第一单元：西式面点入门。本单元主要为全书提供基础性的认识，讲述西式面点的基本知识，包括两小节的内容：西式面点制作的基本常识与西式面点的卫生常识。具体有：西式面点师的职业道德常识；西式面点的起源；西式面点操作间环境卫生；西式面点操作间器具卫生；西式面点师的个人卫生。要求教师通过教学，让学生形成对西式面点的基本概念和基本要求的初步认识。

第二单元：饼干工艺。本单元主要讲述有关饼干的操作实践知识，包括四小节的内容：饼干原料知识，饼干常用工具，饼干制作要点和饼干配方举例。具体有：常用的饼干制作原料，如粉类、糖、奶、干果类、油类等；认识制作饼干常用的工具及设备，包括主要工具和搭配工具；掌握饼干制作的制作流程；学习制作各类饼干，如玛格丽特饼干、手工黄油小饼、燕麦葡萄饼干、蔓越莓饼干、黄油曲奇饼干、朱古力曲奇饼干。考虑到智障学生的接受能力，前三种饼干的制作适合上学期教学，而下学期则主要教授后三种饼干的制作方法。要求教师通过教学，让学生能够独立或在教师指导下认识制作饼干的各种原料和工具，并会制作各类饼干。

第三单元：面包工艺。本单元主要讲述有关面包的操作实践知识，包括五小节的内容：① 面包概述；② 面包原料知识；③ 面包制作工具和设备；④ 面包制作核心工艺；⑤ 面包配方举例。具体有：了解面包的起源、发展、特点与分类；认识常用的制作面包的原料，如小麦粉、酵母、水、油脂、糖、蛋、乳制品、盐、食品添加剂；认识制作面包常用的工具和设备；掌握面包制作的核心工艺；学习制作各类面包，如甜餐包、豆沙包、罗宋甜面包、热狗面包卷、豆沙面包卷、肉松芝士面包。考虑到智障学生的接受能力，前三种面包的制作适合上学期教学，而下学期则主要教授后三种面包的制作方法。要求教师通过教学，让学生能够独立或在教师指导下认识制作面包的各种原料和工具，并会制作各类面包。

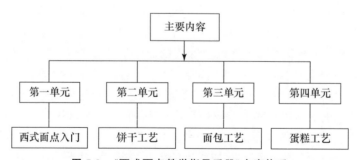

图 5-2 《西式面点教学指导手册》内容体系

第四单元：蛋糕工艺。本单元主要讲述有关蛋糕的操作实践知识，包括五小节的内容：① 蛋糕概述；② 蛋糕面料知识；③ 蛋糕制作工具；④ 蛋糕制作核心工艺；⑤ 蛋糕配方举例。具体有：了解蛋糕的概念、分类；认识常用的制作蛋糕的原料，如小麦粉、油脂、糖、蛋、乳制品、盐、食品添加剂；认识制作蛋糕的常用工具；掌握蛋糕制作的关键点；学习制作各类蛋糕，如牛奶麦芬蛋糕、巧克力麦芬蛋糕、蔓越莓麦芬蛋糕、香蕉巧克力麦芬蛋糕、原味蛋糕卷、抹茶蛋糕卷。考虑到智障学生的接受能力，前三种蛋糕的制作适合上学期教学，而下学期则主要教授后三种蛋糕的制作方法。要求教师通过教学,让学生能够独立或在教师指导下认识制作蛋糕的各种原料和工具,并会制作各类蛋糕。

(五)教材具体目录

1. 西式面点入门常识

1.1 西式面点制作的基本常识

1.1.1 西式面点起源与发展

1.1.2 西式面点的基本知识与技能

1.1.3 西式面点的职业素养与职业道德

1.1.4 西式面点常用英语

1.2 西式面点的卫生常识

1.2.1 环境卫生

1.2.2 器具卫生

1.2.3 个人卫生

2. 饼干工艺

2.1 饼干原料知识

2.1.1 面粉、糖类

2.1.2 奶、油类

2.1.3 干果类等

2.2 饼干常用工具

2.2.1 主要工具

2.2.2 搭配工具

2.3 饼干制作核心工艺

2.3.1 饼干制作原理

2.3.2 饼干制作流程

2.4 饼干配方举例

2.4.1 玛格丽特饼干

2.4.2 芝士黄油小饼

2.4.3 葡萄奶酥饼干

2.4.4 蔓越莓饼干

2.4.5 黄油曲奇饼干

2.4.6 朱古力曲奇饼干

3. 面包工艺

3.1 面包概述

3.1.1 面包的起源与发展

3.1.2 面包的特点

3.1.3 面包的分类

3.2 面包原料知识

3.2.1 小麦粉

3.2.2 酵母

3.2.3 水

3.2.4 油脂

3.2.5 糖

3.2.6 蛋

3.2.7 乳制品

3.2.8 盐

3.2.9 食品添加剂

3.3 面包制作工具和设备

3.3.1 工具

3.3.2 设备

3.4 面包制作核心工艺

3.4.1 面包制作原理

3.4.2 面包制作流程

3.5 面包配方举例

3.5.1 甜餐包

3.5.2 豆沙包

3.5.3 罗宋甜面包

3.5.4 热狗面包卷

3.5.5 豆沙面包卷

3.5.6 肉松芝士面包

4. 蛋糕工艺

4.1 蛋糕概述

4.1.1 蛋糕起源与发展

4.1.2 蛋糕的特点

4.1.3 蛋糕分类

4.2 蛋糕原料知识

4.2.1 小麦粉

4.2.2 油脂

4.2.3 糖

4.2.4 蛋

4.2.5 乳制品

4.2.6 盐

4.2.7 食品添加剂

4.3 蛋糕制作工具

4.3.1 刀具

4.3.2 称量工具

4.4 蛋糕制作核心工艺

4.4.1 蛋糕制作原理

4.4.2 蛋糕制作流程

4.5 蛋糕配方举例

4.5.1 牛奶麦芬蛋糕

4.5.2 巧克力麦芬蛋糕

4.5.3 蔓越莓麦芬蛋糕

4.5.4 香蕉巧克力麦芬蛋糕

4.5.5 原味蛋糕卷

4.5.6 抹茶蛋糕卷

（六）体例设计

《西式面点教学指导手册》是职业培训西式面点课程的教学辅助用书，手册在确保专业性的前提下，力求体现出指导性、专业性、层次性、直观性、情感性和前瞻性的特点。西式面点课程共分为四个主题单元教学，分别是：西式面点入门常识、饼干工艺、面包工艺和蛋糕工艺，预计约16节，63个主要知识点。本手册严格按照课程对应的章节顺序来编写，每一小节的教学内容共分为十个模块：教学目标、教学准备、教学重点、教学难点、教学建议、情境模拟、拓展活动、注意事项、教学小结和相关资源。本手册还配备有大量图片，实例操作过程，以及视频光盘，理论密切联系实际，对教师的教学实践有较强的指导作用。

1. 教学目标

教学目标是师生通过教学活动预期所要达到的结果或标准。本手册的教学目标主要分为总体目标和分层目标。总体目标是希望学生对所学习的内容有整体的认识，了解并能合理运用每一次课所需要的工具和原材料，为将来的学习、生活和工作打下良好的基础。分层目标则体现了"分层教学"的原则，根据不同学生的实际发展情况将目标分为基础目标和提高目标。基础目标适用于动手操作能力较弱的学生，要求学生在教师指导下能基本完成任务，教师给予较多的关注;提高目标适用于动手操作能力较强的学生,要求学生能独立完成任务,教师给予极少的关注。每一层次目标又可分为操作目标和情感目标,操作目标主要关注学生的操作技能,而情感目标则重视学生职业情感的培养,如良好的卫生习惯,爱护公物,爱岗敬业等。

2. 教学准备

教学准备要求教师每次课前都要根据教学需要准备不同的工具。对于一些存在危险的教具,如刮刀、热水器等要特别提醒学生注意安全,放置在学生拿不到的地方,并在教师指导下使用,以免学生受伤。

3. 教学重点

教学重点是教学必须达到的目标,是教学设计的重要内容。教师应根据不同学生的发展情况,要求学生能独立或在教师指导下完成任务。

4. 教学难点

教学难点是学生不容易掌握的知识或技能技巧,教学难点不一定等同于教学重点。教师在制定教学难点时,应考虑到学生的实际情况和接受程度,可根据前面制定的"具体目标"来要求不同层次的学生完成不同要求的任务。

5. 教学建议

根据教学目标的要求,教学建议可分为两部分:基础篇和提高篇。教学建议基础篇,主要针对的是动手操作能力较弱的学生;教学建议提高篇,主要针对的是动手操作能力较强的学生。每一部分内容包括学习要点、理论和实际操作三方面。

学习要点主要以图文并茂的形式简要概括需要掌握的知识要点,让学生对将要学习的内容有一个整体的印象。理论部分主要是对相关的知识点进行描述,让学生从文字上和教师的讲解中理解知识点,主要包括:名称(别名)、作用、类别、使用时的注意事项等。实际操作部分则是对理论部分的学习及时进行操作训练,加深理论学习的印象,强化学生记忆,优化教学效果。按照教学目标的要求,对不同发展层次学生的操作要求也不同,做到差异教学。

6. 情境模拟

教师设置不同的情境来进行教学。通过情境模拟,以生动形象的情境激发学生的学习热情,调动学生积极性,进一步达到教与学的统一。

7. 拓展活动

拓展活动主要是教师给学生布置的课后任务去完成。让学生结合自己的生活,在生活中去发现课堂上学习的工具和原材料,并会使用这些工具去帮助家人做些力所能及的事情,学以致用,真正实现教学与生活相结合。

8. 注意事项

教师在教学过程中很难每时每刻都关注到每一个学生,所以要时刻提醒学生注意一些事项,如不要乱碰危险性工具,安全用电,爱惜工具,讲究卫生等。学生在学习课堂知识的过程,也对学生的情感再次进行了教育。

9. 教学小结

教师通过课堂教学,总结学生在课堂上的学习掌握情况,以便对今后的教学进行改进。

10. 相关资源

教师通过查阅书籍、杂志、报纸、网络资源等,可以推荐个人认为有利的资源作为教学参考,同时也便于以后查找使用。

(七) 内容举例

学校针对西式面点课程编制了教学指导手册,包括西式面点入门、饼干工艺、面包工艺和蛋糕工艺四个领域(单元),每个大的领域又分为若干小领域,比如饼干工艺领域下分饼干原料知识、烘焙饼干的常用工具、饼干制作核心工艺等十个小领域。下面以饼干工艺领域中的"饼干制作核心工艺"这部分的指导手册为例(表5-3)。

表 5-3 《西式面点指导手册》内容举例

领域:2.饼干工艺-2.3饼干制作核心工艺				
教学目标	总目标	基本掌握饼干制作要点,了解不同的饼干有不同的搅拌方式,学会正确地烘烤及保存,养成良好的协作态度。		
	分层目标		基础目标	提高目标
			1. 初步了解饼干的种类。 2. 初步了解饼干常用的制作方式。 3. 初步了解饼干的制作要点。 4. 了解饼干制作时饼干面坯拌和法。 5. 了解饼干的烘烤。 6. 了解饼干的保存。	1. 掌握饼干的种类。 2. 掌握饼干常用的制作方式。 3. 掌握饼干的制作要点。 4. 掌握饼干制作时饼干面坯的拌和法。 5. 正确烘烤饼干。 6. 正确保存饼干。
教学准备	面粉、黄油、常用工具、配套工具、烤箱等			
教学重点	1. 饼干制作常用方式。 2. 饼干的制作要点。 3. 饼干的烘烤。 4. 饼干的保存。			

续表

教学难点	1. 正确拌和面糊。 2. 正确拌和面团。		
所需课时			
教学建议 基础篇	知识要点	理论	实际操作
	1. 饼干面坯	1.1 面糊类：油分或水分含量高，拌和后的材料湿度大，呈稀软状，无法直接用手接触，需借助汤匙或挤花袋来做最后的塑形。	1.1 面糊类练习
		1.2 面团类：拌和后的材料手感明显，较为干硬，可直接用手接触塑形。	1.2 面团类练习
	2. 饼干的制作要点	2.1 材料的准备：精确的分量。 2.2 工具的准备。	
	3. 饼干的烘烤 ……	3.1 烘烤前根据制品将烤箱预热。 3.2 烘烤过程中要注意观察成品的上色效果。 3.3 成品已达上色效果及九分熟的状态即可关火，利用余温，以焖的方式将水分烘干。 ……	

续表

	知识要点	理论	实际操作
教学建议 提高篇	1. 饼干面坯 ……	1.1 干性材料筛入打发后的奶油糊上。	1.1 面粉筛入打发后的奶油糊上。
		1.2 橡皮刮刀的刀面呈"直立状"左右切着奶油糊与粉料。	1.2 橡皮刮刀"直立状"左右切着奶油糊与粉料。
		1.3 配合橡皮刮刀的刀面呈"平面状"压材料的动作。	1.3 橡皮刮刀"平面状"压面糊与粉料。
		1.4 橡皮刮刀刮底部粘黏的材料。 ……	1.4 用橡皮刮刀刮底部粘黏的材料。

续表

情境模拟	1. 为了让制作的饼干形状一致,请你帮同学选择合适的饼干刻模。 2. 烘焙饼干的时候,有同学观察到饼干底已经着色的,可是饼干面部还是有些发白,这时,你怎么处理才能让饼干烤成金黄色又不至于烤煳呢? 3. 前几天做好的饼干有回软现象,这时我们该怎么做呢?
拓展活动	1. 练习蔬菜水果的分类保存。 2. 去相关超市做一次社会实践,找找有哪些饼干并阅读相关说明。
注意事项	1. 学生使用工具时要轻拿轻放。 2. 注意安全,正确使用各类工具。 3. 面点工具不得使用于面点制作之外的任何用途。
教学小结	学生实际掌握情况 课堂反思与改进
相关资源	1. http://blog.sina.com.cn/s/blog_553b329e0100ncbe.html 2. 参考书籍《孟老师的100道手工饼干》(孟兆庆著,辽宁科学技术出版社,2009年出版)

(八)课程实施

1. 教学方法

(1)通过西式面点制作的教师讲授、示范和学生练习,使学生做到以理论指导实践,以实践验证理论,把对常见面团调制、成形技法、制作工艺作为本课程的中心内容和主要要求。

(2)作为西式面点专业的一门专业课程,应该较全面地概括面点制作的基本理论和制作技术,教会学生能动手制作具有代表性的面点品种。

(3)在教学过程中要结合学生具体情况,对讲授顺序、课时分配和教学方式等应灵活掌握。

(4)教学活动应体现社会实践性,运用参观学习等多种活动,教学内容及方法丰富化,以提高学生的兴趣和积极性。

(5)教学过程中合理安全地使用各种工具,确保学生操作的安全性。

(6)教学中养成良好的卫生习惯和安全意识。

(7)西式面点课在注重个别差异、个别化分组教学的同时,要促进学生群体性的发展。

(8)建立社会化课堂实践活动基地。充分运用各种设备、场所,为学生创造实际操作机会及实习机会,学生定期在实习基地中进行实践学习,促进社会化发展。

2. 评估建议

首先,建立智障学生个人档案。选择适合于智障学生的评估工具,对智障学生的基本情况如智力、身体健康状况、适应能力、心理健康水平、动手操作能力、个性特点等方面进行评估。记录学生的技能训练过程,重视效果评价。对每一项技能发展内容,分阶段制定量化评估标准。其次,西式面点课的评估主要分为基线评估、阶段性评估、总结性评估。根据课程的特点选择合理的评估方式,在此基础上完成国家初级面点师职业资格证书的认定。具体评估内容和方法见《智障学生职业教育模式》①一书第七章相关内容。

3. 功能教室建设

西式面点教室位于学校职业教育教学部二楼,设备完善,包括发酵箱、烤箱、搅拌机、压面机、冰箱、消毒柜、微波炉、电磁炉、打蛋器、台秤等。教室采取功能分区,分为材料区、设备工具区、学生操作区、烘焙区和成品展示区等五大区域,主要对职业高中西式面点专业的智障学生进行教学。功能教室的建设为学校职业高中学生的技能实操提供了场地和条件,寓教学于实践,重视学生操作能力的培养,提升他们的职业技能技巧,体现职业训练的价值。通过学生在实训基地工作的表现,教师可对职业训练的课程与教学进行反思,总结成功的经验,也要发现工作中存在的误区,及时调整和改革课程教学,以使学生的职业技能训练取得更好的效果。

(九)研究成果

在西式面点课程开发过程中,深圳元平特殊教育学校职业教育部教师积极参与课程标准的制定及教学指导手册的编写,同时加大了对科研工作的投入,很多教师的专业技能提升的同时,科研水平也得到了锻炼和提高。其中,在西式面点课程开发中,吕璐云老师的《智力障碍学生西式面点课程初探》获得北京师范大学教育研究所主办的"特殊教育教师专业发展"研讨会优秀奖。

案例 5-2

智力障碍学生西式面点课程初探②

深圳元平特殊教育学校　　吕璐云

我国一向重视残疾学生职业教育的发展,通过制定一系列的政策法规来保障职业教育的开展,如2011年3月新发布的《中华人民共和国国民经

---

① 黄建行,雷江华.智障学生职业教育模式[M].北京:北京大学出版社,2011.
② 黄建行.教育·康复·职业训练相结合办学模式实践成果集(上)[C].深圳:海天出版社,2012:357-361.

济和社会发展第十二个五年规划纲要》,2010年7月发布的《国家中长期教育改革和发展规划纲要(2010—2020)》,1998年通过的《特殊教育学校暂行规程》等都提出要加强残疾学生职业技能和就业能力培养,大力推进残疾人职业教育,加强对学生的职业道德教育和就业指导工作等。此外,还阐述了先进的特殊教育思想,符合特殊教育的基本规律和特点,遵循智力障碍学生的身心发展规律,符合构建和谐社会的相关要求,为学生的全面发展奠定基础。我校在充分考虑社会需求、社会发展、培智职业教育的发展及学生身心发展特点等方面的基础上,开设了西式面点课程。

一、西式面点课程的特色及初效

西式面点课程是以教授职业高中智力障碍学生有关西式面点的概念及制作原则为基础,以教授学生典型西式面点的制作技艺,训练基本点心的操作技能为主要任务的一门课程。它主要学习烘焙基本原料,工具模具的认识与使用,掌握蛋糕类、面包类、饼干类等西式面点的制作,是一门以帮助学生获得积极的实践体验,形成良好技术素养,以操作性学习为基本特征的课程。本课程重视理论知识性与技能性相结合,突出挖掘学生潜能、强化学生技能、拓宽就业渠道,以智力障碍学生的生活、生存、发展为基础,具有很强的综合性,兼有基础文化课程、劳动技术教育和职业教育的特点,也兼有学科课程、综合课程和活动课程的特点。目前学校有专门的西式面点专业教室,并配备较完善的设备设施,在教学中始终体现"以就业为导向,以能力为本位"的原则。从小处着手,重点培养学生职业能力的养成教育,形成良好职业行为的规范认识。所授内容来源于生活,服务于生活。通过几年的西式面点专业的训练,目前共有14名学生取得了深圳市劳动局颁发的初级西式面点师资格,有两名同学分别在深圳香格里拉酒店、沃尔玛的西点部顺利就业。同时,为了拓展学生的实践操作能力,除了学校安排的定点实习外,西式面点班的学生还承担起我校茶吧的小点心制作,做到真正的学以致用,服务于人。

二、促进智力障碍学生西式面点职业能力形成的教学策略

(一)坚持强化训练,体现分步教学

1. 循序渐进地单元式、密集化训练

智力障碍学生的观察力、记忆力、抽象思维能力都较为低下,知觉的有意性、选择性、精确性差,这就决定了他们的职业技能教育必须采取由易到难、循序渐进的方法。教师要在学期初设计好教学目标和程序编排,从技能

基本功教起,逐渐增加学习的广度和难度,不能让学生在没有任何基础的前提下直接去掌握技能。采取个体教学法和强化训练,使学生逐渐掌握技能。在教学过程中对每个具体内容进行适量的分解设计,提倡小步子、大循环的学习模式。以黄油曲奇饼干制作为例,这一部分的学习内容可分为以下几步:第一步,工具的准备;第二步,材料的准备;第三步,面糊的调配顺序;第四步,曲奇饼干成形的挤制;第五步,曲奇饼干的烘烤;第六步,曲奇饼干的装盘;第七步,清洁整理。每一步又分为不同的学习环节,如第一步工具的准备中,包括学生工作服的穿戴,个人卫生的达标,选取本节课需要用到的一些工具,并对工具进行清洁消毒等。第二步则按成品的配方进行材料的称量、面粉过筛、黄油融化等相关内容。第三步则是按科学的方法进行面糊的调配,并将面糊装入裱花袋中。如上所述将每一步都进行更细致的分解。并根据学生的掌握情况进行选取,确定每个学生学习的重点及难点,循序渐进地训练学生掌握技能。针对智障学生适合密集性训练的特点,采取密集化的训练策略。在一定时间内反复训练同一类产品,从时间和数量上加大学生训练的强度及力度。

2. 创设"职场化环境",倡导协作态度

西式面点课程不仅仅是让学生接受职前培训、为就业做准备的一门课程,更是学生职场生活的一个起点。加强学生的流水线训练及合作协作的学习态度能提高学生技术的掌握能力。教师要深入一些西式面点的加工车间,了解员工的具体分工,操作时的基本要求。例如,我们用了大量的时间对学生进行操作间的整理及个人卫生要求的一系列训练;在制作每样产品的时候,学生之间也有具体的分工,有些负责材料的准备,有些完成面糊的制作,有些负责烘烤,还有一些学生则是完成西式面点专业教室的卫生清洁,下一阶段再做相应的调整。学生们在这种模式下通过协作,共同掌握学习内容,体验成功的快乐,让西式面点课程成为充实自我的多姿多彩的一种学习。

(二) 坚持差异教学,体现分层教学

智力障碍学生由于其障碍程度、类型的不同,个体差异也极为明显,就算同年龄段的智障学生其能力发展水平也存在个体差异。教师要在差异教学理论的指导下对学生的整个学习过程进行教学。

1. 为每个学生制定具有挑战性、差异性的教学目标

针对不同能力发展的学生,对他们的要求也不同,主要体现在具体操作

中,每一个学习内容都有具体的总目标和分层目标,总体目标是希望学生对所学习的内容有整体的认识,分层目标则体现个别化差异和个别化教学,教师对学生给予不同的关注。比如在教学生认识电子秤时,对不同能力的学生进行分组教学要求,可把学生分为三组:A组学生操作能力较强,要掌握电子秤的具体称量及清洁;B组学生操作能力一般,需在教师指导下完成称量及清洁;C组学生操作能力较弱,要完成电子秤的清洁与摆放。

2. 为每个学生制定不同的学习内容及学习方法

提供可供智力障碍学生选择的、多样的学习内容;考虑不同学生的发展差异,教师注重多种教学方法灵活运用,并为学生提供不同的支持,照顾学生的差异。例如,在学习饼干面胚的制作时,教师给不同层次的学生选择不同的工具,动手操作能力强的学生直接在面案上完成面胚的擀制,一部分学生在操作时,成形效果较差,就借助保鲜袋,将面糊装入保鲜袋内,利用保鲜袋的四个角来固定面团,通过这样的训练也能让学生掌握饼干面胚的擀制。学习内容的不同还体现在教师在一个单元内容的选择上会针对不同层次的学生有所区别。例如,A组学生独自利用裱花袋完成曲奇饼干的挤制,教师只是给予相应的提示;B类学生由教师准备好装有面糊的裱花袋,学生完成练习;C组学生因肢体的不协调,就练习利用模具完成饼干的刻制。这样让每个学生都有针对性的训练。学生通过一段时间的学习,通过观察记录,评定学生的能力现状再做出相应的调整。

(三)坚持兴趣教学,突出学生成功体验

1. 合理利用工具,提高学生学习效果

工具是为了完成教学内容而创设的辅助教学用具,可帮助学生较好地完成相关的操作,体验到成功的喜悦。合理的工具运用提高了学生动手、制作、体验的能力。一般说来,学生对制作蛋糕的兴趣较浓,但实际上一个单元学习下来学生的成效并不明显,考虑到蛋糕的制作对技术要求比较严,教师尝试让学生制作麦芬蛋糕。同学们只要将拌好的面糊放入蛋糕纸托里去烘烤就可以了,为此,教师专门去市场上选购了一些同学们喜欢的纸托,吸引学生的注意力。最后经过训练,西式面点班的八名学生都熟练地掌握了麦芬蛋糕的制作。

2. 展示成果,全面评估

学生经过自己的努力所产生的劳动成果,最希望得到大家的认可、老师的赞许。给学生一个展示成果的机会,使学生的成就感得到满足,有利于激发学生学习的积极性。西式面点专业的学生除了平时的学习,还承担起学校茶吧的小点心制作的任务,用来接待来校参观的朋友,通过各种活动展示自己的才能。所谓全面评估是指评估时既要检查学生对具体产品技能掌握的情况,又要重视学生协作的职业态度。如:教师在指导学生学习具体西式点心制作时,不仅要看到学生技术的掌握与进步,及时给予表扬和鼓励,还要婉转地指出存在的不足和纠正方法,并要评价学生在学习中的态度,对学生在训练过程中的表现,教师应加以指导和帮助,评估中还要先表扬、多表扬,后指出不足,少批评,渗透思想教育,确保学生健康发展。

三、学生学习效果

通过西式面点专业课的学习,大部分学生的生活自理能力、职业就业能力有了较明显的提高,做事细致有条理,对职场环境也有了初步的体验与熟悉。自从学校西式面点专业课程开设以来,先后有三十多名学生通过市劳动局组织的初级西式面点师资格考试,并取得初级西式面点师资格。深圳市香格里拉大酒店、沃尔玛等许多企业也吸纳了本专业学生就业。

四、存在的问题及改进

(一)实习基地的建设

实习基地是职业培训的基础,是学生掌握职业技能的重要场所。可以说,没有基地的职业学校不是完善的职业学校。建立实习基地,能让学生在实习过程中,接触社会,增长才干,巩固和提高职业技术和技能,学校在校内设置实习基地,如在学校食堂参加西式面点的辅助制作,提供一切条件使学生尽可能地把所学的知识和技能运用到生产实践中去,在实践中提高操作能力,提高参与职业准备能力。

(二)职业培训需要家长的进一步支持

职业培训一定要与家长合作,向家长宣传职业培训的重要性,使家长懂得,智力低下的孩子也要掌握必要的知识技能,他们是有成才希望的,教师一定要使家长恢复对孩子的信任感,增强家长的自信,让他们对孩子重新建立起希望。同时也要求家长要像老师一样,一方面做好子女的思想工作,另一方面要创造条件支持、帮助、监督、鼓励子女,认真完成职业培训的学习,师生家长一起努力一定会收到事半功倍的效果。

(三)教师专业技能的提高以及人员的配置

在智障职业高中课程中,西式面点是一门较新的专业,而且也是一门很有发展前景的专业。这就对教师的专业技能提出了较高的要求。一方面学校要聘请专门的教师教学,定期请酒店或专门面点房的师傅来学校传授经验,指导教学工作;另一方面还要给予足够的人员配置,保障课程的教学效果和学生的教学安全,特别是一些较难的操作步骤还需要进行"一对一"专门教学。在涉及较危险工具的使用时,如需要用刀切割面团,使用刀具时,要特别注意学生的安全,尤其不能使用危险性工具打闹。

五、结论

开展职业培训是智障学生获得公民劳动权利的保障,1971年12月20日,《联合国大会决议案》第2856号第3条规定:"智力落后者有权得到经济保障,过体面的生活;有权就其最大的能力程度,从事生产工作和其他职业。"目前我国智障学生的就业还比较困难,但职业培训对智障学生有着重要的意义,它不仅有利于学生身心健康的发展,培养他们劳动技能和职业道德,而且还有利于他们回归主流社会,过正常人的生活。西式面点课作为职业智障高中的一门课程,它使每一位学生的生活能力、职业能力与职业品质、社会适应能力、就业能力都得到提高,潜能得到了不同程度的开发,学生的生活质量和生活满意度有了较大的改善,有利于学生的长远发展,真正体现职业培训的宗旨:以就业为导向,以能力为本位。

二、案例二:插花艺术

插花艺术课程是针对轻、中度智障学生和听障学生而开设的专业技能类课程,主要学习各类花束、胸花的制作、花车、花房的装饰。插花艺术课程是一门知识性与技能性相结合的工具课程,具有很强的综合性,兼有基础理论、插花技术教育和职业教育的特点,也兼有学科课程、综合课程和活动课程的特点。

(一)课程指导思想

1. 贯彻终身教育观

终身教育是指"个人或者集团为了自身生活的提高,而通过每个人的一生所经历的一种人性的、社会的、职业的过程"。终身教育的重要目的之一是追求人性的完美与人生真正价值的实现。职业教育是终身教育的有机组成部分,因此对职业教育目的的界定需置于终身教育的理念下进行审视。基于此在插花艺术的课程目标设置时坚持终身教育的理念,不仅仅着眼于学校阶段学生的职业知识和技能的发展,更加注重个性发展的连续性,突出教育与生活相结合。加强课程内容与未来社会的职业需求之间的联系,重视特殊学生操作能力和应用能力的培养,为他们职业发展和未来生活打下良好基础,体现终身教育观的基本要求。

2. 注重职业能力的培养

职业教育必须把培养学生的职业知识和职业技能放在首要位置,学校职业教育的课程明确提出"以能力为本位"的设计理念,以学生的基本劳动能力和生活适应能力为基础,以职业素质和职业能力为主线,培养适应社会发展的初中级复合型实用人才。在专业课程中体现理论与实践相结合,课堂教学与培训实习相结合。插花艺术是学校职业教育课程的一门专业技能课程,因此在课程目标和课程内容设计时注重学生问题解决能力和职业技能的培养。课程内容分为理论和实践部分,并重点突出实践操作的内容。以初级插花员应具备的职业素养来培养和要求学生,通过插花艺术的培训,平等地参与社会竞争,参加全国统一的职业资格考试,从而为培养智障学生平等参与社会、融入社会提供了可能。

(二)课程目标

1. 总体目标

插花艺术课程的总目标是通过训练使学生掌握初级插花员的基本理论和技能,教给学生基本的插花技能和职业道德,培养学生对插花艺术的热爱,对花卉的喜爱,提升到对大自然、对生命的热爱,从插花艺术体验生命的真实与灿烂;树立正确的插花员职业道德,端正职业态度,挖掘自身最大潜力,自强自立;掌握插花员职业技能,为将来从事插花工作或开花店打下良好的基础。

2. 具体目标

(1)知识目标

① 能理解掌握《中国劳动社会保障部初级插花员职业资格培训教材》的基础知识内容。② 掌握插花理论基础:色彩理论,插花概念及流派,常用花材的基本知识,插花器皿、工具、辅助材料,鲜花的养护和保鲜,艺术插花造型的比例,插花作品的陈设和摆放,礼品包装知识等。③ 掌握各种对称式构图(如半球形、圆球形、水平椭圆形、直立椭圆形、等腰三角形、圆锥形、倒T形、扇形等)的基本型和花篮、花束的插制方法,以及丝带花、胸花、头花、手腕花的制作方法。④ 了解花店的运作和工作要求。具体包括:花店的运作,如花店选址、营销技巧、品牌店的打造等;花店的接待礼仪,如接待用语、仪态仪表、接待洽谈的技巧、顾客心理学等;花艺制作、商品陈列、橱窗设计,如根据顾客要求完成各种花品设计;网络花店的开办、运行;免费接单业务、外地转单业务、转单平台运作;等等。

(2) 技能目标

① 具备良好的插花专业职业素养和职业习惯；② 熟练掌握插花工具的安全使用、清洁和维护；③ 掌握插花花材、叶材、辅材的选择、使用和质量鉴定技巧；④ 较好地掌握各种对称式构图的基本型和花篮、花束的插制方法，以及丝带花、胸花、头花、手腕花的实操制作技能；⑤ 掌握《初级插花员职业技能鉴定考试》的职业技能模块，能够通过全国初级插花员考试，取得初级插花员资格证书；⑥ 能够完成花店店员的基本工作：如顾客接待洽谈，根据要求完成各种花品设计，商品陈列等。

(3) 职业道德情感目标

① 树立良好的职业道德观，端正职业态度；② 培养爱岗敬业、勤奋积极的工作态度；③ 养成正确的工作价值观，做到乐于劳动、团结协作、共同分享；④ 努力尽力、自强自立，具有竞争意识和竞争能力，适应职场工作。

(4) 插花员职业应用能力目标

① 熟悉面试技巧，会填求职表，增强就业的能力；② 养成良好的劳动习惯，具备一定的社会适应和职业适应能力，达到适应岗位工作的水准；③ 熟悉插花员职能，熟悉插花服务业的各种技巧；④ 学会生存、学会就业、学会服务；⑤ 符合插花员的工作标准，规范从业，持证上岗。

(三) 课程内容

初级插花员应当掌握的理论知识部分如色彩理论、插花概念及流派，常用花材的基本知识和插花器皿、工具、辅助材料，鲜花的养护和保鲜，插花的方法及步骤，艺术插花造型的比例，插花作品的陈设和摆放，花店经营等。

初级插花员应当掌握的技能操作部分，主要包括各种对称式构图（如半球形、圆球形、水平椭圆形、直立椭圆形、等腰三角形、圆锥形、倒T形、扇形等）的基本形和花篮、花束的插制方法，以及丝带花、胸花、头花、手腕花的制作等。具体内容如下：

1. 理论知识部分

1.1 色彩理论

1.2 插花概念及插花流派

1.2.1 什么是插花艺术

1.2.2 插花分类

1.2.3 插花流派

1.3 花材的基本知识和插花器皿

1.3.1 花材的种类

1.3.2 花材的选择

1.3.3 花语寓意

1.3.4 花材的整理与加工的基本技巧

1.3.5 插花的器具及辅助材料

1.4 鲜花花材的养护及保鲜方法

1.5 插花的方法与创作步骤

1.5.1 插花的方法

1.5.2 插花的创作步骤

1.6 艺术插花造型的比例

1.6.1 主枝和花器的比例

1.6.2 主枝之间的比例

1.6.3 作品整体高度、宽度和厚度的比例

1.7 艺术插花造型的步骤

1.7.1 对称构图与不对称构图

1.7.2 轮廓（骨架）的插作

1.7.3 焦点花的插作

1.7.4 补充花、叶

1.8 插花作品的陈设摆放

1.9 开花店

1.9.1 开花店前心理准备

1.9.2 花店投资的风险规避

1.9.3 技术准备

1.9.4 花店选址

1.9.5 花店定位

1.9.6 进货渠道

1.9.7 资金预算投入

1.9.8 花店取名

1.10 合同签订

1.11 营业执照办理

1.12 成本利润核算

1.13 销售技巧和营销方法

2. 实际操作

2.1 对称构图在插花中的基本应用

2.1.1 半球形

2.1.2 圆球形

2.1.3 水平椭圆形

2.1.4 直立椭圆形

2.1.5 等腰三角形

2.1.6 圆锥形

2.1.7 倒 T 形

2.1.8 扇形

2.2 丝带花的制作

2.2.1 双波浪结(平浪结)

2.2.2 花球结(自由结)

2.2.3 元宝结(八字结)

2.2.4 法国结

2.3 胸花的制作

2.4 头花和手腕花的制作

2.5 对称构图在花篮中的应用

2.5.1 半球形花篮

2.5.2 水平形花篮

2.5.3 等腰三角形花篮

2.5.4 扇形花篮

2.6 对称构图在礼仪花束中的应用

2.6.1 螺旋花束

2.6.2 倒梯形花束

2.6.3(四面观)半球形花束

2.6.4(单面观)三角形花束

2.6.5(单面观)扇形花束

2.6.6 婚礼花束

2.6.7 丧礼花束

(四)课程实施

1. 教学内容

目前插花艺术校本教材正在开发过程中,教学内容基本由任课教师按照校本课程标准的要求,结合学生的发展水平,制定学期教学目标和教学计划。表 5-4 是深圳元平特殊教育学校插花专业课程教师李碧珍老师所制订的学期教学进度计划表,以两个月为一单元,内容包括学期教学目标、每单元的教学重点及每周的主要教学内容等。

表 5-4　深圳元平特殊教育学校职业教育教学部教学进度计划表

科目：__智障插花专业__　　　　授课教师：__李碧珍__

本学期教学目标		初级插花员鉴定大纲
3—4月	教学重点	初级插花员鉴定大纲 理论部分内容
	每周主要教学内容	插花员职业道德
		插花基础知识、插花相关知识
		接待客人的技巧
		礼品包装技巧
4—5月	教学重点	对称式构图的插花　理论＋实操
	每周主要教学内容	30种花材的认识　理论
		常见花材的整理与加工　理论＋实操
		对称式构图（三角形、半球形等）　理论＋实操
		对称式构图（倒T、L、水平型等）　理论＋实操
5—6月	教学重点	实操
	每周主要教学内容	对称式构图形式的制作（三角形）实操
		对称式构图形式的制作（半球形）实操
		对称式构图形式的制作（倒T、L型）实操
		对称式构图形式的制作（水平型）实操
6—7月	教学重点	制作圆形手捧花束　理论＋实操
	每周主要教学内容	能对花束进行简单的包装　理论＋实操
		常用丝带花的制作、叶片的编织　理论＋实操
		胸花制作　理论＋实操
		花篮制作　理论＋实操
		复习本学期内容

2. 教学原则

"插花艺术"课程是一门包括插花基础知识、技能操作、职业道德等综合性很强的学科,课程的主要目标是使学生掌握基本的插花技能,具备基本的职业道德,使其将来能够从事相关的职业,自食其力。因此插花艺术课程的教学需要遵循的原则是：注重教学内容的操作性和实践性,重点培养学生的操作技能；在教学中努力体现学科的综合性；教学中运用现代多媒体手段,提高教学效率,也有利于提高学生的学习兴趣,达到提高教学质量的目的；教师要充分掌握每个学生的学习基线能力和最高发展水平,因材施教,合理应用个别化教学理念,使每个学生得到最大限度的发展；紧密联系学生实际能力、工作需求和国家职业资格考试的要求,将全国插花员初级考试作为教学和复习巩固的依据之一。

案例 5-3

《包圆形花束》教学设计

深圳元平特殊教育学校　李碧珍

[教学内容]

这是一次实践操作练习课,通过包圆形花束的练习,让学生体验花束的制作过程。

[教学对象]

教学对象主要是智障职业高中三年级中度学生,共6人,平均年龄18岁,智商在40—55之间。大部分学生粗大动作能力较强、精细动作能力较弱、手眼协调能力较差,通过学习能在教师指导下完成相关操作。结合本节的教学内容,可以将学生按能力分成两组。

A组:能独立完成包圆形花束。

B组:在教师指导下完成包圆形花束。

[教学方法]

1. 激励教学法。在教学中,引入吴同学获奖实例,设置情境,引起学生对包圆形花束操作的兴趣,让他们在快乐的教学过程中掌握操作要领。

2. 分组教学。根据不同智障学生的操作能力,把学生分为两组教学,第一组学生能独立完成教师分配的任务,第二组学生则要在教师指导下完成。

3. 现场示范法。在教学过程中,教师把圆形花束的包装现场示范一遍。

4. 竞赛教学。通过竞赛,看哪个同学包的圆形花束又快又好,评选出优胜者,并给予奖励。

[教学目标]

一、技能目标

A组学生:

1. 掌握包花束所用花材的名称和所需材料。

2. 掌握打螺旋角、包玻璃纸、包包装纸等的方法。

3. 学会独立包圆形花束的包装,自主搭配主花、辅花与包装纸等。

B组学生:

1. 知道包花束所用花材的名称和所需材料。

2. 基本学会打螺旋角、包玻璃纸、包包装纸等。

3. 学会包最简单的圆形花束。

二、情感目标：知道赠人玫瑰手有余香,能关心他人,互相帮助。
三、职业道德目标：努力尽力,自强自立！
1. 知道花语寓意。
2. 勤快干活,不怕辛苦。
3. 团结协作。
[教学重难点]打螺旋角
[教学准备]
1. 主花：玫瑰、百合等。
2. 辅花：黄樱、满天星等。
3. 包装纸：各色波纹纸、玻璃纸、拉花等。
4. 工具：打刺器、枝剪、剪刀、透明胶、喷壶、订书机等。
[教学过程]
一、激励导入

上课！我们插花艺术专业的理念是送花表达浓浓心意,插花表现无穷创意,简称花意。今天非常高兴和三(1)班的插花员一起来学习包圆形花束。同学们包好的花束可以送给听课的老师,也可以送给你喜欢的老师,走读的同学可以带回去送给妈妈。那么李老师这束花也想送出去,送给我们班的吴同学,吴同学曾在特奥会上拿过金牌,为中国、为深圳、为学校、为班级争了光,我们给他献花,表达我们深深的祝福和感谢吧,下面有请特奥游泳冠军吴同学上来接受献花……同时李老师也希望我们同学除了体育能获奖以外,也能去参加插花的比赛,捧回来插花的奖项,每年深圳专业技能大赛、深圳插花协会、文博会都有插花比赛、插花表演,同学们好好练插花技能,我们也去参加插花比赛,好不好？那我们就要好好努力了,一起喊出我们的口号：努力尽力,自强自立！李老师还知道有一部分同学马上就要去实习了,很快就要毕业了,也借这束漂亮的花祝愿同学们实习取得优秀成绩,毕业后成功就业。

二、介绍包圆形花束的材料
好的,回到我们的包花束现场。
1. 首先让我们一起来认识一下主花：这是什么花？
百合花,百合花有什么花语？
百合的花语一般是指百年好合,不过你也可以自己创新一下,你想送给别人什么美好的祝福都可以,比如送给老人可以说长命百岁,送给小孩可以说祝你考试100分。健康百分百,开心百分百,只要和百相关都可以。一般包花束的时候要把百合花花蕊上的花药去掉,怕它的花粉弄脏衣服。

这是什么花？玫瑰，玫瑰的花语是我爱你，三枝代表我爱你三个字。11枝：一心一意，一生一世。19枝：长长久久。这次同学们可以包11支也可以包19支，有兴趣的同学可以把所有的玫瑰花包成一束大大的99朵玫瑰花束。99朵那是很大很壮观的一大束，很重的，谁能打99朵玫瑰花束那他的包花束的水平就很了得了，加油啊！

2. 接着再来认识一下辅花，辅花有：黄樱、满天星。

3. 那么今天我们要用到的包装纸有：各色波纹纸、彩棉纸、玻璃纸、拉花等。让我们来玩一个奇迹之门的游戏，来请一个同学上来，一拉就变成这样了，好玩吧。

4. 要用到的工具有这些，我拿一样，你们抢答啊，看谁答得又快又对。（打刺器、枝剪、透明胶、剪刀、订书机、喷壶）

三、包圆形花束的方法步骤

下面我们重点来学习圆形花束的包装方法与步骤。

1. 准备花材

A 打玫瑰刺：（请学生演示打玫瑰刺）要垂直拿好，一下滑下来，注意把刺除干净，否则包装的时候会刺到手。

B 整理清除不要的下段枝叶：（请学生演示整理黄樱）包花束的花，在我们手握的下面要清理干净，一片叶子也不留。

2. 打螺旋角

（教师示范）按主花、辅花，再主花、辅花，依序抓成螺旋花束。打这个螺旋角是包花束的重点，就是把花枝按顺时针方向斜着放入，旋转，逐步排列成圆形螺旋状，注意花枝的放入必须是统一方向，边斜着加入边螺旋。这样花脚才不会打交叉，才能固定牢固，等一下剪了花脚，花束还能站立。能站立的花束才可以。打螺旋角的时候要注意花头的高度基本要在一个圆弧面上，黄樱要比花矮，突出漂亮的花。

3. 包扎固定

调整圆弧花面后，用胶带固定，注意绑紧一点，以后的包扎点都在这儿，记住包扎点就一个，一直都在这个位置包扎。

4. 剪齐站立

把枝脚下端剪齐。把花束站立在桌面，能站立的才算合格的。脑瘫的李同学刻苦练习打螺旋角，经过多次练习，终于有一次花束站起来了，她非常激动兴奋："站起来了，站起来了……"

5. 包玻璃纸

用玻璃纸包下端枝脚。包的时候注意还要保留螺旋角这个张开度，不能握实了,另外还要注意包扎点还在刚才那儿。玻璃纸兜住水可以给花束提供水分。

6. 包包装纸

依自己想要的风格和感觉来配包装纸的颜色,选想要的两张包装纸包装。注意包扎点还在刚才那儿。人靠衣装,花束也一样,穿上漂亮的"裙子"花束小姐就更美了。

7. 系蝴蝶结

系上蝴蝶结。注意包扎点还在刚才那儿。绑扎的蝴蝶结与拉花蝴蝶结在同一侧。

8. 给花注水

用喷壶给花注上水,喷水。示范喷壶的使用方法。

圆形花束做好啦,可以送给你想送的人啦!下面就请你们自己动手吧。

四、学生自行实际操作

学生开始自行实际操作包圆形花束,期间教师巡视,并对有困难的学生进行个别指导。

[教学小结]

(一)包圆形花束的包装步骤:

1. 准备花材 2. 打螺旋角 3. 包扎固定 4. 剪齐站立

5. 包玻璃纸 6. 包包装纸 7. 系蝴蝶结 8. 给花注水

(二)比较一下谁包的花束最漂亮:在每个同学包的花束旁放上该同学的作品标签牌。选出最漂亮的花束。

(三)思想品德教育:赠人玫瑰手有余香,给别人送去祝福,收花的人开心,送花的人也很开心。在平常的学习生活中要关心他人,帮助了别人自己也觉得很快乐。

(四)职业道德教育:包花束的时候手握着花很重很累,要能吃苦;玫瑰刺有可能刺到手指,要小心,刺到也问题不大,不能说我不干了;不论是实习还是到社会工作,干活都勤快,收拾工具、花房,打扫卫生等年轻人要多做一点,要有团结协作的精神。

最后让我们用我们的专业口号结束本次课:努力尽力,自强自立!下课!

[教学反思]

教学目标实际完成情况	大部分同学掌握包圆形花束的技能,有4个同学按A组标准包好圆形花束,有两个同学按B组标准包好圆形花束					
教学时间安排	本次课按两节课连上是比较合适的					
学生掌握情况（学生名单）	掌握情况＼学生姓名	完全掌握	基本掌握	部分掌握	在教师协助下完成	完全不能掌握
	吴同学	√				
	马同学	√				
	杨同学	√				
	肖同学	√				
	曾同学			√		
	魏同学			√		
教师小结	学生学习态度比较积极,能认真听课,勤动手操作,所学知识与技能掌握得比较好。吴同学动手能力最强,包得最快最好;马同学属自闭症学生,操作接受能力较强,手感非常好,操作技术掌握很快;唐氏综合征学生肖同学爱操作、勤练习;脑瘫学生杨同学态度认真,进步很大。 　　通过实操,两组学生能较好地掌握包圆形花束的技能,在教学过程中要时刻提醒学生怎么正确地打好螺旋角,通过竞赛教学的方式,加强了学生学习的兴趣,同时也为其他同学树立了学习的榜样。 　　学生整体掌握较好的知识有:常见插花工具,记住工具名称和会使用插花工具;常见花卉的花语。 　　打螺旋角的技能还需要多练,熟才能生巧,提高包花束的速度和美观程度。 　　整节课课堂宽松愉悦,漂亮的花束,美好的祝愿,师生都很喜欢上鲜花插花课,虽然买花、打玫瑰刺、打螺旋角、包好花束,个个手都酸了,不过大家非常开心。还有的手被玫瑰刺刺破了,流血了,也不哭,都很坚强。					

3. 教学评估

插花艺术作为学校职业教育教学部门的课程之一,其课程评价与其他职业训练类课程保持一致。坚持生态评估、功能性评估和过程性评估观念,采用量化评估和质化评估相结合的评估方法,在评估内容上既包括对学生基本素质的评估,更加重视学生职业素质评估,即对其插花艺术的职业知识、职业技能和职业道德的评估。具体的评估方法见深圳元平特殊教育学校"特殊学校教育•康复•职业训练丛书"中《智障学生职业教育模式》[①]一书第七章相关内容。

[①] 黄建行,雷江华.智障学生职业教育模式[M].北京:北京大学出版社,2011.

评估目的是全面考察学生的学习状况,激励学生的学习热情,促进学生的全面发展,同时,评价也是教师反思和改进教学的有力手段。深圳元平特殊教育学校对插花艺术课程的评估需坚持以下原则:

(1) 注重对学生专业学习的过程评估。对学生学习过程的评价,包括参与教学活动的程度、自信心、合作交流的意识,以及独立思考的习惯、思考的发展水平等方面。

(2) 恰当评估学生的基础知识与基本技能,不能忽略学生的基线能力和最高发展水平。对基础知识和基本技能的评估,应遵循《插花员初级操作员培训教程》的基本理念,以本学段的知识与技能目标为基准,考查学生对基础知识和基本技能的理解和掌握程度。

(3) 重视对学生操作能力、动手能力和解决实际问题能力的评估,可将是否通过职业资格考试作为评估的重要依据。

表 5-5 深圳元平特殊教育学校职业教育教学部教学计划反馈表

科目:插花艺术　　授课教师:李碧珍　　时间:2010-9-30

9月	教学重点	了解插花的含义和常用工具
	每周主要教学内容	插花艺术的含义;为什么要学?怎样学好插花艺术?
		常见插花工具,记住工具名称和初步学会使用
		插花的器具及辅助材料
		部分花卉的花语;花材的分类;花材的整理与加工
教学目标实际完成情况		已顺利完成
教师小结		R职三(1)、三(2)、R职二(1)、二(2)班学生70%的学生学习态度比较积极,能认真听课,认真做笔记,勤动手操作。对所学知识掌握得比较好。 30%的学生接受能力比较弱,对所学内容容易遗忘,回答不上所提问题。 整体掌握较好的有:常见插花工具,记住工具名称和初步学会使用插花工具。常见花卉的花语。

4. 功能教室建设

深圳元平特殊教育学校职业教育部插花艺术教室创立于 2010 年 5 月 16 日(第 20 次全国助残日),插花艺术教室拥有心形拱形门、罗马柱、各种铁艺精品、各式花器、各种插花工具、各类仿真花材、鲜切花材等,能让学生任意构思制作。插花艺术教室分为鲜切花操作包装区、仿真花作品制作区、鲜花作品展区、仿真花作品展区、贺卡制作区、插花作品摄影区等。通过对功能教室进行区域划分,明确每一区域的作用以及物品的摆放,规范学生的行为,确保教学有条不紊地进行。

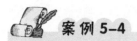

案例 5-4

插花艺术教室规章制度

（1）严格执行学校有关安全工作制度，牢固树立"安全第一"的观念。

（2）专任教师必须认真有序地组织教学，不得离开现场，杜绝安全事故的发生。

（3）落实有关防火措施，杜绝一切火源，室内严禁吸烟。

（4）离开教室时，必须切断总电源，关好门窗。

（5）学生要积极配合教师搞好环境卫生。定期打扫、通风、换气，做好防潮、防蛀、防霉工作。

（6）每次使用前，专任教师须认真检查设备、器材，如果发现问题，应立即停止使用，并及时上报总务处维修。

（7）禁止其他人员私自进入或擅自使用有关设备、器材。

（8）专任教师负责做好设备、器材登记工作，注意妥善保管，避免固定资产流失。

知识小卡片

中华人民共和国插花员国家职业标准（2002年9月29日）①

一、职业概况

1. 职业名称：

插花员

2. 职业定义：

通过艺术构思和加工，将不同的花材（鲜花、干花与人造花）及配材插制成花卉艺术品，用于装饰环境、烘托气氛、表达情感的人员。

3. 职业等级：

本职业共设四个等级，分为初级（国家职业资格五级）、中级（国家职业资格四级）、高级（国家职业资格三级）、技师（国家职业资格二级）。

4. 职业环境条件：

室内外、常温。

---

① 中华人民共和国插花员国家职业标准［EB/OL］．http://wenku.baidu.com/view/1fabb1170b4e767f5acfceed.html．

5. 职业能力特征：

手指手臂灵活，手眼协调，具有一定的空间感，具有较敏锐的视觉、色觉和较强的审美及语言表达能力。

6. 基本文化程度：

初中毕业。

7. 培训要求：

（1）培训期限：全日制职业党校教育根据其培训目标和教学计划确定。晋级培训期限：初级不少于120标准学时；中级、高级不少于80标准学时；技师不少于120标准学时。

（2）培训教师：培训初级、中级插花师的教师应具有本职业高级以上职业资格证书或本专业中级专业技术职务任职资格；培训高级插花师的教师应具有本职业技师职业资格证书或本专业中级专业技术任职；培训技师的教师应具有本职业技师职业资格证书3年以上或具有相关专业高级专业技术职务任职资格。

（3）培训场地设备：满足教学需要的标准教室。插花必需的用具、器具、操作台。花材保鲜设备等。

8. 鉴定要求：

（1）适用对象：

从事或准备从事本职业的人员。

（2）申报条件

——初级（具备下列条件之一者）

① 经本职业初级正规培训达规定标准学时数，并取得毕（结）业证书。

② 在本职业连续见习工作2年以上。

——中级（具备下列条件之一者）

① 取得本职业初级职业资格证书后，连续从事本职业工作3年以上，经本职业中级正规培训达规定标准学时，并取得毕（结）业证书。

② 取得本职业初级职业资格证书后，连续从事本职业工作5年以上。

③ 连续从事本职业工作7年以上。

④ 取得经劳动保障行政部门审核认定的，以中级技能为培训目标的中等以上职业学校本职业（专业）毕业证书。

——高级（具备下列条件之一者）

① 取得本职业中级职业资格证书后，连续从事本职业工作4年以上，经本职业高级正规培训达规定标准学时数，并取得毕（结）业证书。

② 取得本职业中级职业资格证书后，连续从事本职业工作7年以上。

③ 取得高级技工学校经劳动保障行政部门审核认定的，以高级技能为培养目标的职业学校本职业（专业）毕业证书。

④ 取得本职业中级职业资格证书的大专以上毕业生,连续从事本职业工作2年以上。

——技师(具备下列条件之一者)

① 取得本职业高级职业资格证书后,连续从事本职业工作5年以上,经本职业技师正规培训规定标准学时数,并取得毕(结)业证书。

② 取得本职业高级职业资格证书后,连续从事本职业工作8年以上。

③ 取得本职业高级职业资格证书的高级技工学校毕业生,连续从事本职业工作3年以上。

9. 鉴定方式：

分为理论知识考试和技能操作考核。理论知识考试采用闭卷考试方式。技能操作考核采用现场实际操作方式。理论知识考试合格者方能参加技能操作考核。理论知识考试和技能操作考核均实行百分制。成绩皆达60分以上为合格。鉴定还须进行综合评审。

10. 考评人员和考生的配比：

理论知识考试考评员与考生的配比为1：20；每个标准教室不少于2名考评人员；技能操作考核考评员与考生的配比为1：5,且不少于3名考评员。

11. 鉴定时间：

理论知识考试时间为45至60分钟；技能操作考核时间为60至120分钟。

12. 鉴定场所设备：

理论知识考试在标准教室进行,技能操作考核场所应具备适当的操作空间及水源。

二、基本要求

1. 职业道德：

(1) 敬业爱岗,讲文明,懂礼貌,热情为顾客服务；

(2) 忠于职守,谦虚谨慎；

(3) 遵纪守法,维护消费者权益；

(4) 讲究质量,注重信誉；

(5) 努力学习,勤奋钻研,精益求精。

2. 基础知识：

(1) 花卉学基本知识

(2) 插花花艺的类别

(3) 常见花材的类别

(4) 花卉常见病虫害基本知识

① 叶部病虫害 ② 枝干病虫害 ③ 花部病虫害 ④ 常用药剂及防治方法

(5) 鲜切花产品质量国家标准

(6) 色彩学基本知识

(7) 有关的法律知识

① 有关绿化的法规 ② 进出境动植物检疫法常识 ③ 消费者权益保护法常识 ④ 合同法常识 ⑤ 劳动法常识

(8) 劳动安全基本知识

三、工作要求

本标准对初级、中级、高级、技师的技能要求依次递进，高级别包括低级别。

1. 初级插花员职业技能标准

职业功能	工作内容	技能要求	相关知识
一、接待	（一）服务	1. 明确本岗位职责，仪表端庄大方 2. 能用普通话、礼貌用语接待顾客，主动、热情、耐心、周到地为顾客服务	礼仪接待服务知识和礼貌用语
	（二）解答咨询	1. 能向顾客介绍常用礼仪插花花材的名称 2. 能向顾客介绍常用礼仪插花的基本类型	1. 常用礼仪插花花材的名称 2. 常用礼仪插花的基本类型
二、准备	（一）选材	1. 能根据礼仪插花中篮花、钵花及花束的要求选择适用的鲜花花材和容器 2. 能识别30种常见切花（枝、叶、花、果）的外部形态特征	1. 常用花材的质量等级及价格 2. 插花花艺的常用容器
	（二）花材的整理与加工	1. 能根据篮花、钵花、花束的不同插制要求，对花材进行加工（弯曲、剪截、修剪、整理等） 2. 按上述作品要求，正确使用容器和花插、花泥等用具 3. 能正确使用与插花有关的剪、刀、钳等工具	1. 常见插花用具和工具的性能及其维修保养方法 2. 常用花材的质地、特点和加工知识
三、制作	（一）对称式构图形式的插制	1. 能插制对称式基本构图形式（三角形、倒T形、扇形、球形、半球形、锥体）的篮花、钵花及花束 2. 能用螺旋法制作花束	1. 能插制对称式基本构图形式（三角形、倒T形、扇形、球形、半球形、锥体）的篮花、钵花及花束 2. 能用螺旋法制作花束
	（二）常用丝带花的扎结	能扎结花束及篮花上常用的丝带花3种样式	丝带花的基本知识
	（三）包装材料的应用	能对花束进行简单的包装	包装材料的基本知识

续表

职业功能	工作内容	技能要求	相关知识
四、管理	（一）养护	能进行插花作品的养护管理，保持水质的清洁和作品的清新与完整，以延长观赏期	常见花材水养管理的基本知识
	（二）陈设	能适地、适时进行插花作品的陈设，发挥其对环境的装饰作用	插花作品陈设的基本知识

2. 中级插花员职业技能标准

职业功能	工作内容	技能要求	相关知识
一、接待	（一）服务	1. 能向客户询问了解所需作品的目的和要求 2. 能询问客户对花材、花色、花型的爱好和禁忌 3. 能用英语进行简单的专业对话（30句）	1. 常用花色、花形的一般知识 2. 常用英语插花词汇
	（二）解答咨询	1. 能回答顾客关于鲜花花材、干花花材和人造花材特点的询问 2. 能简要介绍插花花艺作品价格核算的原则和方法	1. 鲜花插花、干花插花、人造花插花的基本知识 2. 插花作品价格核算的基本知识
二、准备	（一）选材	1. 能根据礼仪插花各类作品的插作要求，选择适用的鲜花、干花和人造花花材 2. 能识别50种常见切花（枝、叶、花、果）的形态特征	婚礼、庆典及丧葬用花的特点
	（二）花材的整理与加工	能对干花和人造花进行正确的剪裁、加工和固定	1. 常见干花花材的质地、特点和加工知识 2. 常见人造花花材的质地、特点和加工知识
三、设计	（一）构思	能根据礼仪插花应用的目的和要求，确定主题和立意	插花构思的基本方法
	（二）构图	1. 能根据主题和立意，选择适宜的造型 2. 能根据主题和立意，选择适宜的色彩组合	插花构图的基本原理

续表

四、制作	（一）不对称式构图形式的插制	1. 能插制不对称式基本构图形式（不等边三角形、L形、S形、新月形等）的钵花 2. 能插制各种不对称式构图的篮花	不对称式插花造型的基本特点
	（二）丝带花的扎结	能扎结5种以上样式的丝带花	有关丝带花的基本类型和特点
	（三）包装材料的应用	能对花束进行多种形式的包装	现代包装材料的应用知识
五、管理	（一）养护	1. 能根据作品中鲜花花材的情况，及时调整、更换花材并保持造型的完美 2. 能指导顾客更换、调整花材，保证插花作品造型的美观 3. 能进行干花、人造花作品的保洁与管护	鲜切花萎蔫的基本原因
	（二）陈设	1. 能根据各类作品的特点恰当地进行陈设 2. 能指导顾客正确摆放各类插花作品	干花、人造花作品陈设的注意事项

3. 高级插花员职业技能标准

职业功能	工作内容	技能要求	相关知识
一、接待	（一）服务	1. 能对顾客提出的有关要求及有关作品插制等问题，做出较圆满的解释，并设法解决 2. 能积极引导和促进销售 3. 能用英语进行简单的专业对话（50句）	1. 花店营销基本知识 2. 顾客消费心理基本知识
	（二）解答咨询	1. 能向顾客介绍新优切花种类 2. 能向顾客推荐符合其需要的新优插花作品 3. 能向顾客介绍当前国内外插花流行趋势	1. 国内外新优切花种类 2. 国内外插花业发展动态

续表

二、准备	(一) 选材	1. 能根据艺术插花作品的要求,选择适用的花材和容器 2. 能识别100种常见切花(枝、叶、花、果)的形态特征 3. 掌握100种常见切花的主要生态习性	1. 花材和容器在艺术插花中的应用 2. 常见花材的习性
	(二) 花材的整理与加工	1. 能根据艺术插花作品的要求,对花材进行修剪和整理 2. 能按艺术插花作品的要求,正确使用花插、花泥及其他固定花材的措施	1. 木本花材的整理加工技巧 2. 艺术插花中其他固定花材的方法
三、设计	(一) 构思	能进行艺术插花主题和意境的创设	1. 艺术插花基本构图形式及主要特点 2. 常用花材的花文化
	(二) 构图	1. 能设计各种艺术插花的基本构图形式 2. 能绘制作品的设计草图 3. 能进行花店的环境设计 4. 能进行各种会议、宴会与婚礼等场合的环境设计 5. 能进行简单的花艺设计	1. 东西方插花及现代插花和花艺设计的风格与特点 2. 绘画基本技法
四、制作	(一) 艺术插花作品的插制	1. 能插制艺术插花的各种造型 2. 能用各种质地的花材(鲜花、干花、人造花)插制艺术插花作品	艺术插花技巧的应用
	(二) 现代花艺作品的插制	能用各种质地的花材(鲜花、干花、人造花)插制现代花艺作品	现代花艺设计技巧的应用
五、管理	(一) 养护	1. 能运用常见的切花水养保鲜方法延长观赏期 2. 能对干花和人造花进行整形复原	切花保鲜的原理和方法
	(二) 陈设	能根据不同环境,恰当地布置和摆放各种艺术插花和花艺作品	插花作品与环境的对比与和谐

4. 技师职业技能标准

职业功能	工作内容	技能要求	相关知识
一、设计与制作	（一）构思	1. 能结合不同环境进行整体构思 2. 能通过作品构思，表达不同的主题思想和意境	1. 环境艺术基本知识 2. 中国插花发展简史 3. 日本插花发展简史 4. 西方插花发展简史
	（二）造型设计	1. 能进行插花新造型的设计 2. 能进行花艺新造型的设计 3. 能绘制整体布局的设计图	国内外插花发展的新潮流、新动向
	（三）作品插制	1. 能运用新材料、新技法插制作品 2. 能综合运用常规的技术措施，解决插制中的疑难问题	1. 插花构图原理的应用 2. 各种插花装饰材料的基本知识
二、技术管理	（一）花店技术管理	1. 能根据花店实际情况，制定技术管理措施 2. 能根据市场行情和社会需求，及时调整作品的款式和用材	1. 花店业技术管理知识 2. 插花市场动态
	（二）插花花艺作品质量管理	1. 能正确分析影响插花与花艺作品质量的原因，并制定有效的解决办法 2. 能制定保证插花与花艺作品质量的管理制度	质量管理基本知识
三、培训指导	（一）业务指导	1. 能掌握常见花材的拉丁学名50种 2. 能对初、中、高级插花员进行有关的业务指导	1. 植物拉丁学名及有关知识 2. 教学法基本知识
	（二）操作示范	1. 能正确演示初、中、高级插花员应掌握的各类作品造型 2. 能指导初、中、高级插花员的日常工作	

四、评审分数比重表

1. 理论知识（见下表）

	项目	初级(%)	中级(%)	高级(%)	技师(%)
基本要求	职业道德	10	5	5	5
	基础知识	15	10	5	5
相关知识	接待	10	10	5	—
	准备	30	15	10	—
	设计	—	30	35	—
	制作	25	20	30	—
	设计与制作	—	—	—	55
	管理	10	10	10	—
	技术管理	—	—	—	15
	培训指导	—	—	—	20
	合计	100	100	100	100

2. 技能操作（见下表）

	项目	初级(%)	中级(%)	高级(%)	技师(%)
技能要求	接待	15	10	5	—
	准备	25	15	10	—
	设计	—	20	35	—
	制作	45	40	40	—
	设计与制作	—	—	—	60
	管理	15	15	10	—
	技术管理	—	—	—	20
	培训指导	—	—	—	20
	合计	100	100	100	100

第6章　校本课程开发的支持策略

我国课程改革的发展方向是给地方和学校更多的课程开发和设计的权力和职责,鼓励学校在认真实施国家课程的基础上,开发各具特色的、多样化的校本课程。国家和地方政策从宏观上对我国基础教育课程改革做出方向性的指导,特殊教育作为基础教育中不可分割的一部分,其发展自然也会受到国家和地方政策的影响。2010年9月,《中共深圳市委深圳市人民政府关于推进教育改革发展率先实现教育现代化的决定》(深发〔2010〕10号)正式颁布,提出要继续办好特殊教育,规划新建综合性特殊教育学校,率先推行教育、康复和职业训练一体化的特殊教育模式。深圳元平特殊教育学校正是在国家课程改革的政策指引下,积极开发适合自身的校本课程,最终形成系统的、适合本校学生实际的校本课程。学校从落实党的执政理念,提升国家、城市国际形象的高度去理解特殊教育的社会属性,从国际的视野去把握特殊教育改革的方向和趋势,从特殊学生的现实需要出发去构建推动学校科学发展的特殊教育理论体系,着力树立"以人为本、服务至上、资源整合、科研兴校"的办学理念。学校为了更好地满足特殊学生的生存和发展需求,从2001年开始探索适合本校学生实际的以生活适应为核心的校本课程,经过十多年的努力,学校已出版了多套校本教材,制定了各科课程标准,最终基本形成了适合五类学生的较为完善的校本课程体系。在校本课程开发的过程中,学校逐渐形成了包括人员支持、经费支持、资源管理、硬件环境等方面全方位的支持体系,为校本课程开发的顺利开展提供了有力的保障。

第1节　人员支持策略

校本课程开发是自发、自主的课程开发,是出于学校内部需求(主要是教师和学生的需求),依靠自身的条件和资源的全员参与、自我评价的课程开发活动。特殊教育学校开发校本课程是以学校的整体发展目标和学校所有学生的整体学习需求为基础,需要校长、教师及校外专家等人员的共同研究、审议和探索。[①] 在校本课程开发过程中,校长和教师是影响校本课程开发的主要的校内因素,学校与大学的合作是校本课程开发的外部因素,在内外部因素的结合下,学校进行校本课程开发才得以顺利开展。

深圳元平特殊教育学校在校本课程开发过程中,成立了由校长为主任的校本课程改革与发展委员会,主要负责规划、核定及执行校本课程改革,并适时监评校本课程的实施成效,同时下设课程研制开发小组,鼓励全员自由参与。其中,学校教学经验丰富的一线教师作为教学人员在课程开发中起到了主力军的作用,同时在校长开明的办学理念的指导下带领全校教师积极开展校本课程开发,学校主动与校外的课程专家进行交流与合作,在校外专家的指导和帮助下进行校本课程开发,最终形成了深圳元平特殊教育学校系统的校本课程体系。

一、教学人员

(一)教师参与校本课程开发的意义

特殊教育学校教师是开发校本课程的中坚力量,他们在校本课程的开发过程中发挥着独一无二的作用。校本课程开发促使教师在课程活动中的角色发生了转变,教师不仅是课程的执行者,而且应该成为课程的规划者、发展者、评价者。

首先,校本课程开发会增强教师的参与意识和合作能力。校本课程开发主要以学校为整体,集体协作,共同决策和开发,教师可以相互走进彼此的课堂,相互学习,相互批评,共同研究存在的问题并找出解决方案。其次,校本课程开发增强教师的课程意识和课程开发的能力。在校本课程开发的过程中可以使教师在校外专家的指导和帮助下形成课程开发的能力,形成一种整体的课程观和结构的课程观。最后,校本课程开发会增强教师的研究意识和能力。校本课程开发要求教师研究自己的学生,研究所教学科的教材内容,同时在校外专家的帮助和指导之下,教师的研究意识和能力会在校本课程开发中大大增强。[②] 此外,让教师参与课程开发,可增进教师对学校课程乃至整个学校的归属感,提高教师的工作成就感和责任感,使教师对教学工作有更大的投入。

虽然教师在课程改革中起着举足轻重的作用,但他们活动的范围可能是有限的,这也会成为校本课程开发的最大障碍。因此要积极并有针对性地引导教师参与校本课程开发,使教师由课程开发的阻力向助力转变,最终成为校

[①] 徐玉珍.校本课程开发的理论与案例[M].北京:人民教育出版社,2003:25.

[②] 徐玉珍.校本课程开发的理论与案例[M].北京:人民教育出版社,2003:48-50.

本课程开发的动力。教师通过参与课程开发，提升了自己的课程意识，提高了课程开发能力，培养了合作精神，丰富了课程理论知识。同时教师要放弃原有的封闭性格，要以开放的心态接纳新的课程，根据时代的发展和课程开发的要求改进自己的教学方式，不断学习，加强参与校本培训和合作实践的积极性。

（二）以全员参与校本课程开发为特色

深圳元平特殊教育学校从 2001 年开始，由本校教师自发积极开展校本课程开发工作，以生活适应为核心，开发适合本校特殊学生实际的生活适应校本课程。学校专门成立校本课程委员会，对本校的校本课程进行系统的指导和开发，定期召开会议以讨论课程开发进程。为提高本校教师的专业化水平和工作积极性，以便有效参与校本课程开发，学校开展了各类培训，修改和制定了教师评价制度。

首先，积极开展校本培训。校本培训是以教育专家为指导，以教师任职的学校为基本的培训单位，以教师的教学能力提高为主要目标的一种培训方式。通过培训，使教师加深对课程理论和自身角色的认识，明确了自己在校本课程开发中的地位和作用。学校教师在校本课程开发中实现了互助与合作，在课程实施等教学活动中能够积极交流与对话、沟通，共同分享经验与成功；形成了积极的伙伴关系，建立起促进教师合作、发展的学校文化；学校形成了宽松的环境和开放的氛围等。

其次，制订培训计划。学校很早就制订了"滚动式三年培训计划"，有计划地组织学科教师分期分批地参加各类培训和交流活动；与中央教科所合作，选派学校优秀教师作为高级访问学者到北京进修学习；2004 至 2006 年，与北京师范大学教育学院联合举办了特殊教育专业硕士研究生课程班，学校有四十多位教师参加学习。通过培训为学校的师资队伍的可持续发展和校本课程改革的稳步推进奠定了坚实的基础，为学校课改的顺利进行起到了抛砖引玉的作用。

第三，改革教师的评价制度。校本课程开发过程中，教师需付出大量的时间和精力，学校和上级教育主管部门适当调整了对学校和教师的评价方式和内容，综合考虑经济手段与专业荣誉相结合的补偿办法来激励和维持教师从事校本课程开发的积极性和首创精神，学校在教师工作量计算、职称晋升方面也要相应地关注教师在校本课程开发中的参与度和贡献量，形成较为完善的教师考核和评价体系。

案例 6-1

以教育科研为依托,促进教师专业成长[1]

深圳元平特殊教育学校 陆 瑾 黄建行

"教师是人类文明的传承者,推动教育事业又好又快发展,培养高素质人才,教师是关键。没有高水平的教师队伍,就没有高素质的教育。"胡锦涛总书记一语道出了提高教师素质、加强师资队伍建设的重要性。然而,相对普校而言,特校教师享受不到"桃李满天下"的成功喜悦,普遍缺乏成就感;由于教学对象的特殊性,教学无法进行横向比较,工作竞争力缺乏,容易产生职业倦怠;面对日新月异的特殊教育课程改革,自身知识的更新较为缓慢,教师显得力不从心。面临种种问题和挑战,特殊教育学校要想"吸引人才、培养人才、留住人才",充分调动教师的积极性和提高教师的幸福程度,必须以教育科研为依托促进教师的专业成长,从而提高教师队伍的整体素质,保证特殊教育质量的提高,促使学校走内涵发展之路。

一、教育科研在教师专业成长中的地位和作用

由于教育对象、教育环境的特殊性,特校教师很难通过教学成绩本身来提高自己的积极性和幸福程度,但是特殊教育起步较晚,教育对象的个体差异大,地域发展不平衡,特殊教育专家型研究人员少,国内特教研究领域的空白多,这就为广大一线教师提供了一个广阔的专业成长平台和空间,因此,立足于校本的教育科研是特殊教育学校教师保持旺盛教学生命力的前提和保证,是促进教师专业成长的最佳策略和必由途径。

(一)教育科研有利于教师养成学习、思考、研究的良好习惯

"学起于思,思源于疑",教师只有不断地"疑""思""学"才能从事教育研究。教师通过学习、思考、研究的实践过程,能自觉地把教育教学活动纳入研究的轨道,有助于逐渐形成勤于学习、善于研究、不断思考的良好习惯。

(二)教育科研有利于教师更新知识,提高业务素质

教师在有效的科研工作中重视理论学习,并主动地搜集有关特殊教育教学改革和教育科研的前沿信息;在研究的过程中通过同事间的合作研究,营造一个相互激励、相互支持和相互帮助的科研气氛,使教师将知识转化为智慧,培养教师终身学习、开拓创新和合作学习的能力。

---

[1] 陆瑾,黄建行. 以教育科研为依托,促进教师专业成长[J]. 现代特殊教育,2009(6):12-14.

（三）教育科研有利于教师转变教学行为，提高教育教学水平

"记问之学，不足以为人师"。如果教师只是死读书，没有创新精神和创新能力，那么他们就只能扮演"传话筒"的角色，不能激发学生的积极性，不能培养出适应现代社会生活的人，也就不能成为一名合格的教师。如果教师具有一定的科研水平和较强的科研意识，就会主动学习新的教育理论，并把教育知识和智慧高效地运用到教学实践中去，优化教学过程，提高教学水平。

（四）教育科研有利于教师向专家型教师转变

"成为艺术家之前必须先成为工匠"。众所周知的国画大师张大千之所以为"大家"，不是因为他看了很多国画、外国油画才画出了"大家之作"，而是在整个做画匠期间，他经常到敦煌去做临摹，并潜心研究，练到眼睛像作画，回家后将它画出来，作品居然和原作一模一样。教育科研也同样是以教育实践为基础的，所以在成为教育专家之前，首先应该是优秀的教师。教师在参与教育科研的过程中，不仅教学经验得到积累，而且成为教育智慧的真正创造者。通过教育科研，提高运用教育理论分析问题和研究问题的能力，转变教育观念，科学地进行教育教学实践，由经验型逐步转化成科研型，实现自己教育历程的根本蜕变。

二、教育科研促进教师专业成长的途径和策略

（一）科研创新的理念，树立科学的发展观

首先，要培养勇于改革的科研创新理念。特殊教育学校的科研创新比普通教育更为迫切，这就需要我们以创新的精神，不断探索提高特殊教育质量的新方法、新途径。一要树立"科研兴校"的思想。只有不断地进行科研创新，学校的办学才有活力，才有动力，才会有创造力。二要树立创新出特色的思想。只有通过不断创新，才能形成自己的办学特色和亮点，打造学校教育品牌。三要树立服务实践的教研思想。教科研必须坚持服务于教育教学实践的指导思想，立足于学校的教育教学，形成"学习—研训"一体化的教科研特色和亮点。四要树立"科研促教师发展"的思想。特殊教育学校教育科研的主要功能不是去构建新的理论，也不是刻意去包装几个"成果"，而是不断提升教师的专业素养，促进教师的专业发展。

其次，要树立注重教师个性发展和内在需求的科学发展观。科学发展观主要体现在使教师个体行为上乐于参与教育科研、善于反思学习，群体行为上乐于合作实践。

(二)建设两个载体,即校本课程和课题研究

(1)以全员参与的校本课程建设为载体,培养教师内驱型科研,实现教师专业成长的自觉性。从专业发展的角度看,教师的成长离不开教育教学实践,如果抛开学校去谈教师的发展或成长,那就失去了发展的基石和依托。因此教师的发展只能在学校中、在具体的教学实践中、在对自身实践的不断反思中才能完成。校本课程开发是以学校为基地的一种课程开发策略。校本课程的开发过程使教师具有一个更开放的思维系统,能够改变教师不合时宜的观念,使教师更多地反思,更多地去发现他人的思维方式,并能增加教师的探究性活动,因此,它是教师专业发展的有效途径。可见"课程的变革,从某种意义上说,不仅仅是变革教学内容和方法,而且也是变革人"。虽然国家轻度弱智教材、1994年《中度智力残疾儿童教育训练纲要(试行)》及2007年教育部颁布的三类残疾儿童课程设置方案都注重"基础性、共同性"的教育目标,但配套的教材、课程资源还很缺乏,而且我国特殊教育地区与地区之间、学校与学校之间的教育需求、办学条件、生源情况都存在很大差异,很难照顾到特殊儿童的"差异性"。因此,特殊教育学校的校本课程建设也必然成为特校教师实现自我专业发展的一项长期和必要的科研工作。

当教师看到自己辛勤的劳动成果变成了跃然纸上的铅字,他们深刻地体验到了校本课程开发带来的乐趣,就更加主动地参与创造和思考,并自觉地将教育科研作为日常学习、生活和工作的重要组成部分。

(2)以行动式的课题研究为载体,培养研究型教师,实现教师专业成长的长效性。苏联著名的教育家苏霍姆林斯基说过:"如果你想让教师的劳动能够给教师多一些乐趣,使天天上课不致变成一种单调乏味的义务,那你就应当引导每位教师走上从事一些研究的这条幸福的道路上来。"因此,我们要从教师的教学实践行动中寻找研究课题,促进其专业发展。过去的教育科研,课题的来源总是从上至下,特校教师也总是被动寄希望于特教专家,教师处于研究信心严重不足的状态。要改变这种状况,必须激发和提高教师专业化发展的内在需求和自我效能感。为此,我们认为倡导研究的课题应来源于教师教育教学实际的需求,发挥教师作为实践研究者的优势,通过对课题的行动研究来改进自己的工作,解决教育教学中的实际问题。这样,与教学实践行动紧密结合的课题研究不仅实现了教师的专业成长,提高了教师教育科研的能力,同时也极大地增强了教师的成就感和幸福感,保证了教师专业成长的长效性。

我们通过自由申报、专家评审等形式,鼓励和支持教师自带课题参与教育教学的研究。同时为了规范课题的管理,2004年我校成立了由学校名师和骨干教师组成的学术组,专门负责各级各类课题的审查和督促工作。"十五"期间,学校承担了教育部国家级课题"信息技术在特殊教育中的应用"的研究工作。课题主要成果之一就是开发完成了总容量为131G,资源记录总数为64377条的全国培智教育资源库。资源库通过了教育部组织的专家评审,从2006年下半年开始,已在全国1600多所特殊教育学校推广应用。2007年,我校被评为"十五"期间中央教育科学研究所科研教改先进实验校。目前,我们还承担了2个国家级课题、2个省级课题、1个市级重点规划课题及11个校级课题,营造了"组组有课题,人人都参与"的研究氛围。虽然各级各类课题的数量较多,但所有的课题都根植于教学实践,而且一线教师也只有将教育科学理论应用于自己的教学实践,才能既使教育科研取得成效,又使自己在理论光芒的照耀下茁壮成长。

(三)抓好三个环节,即科研管理、师资培训、教学反思

1. 基础环节——加强科研管理,建立激励机制

随着教育科研的作用日益凸显,逐步实现教育科研的"规范化、制度化、科学化、现代化",加强管理机构和制度建设就被提上了议程。2004年我校成立了科研办,并通过竞争上岗的形式从一线骨干教师中挑选专职的教育科研管理人员,促进全体教师进行教学研究,保证了教育科研活动的方向性和科学性。

在科研管理方面,学校立足以人为本,坚持以制度管人,通过制定《科研课题管理办法》《教育科研成果奖励办法》《学科带头人评选方案》《教师培训暂行规定》等制度进一步规范工作程序,激励教师的科研兴趣,提高教科研的工作效率。

2. 关键环节——加强师资培训,优化队伍结构

如果把课程比作交通工具的话,那么教师就是驾驶员。在解决交通工具后,目标能否实现,要靠教师。教师队伍起来了,学生受益了,学校才能真正成长和发展。为促进教师的专业发展,我校推行了骨干教师的培训方案,实施了"滚动式三年培训计划",并启动了研究生课程班这一战略性工程。

(1)推行骨干教师培训方案

经济学上有个著名的"马特莱"法则,说的是企业主要抓好20%的骨干力量的管理,再以20%的少数带动80%的多数员工。此法则实际上就是要

求管理者在工作中不能"眉毛胡子一把抓",而是要抓住关键人员、关键岗位。它给我们的启示就是:注重少数骨干教师的培养,并让他们促进青年教师快速成长。2005年根据《学科带头人评选方案》,启动了我校第一批学科带头人的评选工作,以激励教师不断提高政治、业务水平,增强学校教学与科研的活力。方案除规定学科带头人须履行的义务外,还赋予学科带头人享有一定的权力,如:提供优先外出学习考察的机会,考核评优的绩效及相应的年终奖励。近年来,我校已选拔5位优秀教师赴英、美参加由深圳市教育局组织的海外培训,并选派1位教师作为中央教科所的访问学者进行为期一年的访问学习。六年来,我们充分开发校骨干教师资源,在这支平均年龄不足30岁的教师队伍中,有"全国三八红旗手"1名、广东省特级教师1名、广东省基础教育系统名师培养对象2名、广东省名班主任培养对象1名、深圳市中青年骨干教师4名,还有50多位教师获得市级以上荣誉称号。通过不懈地研究、探索、培养,我校已经建立起了一支"专家型"的教师队伍。

(2) 实施滚动式培训计划

首先,立足校本培训。在学校对全员实行校本课程、手语、信息技术应用等通识培训;对新教师开展"一帮一"以老带新活动;不定期地聘请国内以及国际特殊教育专家举办专题报告会或讲座。

其次,有计划地组织教师分期分批参加校外各类培训和交流活动。并要求参加学习的教师认真总结学习体会,在提高自身教育理论的同时,为我校带回许多宝贵经验,科研办将这些经验、感悟编制成《培训简讯》,供全校教师学习研读,为全校教师提供了良好的借鉴,起到了事半功倍的效果。

(3) 启动战略性培训工程

一支具有较高专业水平和强大凝聚力的教师队伍,是提升学校办学水平的关键因素。2004年至2006年,与北京师范大学教育学院联合举办了特殊教育专业硕士研究生课程班,我校有四十多位教师参加了学习。通过这一战略性工程,我校已有硕士学位或通过特殊教育研究生课程学习的教师达到专任教师总数的33%,为我校师资队伍的可持续发展和教育科研的稳妥推进奠定了坚实的基础。

3. 提升环节——加强教学反思,构建科研素养

我国著名心理学家林崇德教授把"优秀教师"等同于"教育过程加反思"。以校为本的教科研就是要教师不断研究新情况、新环境、新问题,并不断反思自己的教育教学行为,从而进行必要的理性辨析与改进。通过这样

的反思,教研就不再是简单的备课、上课,而是研究问题。如:学校有计划地为每位教师订阅一份特殊教育专业杂志;要求每周阅读一篇关于教育教学的文章,并完成带有心得体会的读书笔记;每次的教案须附有教学反思;各教研组不定期地开展各学科、各层次的学术沙龙和经验交流会。在这个过程中,教师由"传道、授业、解惑"的教学者转变为具有科研素养的"研究型"教师。

近三年来,学校教师在各级各类期刊上发表论文62篇,在2006年全国现代特殊教育论文大赛中有94篇论文获奖,其中一等奖12篇,二等奖34篇,是大赛中获奖论文最多、获一等奖最多的学校。学校教师在参加全国、全省特殊教育学校业务能力比赛中共有52人次获奖,其中获得国家级一等奖7个,省级一等奖6个,特别是在第一届全国特殊教育学校教师信息技术综合应用能力大赛和第一届培智教育教师教学基本功大赛中,学校四位教师代表广东省参赛,均获得了一等奖,是全国唯一在三个组别中均获得一等奖的特殊教育学校。

我国著名教育者魏书生认为:"教师最大的收获之一就是'收获创造性劳动成果'。这种幸福感和满足感,正是教师热爱教育事业、一生执着追求的情感基础,也是教师专业发展的不竭动力。"

二、管理人员

（一）校长是校本课程开发的支持者和领导者

校长作为校本课程开发的支持者和领导者,在校本课程开发中的作用是不言而喻的,作为一名管理者,在校本课程开发过程中,校长对教育革新的态度及其对自身在教育革新活动中的角色定位,将直接影响着教育革新的效果。同时,校长的教育思想在一定程度上体现了学校的办学思路,学校教育哲学思想的制定和办学宗旨的确立无不显示出校长的教育境界,校长引领着学校整体精神的形成和发展方向,推动着学校课程的"校本"化进程。作为一校之长,校长只有全面把握全校师生的需求、学校特色,才能更好地了解教育的趋势,掌握各种信息和资源,更有条件引入教育变革的新思路和新做法,引导和激励广大教职工达成共识,通力合作,努力提高学校教育的质量,逐步建立学校的教育哲学传统和办学特色。与此同时,校长与行政人员掌握着时间安排、人员安排和资源提供等行政权力,因此他们不但是校本课程开发的参与者,而且也应成为校本课程开发的支持者和领导者,承担起营造氛围、协调沟通和提供服务与监督的责任。①

具体而言,校长在校本课程开发活动中的作用,一方面表现为教育思想的领导,在课程开发过程中使学校所有师生员工在课程理念上保持一致;另一方面表现为有效地调动教师课程开发的积极性,整合课程资源,形成有特色的校本课程形态,校长对课程开发的态度,直接决定课程资源的配置,他的课程领导能力影响着校本课程开发的广度,他的课程价值追求则影响校本课程的特色并进而影响学校的办学特色和面貌。② 此外,校长作为学校的课程管理人员,在课程开发过程中起到对课程进行全程管理的作用,包括课程的编制,课程的实施,评价等,即协调课程开发人员之间,课程开发人员与课程之间以及物质条件之间的关系,进行决策、监督、指导等活动。

(二)以校长参与校本课程开发为特色

学校办学二十多年来,在校长的带领下形成了本校的办学理念,即:学校始终坚持"以生为本,育残成才"的办学宗旨,全面实施素质教育,积极探索"教育、康复、职业训练一体化"的办学模式和以特殊学生发展为本,以道德、文化、科学教育为中心,以身体、心理康复为基础的教育发展途径,强化就业训练,培养学生"自尊自强、顽强拼搏、超越自我、立志成才"的品质,努力为特殊学生将来平等、充分参与社会生活,适应社会需要打好基础。

学校在校本课程开发过程中,成立了以校长为主任的校本课程改革与发展委员会,主要负责规划、核定及执行校本课程改革,并适时监评实施成效,同时下设课程研制开发小组,鼓励全员自由参与,在校长开明的办学理念的指导下带领全校教师积极开展校本课程开发。为了促进教师对校本理论的专业发展,保证校本课程顺利发展,将课程专家、大学及科研机构的学者引进学校,积极与北京师范大学、华中师范大学等高等师范院校建立校本培训的合作关系,对本校教师进行相关的校本培训,为本校教师带来新思想、新知识,提高教师的校本课程的研究能力。

学校在校长的指导下,建立教师参与校本课程开发的激励机制和管理制度,予以教师时间保证和资金、设备的支持。学校不断调整晋升奖励制度,对于有能力进行课程规划、教材设计与编制的教师进行适当的薪资、津贴等物质奖励,将教师课程开发的能力也作为一条重要的指标,提高教师作为校本课程开发主体的认识,切实促进教师参与课程开发。校长在《建立现代教师人际关系,营造团结和谐人文环境》一文中强调学校要"倡导建立起和谐、协调的人际

---

① 徐玉珍.校本课程开发的理论与案例[M].北京:人民教育出版社,2003:84.
② 刘彩霞.校本课程开发的相关因素分析[J].课程·教材·教法,2006(12):8-10.

关系,营造充分尊重个性发展、团结向上的人文环境,以实现员工个体和学校集体的共同发展",以此来促进学校内部教师人际关系的发展,形成和谐的校园环境。

三、研究人员

(一)研究人员参与校本课程开发的作用

校本课程开发虽然以学校成员为主体,但仍需要得到大学课程专家、教育专家的帮助和指导,校本课程开发同样要求大学,尤其是高等师范院校积极地担负起为基层特殊教育课程发展服务的角色与职责。课程开发本身是一项专业工作,它有自身的规律和特点,课程开发者要顺利地进行课程开发,必须掌握一定的开发策略、方法、技能和手段。[①] 课程专家是掌握课程理论和技能的专门人才,课程专家能在课程的编制、实施和评价等方面提出咨询服务或技术指导,甚至参与具体开发过程,这对提高课程开发质量很有帮助。特殊学校在进行校本课程开发时,要积极争取与相关专业的大学或科研机构进行合作,寻求智力支持,共同制订合作计划,这样学校的实践可以得到恰当的理论指导。同时,课程专家和从事教育研究的学者也认识到,只有把自己的理论研究与当前特殊教育实践相联系,才能更好地发挥其应有的作用。[②] 特殊教育学校加强与研究人员的支持与合作,可以使学校在开发校本课程时少走弯路,避免盲目性,同时也可为本校的教师给予一定的专业培训和指导,从而使特殊教育学校的校本课程开发走上健康的发展之路。[③]

课程专家在学校课程开发中有着不可替代的作用,特殊教育学校应主动与当地的大学、教科研机构取得联系,寻求与课程专家的交往中不断提高自身专业技能。首先,教师之间要加强合作与交流。每个教研组,共同备课、互相听课,建立学习共同体,使其成为教师合作、共同提高的学习型组织,教师之间加强合作为参与课程发展提供了良好基础。其次,高等师范院校以及教育研究机构的科研人员也应步入实践,与特殊教育教师肩并肩地合作交流,这样可以弥补教师理论及课程开发技能的不足,而理论工作者在一些实践问题的激发下,也能够更深入的认识课程理论与现状,拉近与现实的距离,使其以后的

[①] 唐锡海.论高等职业教育课程开发的支持系统[J].教育与职业,2006(18):12-13.

[②] 景怡光.中小学校本课程开发的问题及对策研究[D].大连:辽宁师范大学硕士研究生学位论文,2008:41.

[③] 路明.培智学校校本课程开发研究——以长春市Y学校为个案[D].上海:华东师范大学硕士学位论文,2006:23-24.

课程编制工作更符合实际需要。①

(二)以邀请专家参与校本课程开发为特色

学校在校本课程开发方面,主要从两个方面加强与校外专业机构人员的合作:第一,建立合作关系,加强对学校教师的培训。学校为促进教师的专业发展,制订了"滚动式三年培训计划",与中央教科所、北京师范大学合作,对本校教师进行校本课程培训。在学校"十二五发展规划"中确定继续与高等院校合作开办教育硕士进修班,并争取与不同国家、地区的3～5所学校或康复机构确立友好合作单位的关系,定期互派教师交流。第二,聘请课程专家,加强对校本课程开发的指导。学校校本课程开发期间,聘请北京师范大学等高校的课程专家,对课程的编制、实施和评价等进行理论和技术指导,弥补了一线教师课程理论和技能方面的不足,使学校的校本课程开发避免了盲目性,提高课程开发的质量。除了加强与校外专家的合作之外,学校还不断完善校内科研机构体系,提升学校内部科研人员的素质,依靠学校内部的研究力量保障校本课程的质量,本校专门设立科研处,科研处是在校长的领导下,管理教育教学科研的机构,是学校科研工作的组织机构,具体负责科研工作的规划、管理与协调工作。主要的职责是执行上级教育行政部门的指示规定,拟订教学科研计划,开展课题研究;每学期拟订教学科研计划,及时了解最新科研教学动态,结合学校实际,下达科研课题;组织全校的科研课题研究和经验交流活动,每学期协同教务处开展一次教师论文交流活动以及论文奖的评审工作;做好教师科研成果的申报、跟踪和统计工作,等等。同时制定《科研课题管理办法》和《科研成果奖励办法》,充分发挥科研处的作用,提高教师参与科研的积极性。

第2节　经费支持策略

学校及其所在地区经济发展水平是制约学校教育活动的强有力因素。校本课程开发是一项复杂的工作,涉及师资建设、学校环境建设、制度建设、科研水平等各个方面,充足的教育经费能够为校本课程开发提供强有力的经济后盾。特殊教育学校如果在教学所必需的校舍、图书、教学仪器、体育卫生设备以及学校教育经费的提供等方面有优势,就对本校的校本课程开发提供了充分的条件,学校可以充分利用本校自身的优势进行校本课程开发。经费支持既是推动课程开发的前提之一,也是课程开发能否成功的决定性因素之一,因此学校需通过各种途径为校本课程开发提供经费方面的支持。深圳元平特殊

---

① 孟艳.教师与校本课程开发[D].昆明:云南师范大学硕士研究生学位论文,2005:31-32.

教育学校校本课程开发成果的取得,得益于深圳市委、市政府及深圳市残疾人联合会等的高度重视关怀,得益于社会各界的支持,以及学校自身对校本课程开发的多方面的投入。

一、政府经费支持

地方政府对课程决策的影响通常是在学校计划的组织和管理以及宏观的课程内容规划等方面。同时,地方政府参与课程不仅体现在组织课程开发队伍或提供课程材料方面,而且包括与课程开发相关的各种各样的基础性工作,如学校教育资金的投入、课程资源使用中心的组织、学生学业成绩的调查和监督等。地方政府对课程开发的支持主要体现在通过加大经费投入来确保课程开发的效率与质量,尽管教育行政部门在进行校本课程开发时可提出基本的开发思路和原则,但最核心的支持是财力与物力支持以及地区间学校资源的调配利用。因为如果缺乏强有力的经费支持,一切课程开发的设想都难以付诸实施。

深圳元平特殊教育学校作为一所为视障、听障、智障、脑瘫、自闭症和多重障碍的特殊学生提供从义务教育到高中职业教育"一条龙"服务的全日制特殊教育学校,其最显著的办学特色是在全国率先探索实践"教育、康复、职业训练一体化"的特殊教育办学模式,并取得了显著成效,被教育部誉为"中国特殊教育的一面旗帜",成为展示深圳和谐社会建设、中国特殊教育事业和中国人权事业发展水平的窗口。历届深圳市教育局领导把深圳元平特殊教育学校看作深圳教育的名片,在教育投入、师资配备、评优评先等方面给予全方位的特别关注。办学20多年来,政府不断加大投入,基础建设投入近亿元,400米标准塑胶运动场、建筑面积2600平方米的康复训练大楼、建筑面积4000平方米的多功能体育馆相继建成并投入使用。为了提高学校课程改革的力度和效益,2002年开始依托中央教育科学研究所推进学校的校本课程建设,设立了"校本课程系列出版基金",资助教材的出版并奖励积极参与校本课程研制的教师。

同时,深圳市政府不断加强对中小学教师的教育培训,从2003年开始实施深圳市中小学教师海外培训计划,是国内最早实施的中小学教师海外培训项目。至2010年底,已先后派出34批1047人赴美国、英国参加海外培训。海外培训计划有力地促进了深圳市中小学骨干教师队伍建设和教育人才培养,提升了本市教育国际化水平,已成为深圳市教师培训的精品项目。为了更好地提高培训质量,促进教师专业化发展和教育人才队伍建设,深圳市教育局制订深圳市中小学教师海外培训提升计划(简称"新海培计划")。"新海培计划"以优化、提升为目标,规定参与"新海培计划"的教师将无工作负担,深圳市教育局将全力支持参训教师,安排好工作,确保参与培训的教师能全脱产、全身心地投入培训学习。除此之外,政府将为教师的全部培训费用"埋单",继续由深圳市财政拨付海培经费,2011年起取消个人承担的20%境外培训费用,并适当提高拨付标准。各区、各学校(单位)应为海培学员的成果展示、论文出版以及海培学员的后续培养等提供平台及资金支持。深圳元平特殊教育学校自2003年以来,参加海培计划的教师20人,通过参与培训,提高了自身专业知识,拓展了视野,为学校继续开展校本课程开发奠定了坚实的理论基础。

案例 6-2

深圳市中小学教师海外培训提升计划(节选)[①]

一、推进 5 项优化措施,提升海培质量和效益

(一)优化项目选点,扩大培训规模

发挥教育行政部门、国外大学及国内外中介机构的作用与优势,整合合作关系,减少中间链条,挖掘培育具有资质的项目中介机构。在保持现有美国、英国两个较为成熟的海培选点的基础上,做好新增选点布朗大学的项目工作,并根据规模、特色需要,发掘、培育新的海培选点,保证每年选派教师达到预期规模并逐年扩大。

(二)优化选派机制,确保优才优先

采取区、校选拔推荐,市教育局考核择优的方式,把人品好、作风正、有能力、有贡献、有培养前途、有发展潜力、能发挥作用的教师派出去培训,继续坚持教育行政部门骨干人员选派带班制度,确保优才优先。建立深圳市教育系统教师海外培训计划英语水平测试制度,完善出题方式,建立考试题库及考试人员资料库,制定测试结果使用办法。健全面谈制度,重点考察拟参加海培人员的学习目的、责任感、履职潜力、团队合作精神以及外语能力水平。

(三)优化班次组建,促进特色培训

加强针对性和实效性,分层次、分类别组建班次,在现有班次的基础上,根据培训对象、学科、学段需求新增班次,分设教育管理(含校长能力提升)、中学文科教师、中学理科教师、小学教师、职业教育等各类海培班。针对英语能力水平高的学员,组建研究式高端海培班。

[①] 深圳市教育局.关于印发《深圳市中小学教师海外培训提升计划》的通知[EB/OL]. http://www.szeb.edu.cn/SZEB/HTMLDynamic/WJTZT_302/201109/info27476.html.

（四）优化课程建设，提高培训质量

进一步优化课程结构，完善宏观视野开拓、教育基础理论与前沿、教育改革与发展实践、教育教学专业技能等课程模块的构建，提高学员的专业水平、丰富专业知识及增强专业能力。国内培训阶段，强化外事、安全等纪律教育，注重深圳教育发展热点难点、培训地国家和地区的教育背景等课程，加强课题研究计划指导。国外培训阶段，提升课程的专业内涵，学习最新教育技术和教学技巧，加强系统研究与比较，加强实践课程，深入西方学校的校园文化以及师生教学生态；加强与海外同行的对话交流活动，特别要深入研究西方教育环境中的学校特色及创建学校特色的内涵和方略。同时，强化提高科研比重，课题研究作为一项基本要求贯彻海培全过程，并加强研究方法指导，建立研究规范和体系，提高论文水平和内涵。

（五）优化评价管理，发挥示范效应

以评价促进海培管理，把培训和人才培养、评优评先结合起来，并纳入继续教育学时认定。建立学员档案，对参训教师的学习成效和表现进行评价和鉴定，并反馈所在区和所在学校（单位）。结业论文必须与学校实际相结合，具有一定的理论水平，组织评选优秀论文推荐出版。通过对学员的评价，进一步增强学习责任感和成果意识，达成培训专业性要求。建立定期跟踪、回访、反馈制度，对学员进行跟访，了解其工作业绩、研究成果等专业发展情况。学员完成培训后，在市、区两级教育行政部门、本校（单位）举办学习成果分享报告会。要以多种方式搭建平台，切实推动学习研究成果分享及实践运用，充分发挥海外培训教师的示范引领作用。

二、加大保障力度，确保海外培训顺利实施

（一）保证海培学员全身心投入学习

各区、各学校（单位）要高度重视，严格选人标准，建立健全选拔制度，确保选拔过程公平公正，确保推荐本区、本校（单位）优秀骨干教师参加培训。全力支持参训教师，切实安排好工作，确保学员能全脱产、全身心地投入培训学习。

（二）加大专项经费投入保障力度

继续由市财政拨付海外培训经费，2011年起取消个人承担的20%境外培训费用，并适当提高拨付标准。各区、各学校（单位）应为海培学员的成果展示、论文出版以及海培学员的后续培养等提供平台及资金支持。

（三）鼓励各区组织开展教师海外培训项目

鼓励各区根据自身条件和需要，按照有关规定组织开展教师海外培训项目。各区海外培训项目、规模和实施方式等需报市教育局备案。

二、学校经费支持

　　秉着"科研兴校"的战略方针，深圳元平特殊教育学校以教育科研为平台促进教师素质的不断提高，鼓励大家围绕本校教学实践开发校级课题，申报市级、国家级课题，通过自由申报、专家评审等形式，支持教师自带课题参与学校课程的开发与建设。为增强教师教科研意识，学校科研处制定了《科研课题管理办法》，对课题加以严格管理，投入大量经费，并及时兑现奖励。科研处是学校科研工作的组织机构，具体负责科研工作的规划、管理与协调工作，其主要职责是：制订学校的科研计划、发展规划；具体负责市级以上科研课题的申报、开题、实施、结题等工作；受理课题申报、组织课题评审、检查课题研究进展、交流课题研究信息、组织对研究成果的鉴定、验收和推广、承担优秀论文和课题的评选和奖励；决定校级科研课题的立项，提出经费预算；科研经费的监督和管理；组织有关教研活动、学术研究，主持全校科研工作会议；编印有关科研信息资料和论文集等。

　　对关于全校宏观教育决策中亟须研究解决的、由学校直接下达的攻关课题，以及与学校改革与发展中的难点和重点问题、对提高学校整体教育质量和管理水平具有现实指导意义或具有重要学术价值的课题和各学科教育教学实践中需要研究解决的、具有普遍指导意义的重点课题，这些课题经费由学校提供。对在教育教学实践中具有一定代表性的、需要研究解决的规划课题，由学校提供部分经费。攻关课题、重点课题、规划课题的经费由各课题组提出意见和理由，经科研处审定，报校务委员会批准。

案例 6-3

深圳元平特殊教育学校科研成果奖励办法[①]

　　为鼓励全校教职工积极投入教学科研工作，加快推进科研兴校的步伐，不断提高我校的办学水平和教学科研水平，特制定本奖励办法。

　　一、科研成果的种类

　　1-1 优秀课(参加校级以上比赛获奖公开课)、课件、自制教具等。

　　1-2 优秀论文或经验总结(含已发表或未发表的、已获奖或未获奖的)。

　　1-3 已结题的科研课题(附成果鉴定书)。

---

① 节选自《深圳元平特殊教育学校规章制度汇编》。

1-4 其他。

二、科研成果的申报

2-1 科研成果申报工作由科研办于每年6月底组织进行。

2-2 根据成果完成的主体不同，分别以个人、班组、课题组的名义申报。

2-3 科研成果申报需填写《深圳元平特殊教育学校科研成果申报书》，并经主管处室签署意见后报科研办。

三、科研成果的评定

3-1 由科研办组织科研成果评审小组，公开、公正、透明地对科研成果进行评定。

3-2 已获市级以上科研成果的，需提供相关证明材料，并经科研办确认。非教育行政、教育科研部门评定的科研成果原则上不予确认，但可以作为申报科研成果的参考。

3-3 各类科研成果的评定分为国家级、省级、市级和校级四个等级，每个等级再细分为若干个等次。凡是在无正式刊号的杂志上发表（或评奖）的，均按照校级科研成果进行申报。

四、科研成果的奖励

4-1 对科研成果获得者的奖励实行物质奖励和精神奖励相结合的办法，以精神奖励为主。

4-2 科研成果作为晋升工资、职称评定、考核评优的依据。

4-3 对科研成果获得者的物质奖励按照相应的级别、等次标准执行。

4-4 对重大科研成果，由科研办报校长提请校务委员会研究，给予重奖。

五、附则

5-1 本办法自教代会讨论通过之日起施行。

5-2 本办法的修改权和解释权属校务委员会。

说明：

1. 校级课题结题后由学校组织学术组成员评出一等奖、二等奖、三等奖。

2. 市级以上课题，如果没有参加评奖，学校设结题奖，由校务委员会根据课题影响、参与人数等，给予奖励，奖金最多不超过同级别三等奖。

3. 经学校批准后参加的比赛获奖成果方可参照本科研成果奖励办法申报。

4. 每一部正式出版物（作者须任副主编以上）一次性奖励1000元。

5. 申报的论文或经验总结必须与教育教学密切相关，并发表在有正式刊号的公开出版发行物上。

6. 在校刊《元平风采》上发表的非教育教学类论文按校级论文标准的50％发放，照片（不包含工作岗位职责要求的）按一张20元的标准发放。

7. 在各级各类比赛中，学校对获奖教师的主要协作教师另行奖励，奖励标准为获奖教师奖励标准的30％。

8. 其他未列入本表的科研成果，由校务委员会根据实际情况，研究决定。

深圳元平特殊教育学校
2008年1月8日

第3节 资源管理策略

新课程改革实施以来，促使特殊教育学校逐步走上了课程改革之路，很多特殊教育学校开始探索开发适合特殊学生的校本课程，深圳元平特殊教育学校就是其中的一员。学校在开发校本课程的过程中充分使用学校自身及政府提供的资源，合理规划教师、领导和校外课程专家的时间，寻求专业人员的支持与帮助，建立相关的资源库并形成校内外教师交流与合作的平台，教师之间、教师与学校、学校与专家、学校与校外企业等之间的交流与学习，使得各种资源得到最大限度的发挥，由此为特殊教育学校开发校本课程奠定了良好的基础。学校正是在合理使用时间管理策略以及建立完备的资源库，充分发挥教师与教师、学校与专家以及学校与校外企业之间的支持互助，极大地促进了学校开发校本课程的进程，减少了阻力。

一、时间管理策略

教师参与地方课程开发都必须投入很多的时间与精力，反复修改设计、反省、实施方案，并且还要根据显现出来的问题进行有效的调整与修改，无论是进行哪个环节的工作都要有时间保证，这对于工作任务繁忙的基层特殊学校教师而言，显得难以应付。现实生活中我们不难发现，教师的工作负担重、时间有限是教师参与课程开发的两个非常实际的困难，再加上教师原有的意识中认为参与课程开发并不是自己的"分内"之事，诸如的影响因素无疑在心理上影响了教师参与校本课程开发的积极性。① 更为重要的是,特殊学校校本课程开发没有固定的教材与统一模式,需要教师进行大量的深入探索,付出大量的时间和精力。

学校在了解教师对校本课程开发态度的基础上,对参与校本课程开发的教师不但制定了相应的奖励标准来鼓励和支持教师参与学校的校本课程开发,而且对参与校本课程开发的教师在课时安排上进行适当的调整,让教师能根据课程开发的需要合理分配自己的时间,处理好教学与科研的关系。首先,学校整体规划课程开发的时间进程。学校在保证基本正常教学的条件下,不但整体设计一门课程的开发时间进程,而且调动教师对自己要开发的课程的时间安排进行合理的规划,以不致因课程开发影响了日常的教学进程。其次,要求教师提高课程开发的时间利用率。学校特别注重教师在教学过程中通过边教学边进行课程开发的方式来将教学与课程开发进行有机地结合,因此,教师在教学过程中通过在教研组的研讨过程中不断完善自己的主题设计,并将主题设计的核心内容提升为课程的单元主题。第三,学校通过制定相应的奖励政策,对参加校本课程开发的教师给予一定的物质和精神奖励,将参与校本课程开发与工资晋升等挂钩,不但极大地促进了教师参与校本课程开发的积极性,而且使很多教师学会了如何更有效地利用自己的时间以及合理安排自己在校的时间。以生活数学课程开发过程中的一次会议为例,校本课程开发委员会小组会议在每次会议中会将近期的人员安排、内容安排和进度安排进行详细的规定,让参与校本课程开发的教师清楚自己近期的任务。

案例 6-4

生活数学 2011 年×月×日开会内容

一、人员安排

为了更好地满足我校各类学生的发展与需求,深入推进新一轮的校本课程改革,我们本学期根据研制内容进行了相关人员的调整,具体调整如下:

生活数学研制组组长:××

轻度组组长:××

组员:××

中度组组长:××

---

① 傅建明.新课程:挑战与机遇[J].当代教育科学,2003(8):9.

组员：××

重度组组长：××

组员：××

二、内容安排

注意：参考模板

(1) 分层 A、B、C。

(2) 以轻度进度为准，标明内容中、重度在几年级出现。

(3) 考虑三个层次学生。

人员	内容
××	一（上） 九（上）
××	六年级
××	八年级
××	一（下） 九（下）
××	五年级
××	二年级
××	三年级
××	七年级
××	四年级

三、进度安排

月份	主题	上交时间
10月份	数前概念、统计	10月27日
11月份	数的认识、空间与图形	11月28日
12月份	生活数学、综合	12月28日

二、资源库建设策略

特殊教育教师的信息源主要有三个渠道：一是在阅读杂志、书籍、文件、档案等书面材料中获得；二是通过电视新闻、电脑网页等途径获得；三是通过听专家学者、政府官员的讲座或报告等获得。现代社会已进入了网络时代，建立一个专门的网站来介绍校本课程开发的相关情况以及校本课程开发的最新动态，不但可以让本校教师尽可能多地接收有关课程开发的信息，而且可以及时发布本校课程开发的进程，从而更有效地让教师参与校本课程开发。因此，如果学校能建立全国性的课程资源库,把各个学校开发的校本课程全部集中起来,分类归档,供各个学校参考,[①]对于不同学校、不同地区之间可以进行相互的交流与学习具有十分重要的意义。

学校长期以来不断加强课程开发资源库的建设,在学校开设的很多课程中都强调课程教研组、年级组等的作用,注意通过日常的教学来收集相关的课程资源,建立资源库。其中最有代表性的是学校开发的《全国特殊教育资源库(智障版)》,该资源库是"现代信息技术在特殊教育中的应用"课题的主要研究成果。

资源库建设的意义主要体现在:首先,《全国特殊教育资源库(智障版)》的开发建设和全面推广使用不但填补了国内特殊教育资源库建设的空白,而且为本校教师进行课程教学提供了丰富的教学资源选择。其次,《全国特殊教育资源库(智障版)》通过了教育部组织的专家评审,在全国的一千六百多所特殊教育学校中广泛推广使用,受到全国特教同行的一致好评。《全国特殊教育资源库(智障版)》为特殊教育学校(智障类)的教育教学提供了丰富的教学资源和学习资源。教师的课堂教学因有更多的资源利用使课堂富有了生命活力,学生在课堂学习的兴趣明显得到了提高,有效地实现了师生的互动。最后,学校智障教育教学部的教师全员投入到《全国特殊教育资源库(智障版)》开发建设之中,把教育教学实践与资源库的开发建设工作紧密地结合起来。资源库的开发建设工作有力地促进了学校校本课程的开发和建设,提高了学校的教育信息化应用水平和全校教师的信息技术素养和应用水平。

三、支持互助策略

课程开发需要学校所有参与者的集体合作与配合,因为只有通过学校的教师之间的合作以及校外相关人员的支持才能有效地达到预期的目标。从我国上海、江苏等地的校本课程开发实践经验来看,课程开发需要努力与地方文化机构进行合作以及与高等教育机构建立伙伴关系。从世界范围来看,学校进行校本课程开发时与大学、教师培训机构和其他高教机构建立合作伙伴关系,则是 20 世纪 80 年代以后各国校本课程开发实践发展的一个共同趋势。

(一)学校教师之间的合作

校本课程开发的复杂性和系统性要求参与者要通力合作,教师作为校本课程开发的主体,教师与教师之间的协作是不可或缺的,这既是校本课程开发的内在必然要求,也是教师合作精神培养的有效途径。在合作的过程中,各方

---

① 傅建明.论校本课程的支持系统[J].教育理论与实践,2001(10):54-57.

人员进行交流与合作,来自不同方面的人员各自发挥特长,共同完成开发的任务。① 教师要在充分了解校本课程开发特点和过程的前提下,提高思想认识和自身人文道德修养,重视参与和合作,经常进行自我心理调适,有意克服自己参与的惰性,克制自己的不合作情绪,运用各种方式自我激发参与和合作热情,与团队成员相互包容、相互理解、团结合作。学校也要调动全体教师积极参与,建立集体合作、共同开发的观念。要求教师之间相互合作,教师之间应经常就课程的开发中遇到的问题共同研究、共同交流,吸收各自的经验,推动课程的开发。②

学校为了更好地促进教师参与校本课程开发,采取各种措施调动全体教师的积极性,建立集体合作、共同开发课程的理念,创造机会使教师相互合作,就课程开发中遇到的问题共同研究、共同交流,推动课程开发。深圳元平特殊教育学校在开发校本课程的过程中,也经历了从个人开发到小组合作再到全员合作的过程,即课程开发刚开始是以个人为主,后来发展成研制小组,最后则发展成全校教师人人参与校本课程开发。在课程开发过程中,成立校本课程开发委员会,定期召开会议对课程开发进度和存在的问题进行讨论,教师之间共同讨论存在的问题,提出相应的解决办法。在讨论过程中,教师之间相互学习,共同提高,加强了合作,有效地促进了课程开发朝健康的方向发展。

(二) 学校与大学之间的合作

实现特殊教育学校和高等院校的合作,实现教育理论和实践的衔接,是提升学校教师的专业化水平,提高学校教育质量的重要途径。大学与特殊学校在课程开发方面的合作方式有很多,其中最常用的一种合作方式是在大学与特殊学校之间达成合作协议,双方均按照协议开展活动,履行各自的权利与义务,实现分工明确,责任到人。

在校本课程开发过程中,依托高等院校的教育专家对特殊教育学校一线教师开展校本培训是提高教师的专业化水平的主要方式。通过校本培训,一方面可以使教师课程观念发生变化,形成科学合理的课程观念,加深对校本课程开发特点和性质的理解,认识自身在校本课程开发中的角色定位;另一方面,通过课程相关知识的学习,提升教师参与校本课程开发的热情和能力,有效地应对课程开发过程中遇到的种种问题。

学校在本校进行校本课程开发过程中,积极寻求大学的课程专家的指导

---

① 吴淑芬,温建红,刘炜.制约校本课程开发的因素及应对策略[J].教育探索,2005(7):18-20.
② 刘彤.教师存在消极参与体育校本课程开发的原因分析及对策研究[D].长春:吉林大学硕士学位论文,2007:19-20.

和帮助,与大学建立了良好的合作关系,对本校课程开发起到了重要的作用。2004年至2006年,学校与北京师范大学教育学院联合举办了特殊教育专业硕士研究生课程班。通过这项战略性工程,学校已有硕士学位或通过特殊教育研究生课程学习的教师达到了专任教师总数的40%,同时,学校目前正在加快全校教师特殊教育基本理论的普及,计划与华中师范大学合作举办第二期特殊教育研究生课程班,使专任教师中研究生学历以上的比例提高到50%。以品牌学科建设为抓手,培养一批国内特殊教育名师。

(三) 学校与校外企业的合作

校外企业作为特殊学校外在的支持系统,对特殊学校的支持更多的是对学校师生员工的关心和帮助。特殊教师在校外企业及学校领导的帮助和关心下,参与学校的校本课程开发的热情和信心激增。学校与深圳市香格里拉酒店集团建立了稳固的长期合作关系,已成为深圳元平特殊教育学校职业教育重要的实习和就业基地。2011年共有12名毕业生在香格里拉酒店成功就业。同时,2007年深圳平安银行宣布,出资50万元人民币设立"深圳平安银行元平优秀教育奖",专门用于表彰和奖励未来五年内为特殊教育事业作出卓越贡献的深圳元平特殊教育学校的优秀教师及优秀特殊学生,分5年平均使用。5年来,学校共有150名学生和50名教师获得了平安银行的奖励。除此之外,平安银行还资助学校家境困难学生20人共2万元,并捐赠价值5000元的图书,以及价值6万元的学习及生活用品。"深圳平安银行元平优秀教育奖"优秀教师奖分为三个等级,其中元平星级教师二名,各奖励人民币10000元整;元平杰出教师三名,各奖励人民币5000元整;元平模范教师五名,各奖励人民币3000元整。优秀学生奖分为三个等级,其中一等奖五名,各奖励人民币3000元整;二等奖十名,各奖励人民币2000元整;三等奖十五名,各奖励人民币1000元整。第一个五年协议结束以后,双方继续签订第二个五年协议(2012—2017年),并将捐赠额提升至60万元,奖励的范围更加广泛,在激励教职工爱岗敬业、自我发展方面发挥了重要作用,并对学生的自强奋进、发挥特长起到重要的激励作用。

美泰基金:是由美泰玩具技术咨询(深圳)有限公司在元平特殊教育学校设立的公益项目,时间从2008年至2012年共五年,每年该公司拿出一定数额的公益基金委托广东慈善总会管理,奖励和资助特殊儿童,并冠名元平特殊教育学校的运动会提供部分奖品,每年派驻公益大使来校发放奖励和资助金和奖品,在元平特殊教育学校设立了自强不息十大杰出学生每年10名,自强不息优秀学生每年20名,自强不息特长学生每年20名。每年资助家庭困难学生20人。五年来共奖励了250名优秀学生,资助了100名家庭困难的特殊孩子。

第4节 硬件环境建设

特殊教育学校必须做好学校的硬件环境建设,建立标准的学校场地、各类功能教室和无障碍设施,以便为特殊学生提供良好的学习和康复的环境,为特殊教师参与课程开发提供硬件基础。经过20多年的发展和积累,深圳元平特殊教育学校已经站在全国特殊教育发展和改革的制高点上,被誉为中国特殊教育的一面旗帜。学校近九年来,先后7次受到国家级表彰,分别被授予"全国教育系统先进集体""全国特殊教育先进单位""全国三八红旗集体""2006—2010年全国特奥工作先进单位""全国巾帼文明岗""2007—2010年全国残疾人体育工作先进单位""全国特奥工作先进单位""中国特奥培训基地""全国特殊教育信息化先进单位""全国特殊教育先进单位""全国绿色学校""全国巾帼文明岗""全国三八红旗集体荣誉称号"等荣誉称号。深圳元平特殊教育学校的校园、校舍按照略高于国家颁布的《特殊教育学校建设标准》进行规划和建设,学校是国家级绿色学校,重视校园环境建设,学校努力做到校园环境"绿化、美化、净化"的要求,同时重视搞好校园文化建设,形成良好的育人氛围。学校校园建设是总务处在校长的领导下而管理学校的整个总务后勤工作。根据学校的总体工作计划制订教育和生活设施、装备等添置、维修计划及实施方案;建立健全校产的保管、使用、修缮、赔偿等制度,充分发挥校产作用;努力做好校园环境基础建设,逐步使校园净化、绿化、美化。

一、学校标准建设

(一)学校基本建设

学校在建设过程中充分考虑了学校的内外部环境,根据学校规模保证学校建设标准所规定的面积,保证内部环境适合学校发展,用地面积充足。在学校用地的外部环境方面,学校选择的是交通较为方便、城市公用设施较为完备的区域——龙岗布吉,学校总用地面积是72000平方米,总建筑面积是52885.90平方米。地上建筑面积45693.9平方米,职教楼4024.66平方米,开蒙楼3420.85平方米,立人楼3929.76平方米,琢玉楼1933.24平方米,康复楼2807.93平方米。学校校舍是由普通教室和专用教室组成,其中普通教室是为了满足各类学生各年级教学和生活活动所需的辅助用房及辅助空间,而专用教室则是为了满足特殊学生的特殊教育需求而开设的功能教室等,为补偿他们的需要而专门设置的专用教室,从而使学生的整体得到发展,真正实现特殊学生的素质教育。

学校较为完善的基本建设,为教师和学生营造了良好的教学和学习氛围,使学生能够在适宜其发展的环境中进行学习和康复,使教师能够在轻松愉快的环境中进行教学和科研,为学校的长足发展奠定了非常坚实的基础。

（二）教学设备的添置

学校目前已发展成全国同类学校办学规模最大、办学条件优良、办学水平较高的特教名校。学校的教学设备在全国同类学校中是较为先进和现代化的,在教学设备的添置过程中,学校按照规划化、标准化和符合规定要求的标准配齐教学仪器设备、专用检测设备、康复设备、文体器材、图书资料等,并创造条件配置现代化教育教学、康复和职业教育设备,逐步实现教学手段现代化。随着科学技术和教育事业的发展,学校的电教设备、康复设备等日益增多,实践证明这类教学设备对提高教学质量起了积极的作用,因此学校专门制定《电教设备和器材管理制度》,加强对教学设备等的管理,避免造成管理不善以及损失浪费的现象。同时,学校为了加强学校采购教学设备的合理性和公开性,专门制定《采购(维修)工作管理暂行办法》,加强学校采购教学设备的监督和管理,提高资金的使用效益。学校教学设备的添置以及管理使学校的设备运营良好,为特殊学生的康复与教学奠定了硬件基础,营造了良好的外部条件,从而使教师积极学习先进的教育和康复方法,探索教育和康复规律,尝试新的教育和康复方法。

（三）图书馆建设

随着新课改理念的深入,图书馆的教育功能和服务功能愈加凸显出来,学校图书馆是学校教育教学的信息资源库。学校的图书馆设在行政楼二楼,目前藏书4万多册。每年6、7月购买相应的图书,深圳市教育局每年拨款2万～3万元经费用于学校购买图书。学校各部门各组成员自行申请相应需要添置的图书,由学校统一购买,供教师使用。学校的图书馆自建设以来,不断按规定做好书库管理、学生阅览室及教工阅览室管理工作。根据教导处要求,按时完成各种教材、教参、学生用练习本的订购、管理和发放工作。同时根据学校工作要求,为学校网站上传特教资源和特教信息,充实网站内容。开展参考咨询服务,通过各种形式,满足教师教育教学需求,为教师进行学习和充电奠定了坚实的基础,为教师获得专业知识提供了方便,为学校开发校本课程提供了丰富的资源。

二、场地建设

（一）操场建设情况

体育活动场地是学校上体育课及课外活动的主要场地,对学生健康成长、增强体质至关重要,应按规定的要求设置运动场地。特殊学校体育活动场地应设置适宜特殊学生使用的环形跑道和直跑道以及田径场地、球类场地。体育活动场地除少部分为硬地外,大部分场地宜铺设草坪,并在适宜的地方布置沙坑等适合特殊学生活动的体育设施和游戏场地。学校设有标准四百米塑胶操场供特殊学生使用,校运动场由学校总务处安排专人负责管理;每周至少喷灌草坪一次,每月至少施肥、修剪一次,做到精心养护,科学管理;随时清扫捡拾场内杂物,做到场内无杂物、无纸屑。

(二)体育活动用地

特殊学校的体育活动及设施有:室外田径场、各类球类活动场地、器械活动场地,创造条件设置体育活动室、游泳池等,为特殊学生发挥其优势潜能创造良好的条件。学校的多功能体育馆是由深圳市建筑设计总院建筑设计的,总面积是4780.4平方米,采用钢筋混凝土预应力结构、框架结构、网架结构进行设计。一层是游泳池及附属用房,二层是球类场地及附属用房。标准化的游泳池为特殊学生发挥体育优势提供了良好的环境,使学生在各项比赛中取得良好的成绩。

(三)绿化用地

绿化用地是学校美化校园、净化环境和学生认识植物以及开展课外活动的场所。同时,也是师生交往、活动、休息的空间,它可以起到优化教育环境的作用,对学生起到陶冶情操、激发学习热情和引发联想思维的作用,因此在校园规划设计和建设中要统筹考虑学校的绿化用地情况。学校的绿地面积是23462.88平方米,绿化率是35.75%,建有元平特校绿色家园网站,以"拥抱绿色,回归自然"为主题,践行"绿色家园,让我们共同保护生态环境,维护国家生态环境安全!"的宣言。

三、无障碍设施建设

无障碍设施是指保障残疾人、老年人、伤病人、儿童和其他社会成员的通行安全和使用便利,在道路、公共建筑、居住建筑和居住区等建设工程中配套建设的服务设施,包括无障碍通道(路)、电梯、平台、房间、厕所、席位、盲文标示和音响提示以及通讯、信息交流等其他相关生活的设施。无障碍设施是残疾人及其他有需要者平等参与社会生活的保障,是社会文明进步的标志。无障碍设施建设体现了"以人为本"的现代文明理念,体现了党和政府对有特殊困难和特殊需求群众的关怀,是实践"三个代表"重要思想的一项民心工程,是物质文明和精神文明的集中体现,是社会进步的重要标志。[①]

---

① 王萍.以人为本,建设无障碍设施[J].社会福利,2005(4):40.

深圳元平特殊教育学校是深圳市教育局直属的特殊教育学校,成立20多年来已经发展成为全国同类学校办学条件优良、办学水平较高的特教强校。在市委、市政府及社会各界的重视下,已经发展成为展示深圳精神文明建设和深圳教育改革成果的窗口。学校先后被授予"残疾人之家""人民满意的社会服务集体""全国教育系统先进集体""全国特殊教育先进单位"等荣誉称号。学校建设初期没有设立盲人专用通道、无障碍通道,给学生生活学习带来诸多困难,同时存在许多安全隐患。学校主干道没有设无障碍通道,脑瘫学生无法依靠轮椅自由行走,行动受到极大限制,每次进出教室、宿舍须有人协助方能完成,人车无法实现分流,存在较大安全隐患。学校主干道没有设盲道,盲生在校园中无法自由行走,这不仅影响学生的学习和生活,也不利于学生适应社会能力的提高。

为了改善学生的学习、生活环境,让更多有需要的残疾儿童享受到人性化的关爱和尊重,同时也为了保障校园内学生出行的安全,学校积极改建和建设学校的无障碍设施,目前学校校园建设基本实行无障碍化,在大力发展无障碍建设中取得了一定的成绩。学校设有盲道、坡道、无障碍电梯、通道以及无障碍卫生间等,使得学生在校园活动中能够行动自如而不受到阻碍。考虑到特殊学生的身体局限,学校配备高低差异设备等,如电梯的按钮设置较低,以方便乘坐轮椅的残障学生使用。其中,学校的各个建筑物中都建有无障碍卫生间,为肢体残疾学生设立专用的厕位,所占的空间比较大,主要是考虑到让残疾人的轮椅能够有足够的回旋空间,并且在抽水马桶的周围的墙上专门安装一圈很坚固的不锈钢扶手和设置护栏,入口不设台阶,以便轮椅可轻松进入。

四、功能教室建设

功能教室是对特殊学生进行康复与训练的专用教室,在形态上是集多种服务资源于一体的综合体,功能教室的成功建设与良好运作是一项艰巨复杂的宏伟工程,为了保证功能教室的多功能发挥,成功建设功能教室成为首要条件。功能教室的建设首先要有足够的资金投入,然后进行功能教室的选地、平面规划、硬件设备的配制、各专业人员的配备等基本操作。深圳元平特殊教育学校功能教室经历了建设到不断更新完善的过程,目前为止各教育教学部已经建立了众多适合学生特点的功能教室,为特殊学生的康复与训练奠定了坚实的硬件基础。

深圳元平特殊教育学校功能教室的建设经历了从无到有、从设备较少到设备不断更新与完善、从无规章制度到每个功能教室都有成文的规章制度以及教师的专业水平得到不断提升的过程。学校通过开设各种功能教室,为各类特殊学生的教育和康复提供了便利的条件,在功能教室的建设中,学校投入大量经费,引进先进的教学器材和设备,给特殊学生提供最好的服务。特殊教育教师在对特殊学生进行教育和康复的过程中,充分使用功能教室的资源,使其发挥最大的作用,在教学过程中积极使用先进的教学方法,探索适合特殊学生发展的教学规律,教学效果显著。学校开设的资源教室非常多,主要有西式面点实训室、办公文员实训室、律动教室、个别训练室等。

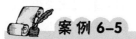

案例 6-5

特校校本课程开发的影响因素及对策(节选)[①]

深圳元平特殊教育学校　李　艳

虽然校本课程开发成为必然的趋势,是促进本校教育教学发展的一种良好途径,但是它在实施过程中受多种情境因素的影响,这些因素交织在一起,可能促进也可能阻碍课程开发的运行,若对这些影响因素置之不理或一带而过,势必会成为阻碍校本课程开发的绊脚石,造成种种困难。反之,若对这些因素进行审慎的分析,最大限度地利用其中的合理成分,消除其不良成分的影响,并根据现实的课程与教学情况提出问题、确定任务,便能很好地加以利用,以保证校本课程开发的顺利进行与达到预期的效果。

(一)特殊教育学校校本课程开发的影响因素

校本课程开发并不是随便什么地区和哪个学校只要愿意就可以进行的。作为一种新的事物和名词,它包含了诸多新的观点、新的理念。要使这些新的观点和理念转化为学校现场的实际的课程开发行动,当然受到诸多因素的影响和种种条件的限制。总体上说,这些因素包括学校自身的硬件条件、学校领导者的领导素质、教师的专业素质、家长和学生的支持和参与、社区的资源与社区的参与等。

1. 学校自身的硬件条件

一个学校自身所具备的某些必要硬件条件是进行校本课程开发的重要前提。若这些必要的条件具备不足甚至缺乏,将影响校本课程的顺利实施。学校的硬件条件主要指教育经费和各种教育设备、资源等。

---

① 黄建行.教育·康复·职业训练相结合办学模式实践成果集(上)[M].深圳:海天出版社,2012:107-116.

一般来说，经济发展水平较高的沿海地区与大中小城市的学校，有较充足的教育经费，为校本课程开发提供强有力的经济后盾，而经济相对落后的一些地区，如西北、西南的一些边远偏僻的学校，他们要进行校本课程开发将面临困境。我国的特殊教育地区发展差异显著，特殊教育学校主要在经济发展水平较好的沿海地区和城市中心发展较好。由于特殊教育的发展得到当地政府的重视，自然就得到了政府的支持，还有社会各个阶层的捐助，使得经费的来源充足。以上因素是这些特殊教育学校进行校本课程开发的软件上的得天独厚的优势。

校本课程开发的经费根据课程开发的类型而定，但低成本的课程开发方案可能会降低课程的质量而无法产生预期的效果，而创造性的校本课程开发往往需要大量的资金，这会使学校在进行课程开发时，遇到一定的财政压力，从而影响了校本课程的开发。同时，进行校本课程开发还需要各种图书资料、设备与资源的支持，这些归根结底也是由教育经费决定的。充足的教育经费必然能够保证各种所需的设备与资源，从而为校本课程开发创造良好的硬件环境。比如，台湾的S小学之所以进行校本课程开发，主要是由于教授急于寻找一个学校推行他的教育新理念，而对S学校是否具备课程开发的硬件能力却未加分析与考虑，于是仓促开始又匆匆以失败告终。

2. 学校领导者的领导素质

学校领导者主要指校长。校长作为一个学校的领导者、管理者，在校本课程开发过程中扮演着领导者、支持者的角色。在校本课程开发这样深刻的变革中，校长的素质必不可少，他的作用具有核心意义，在实际中具有决定影响。而鉴于特殊教育这样一个特殊的事业，特殊教育学校校长的领导素质更会对校本课程开发中的教师起影响、促进和激励的作用，因而鼓励、推动和引导着特殊教育学校的教师进行预期的变革，并争取实现预期的成果。

首先，校长先进的教育理念和改革创新能力。校长具有了先进的教育理念，能够把这种教育理念传达和赋予教师，也就有利于教师首先在教育观念上接受校本课程开发。同时，校本课程开发属于课程改革的范畴，谈到"改革"，必然要谈到"创新"，校长的改革创新能力有利于校长在学校的管理中打破墨守成规和故步自封，以带头人和改革者的身份引导教师进行课程改革。

其次,校长的组织管理能力也影响着校本课程的开发。作为一校之长,工作纷繁复杂,管理内容千头万绪,这就要求校长具有优秀的组织管理能力。在课程改革中,校长良好的组织与管理能力,有利于配置和组织各种人力、物力资源,并有利于协调特殊教育学校的教师进行良好的沟通,同时,还有利于建设民主开放的学校组织结构。开放的横向民主结构具备广泛而通畅的交流渠道,能分散权力,有利于小组工作和小组内部以及小组之间良好的沟通,能带动教师进行课程开发的热情,为教师创造良好的工作氛围。

可见,校长的领导素质在很大程度上影响着校本课程开发。'S小学由于校长领导不力,没有成立一个明确的领导小组,看上去谁都参与了校本课程的开发,实际上谁都不负具体责任。校长没有承担起领导的责任,对校本课程开发没有多大兴趣,故对课程开发也没有提供必要的支持,这是导致S小学课程开发失败的另一原因。这应该作为特殊教育学校进行校本课程开发的一个经验教训的总结。

3. 教师的专业素质

就学校内部而言,校本课程开发活动的主要参与者包括校长、教师和学生这三个方面。其中,教师是最主要的参与者,甚至应当担负起校本课程开发活动的领导责任。教师的专业精神、专业知识和专业技能是影响校本课程开发成功的重要因素。

教师有了专业精神,有利于教师在课程开发中认真勤学,并在课程开发的工作中保持积极的反省、反思、探究和改革的习惯与态度,并能与教育工作情境中的相关人员保持良好的人际关系与团队精神。

课程开发是一项有严格专业要求的教研活动,在特殊教育领域,教师的专业知识和专业技能更是教师从事课程开发的必要"利器"。教师具备了必要的特教方面的课程论知识、掌握了基本的课程编制技术,才能参与到课程开发活动中。教师是校本课程的研究者、诠释者、设计者、实施者和评价者,决定着课程资源的选择和利用,是素材性课程资源的重要载体,是校本课程实施的首要基本的条件资源,教师的素质状况决定了课程资源的开发与利用程度及发挥效益水平。

反之,若教师没有具备足够的专业素质,例如既无课程改革的正确意识、愿望和动力,又无开发校本课程所必要的专业知识、技术和能力,校本课程开发必然寸步难行。

4. 家长和学生的支持与参与

校本课程开发活动最终所开发出来的课程，最终是要落实到学生身上，即决定着学生将学习什么样的课程、学习到什么样的知识和内容。这必然会牵动家长的心，引起家长的关注。所以如能赢得家长的支持与参与，也是校本课程成功开发和实施的有利条件。由于家长的利益、兴趣和动机各不相同，家长在家校合作过程中希望参与的活动形式也处于不同层次。在不同层次上从事不同的活动，从而在不同程度上影响着校本课程开发。

另一层面上，学生也是校本课程研究开发的参与者。因为学校所开发的课程内容需重视学生的特殊背景及需要，需依据学生的兴趣、动机、个性特长。特殊教育学校的各类学生各自不同的残障特点、需求和所能达到的发展层次，也影响着特殊教育学校的校本课程开发。特殊教育学校必须以此为依据开发课程，以力求开发更多的、丰富多彩的切合实际的使学生终身受益的校本课程，保证学校为学生所开发的课程是科学的、正确的，能够符合学生的特点、兴趣、需要，进而激发学生的学习动机，引起学生的兴趣，保证让特殊儿童在各方面达到最大限度的发展，从而达到校本课程开发的预期效果。

5. 社区的资源与社区的参与

除了以上这些因素，社区的资源与社区的参与也影响着校本课程的开发。不同地区有不同的经济、文化条件，这些资源在一定程度上制约着社区对当地特殊教育学校的资金投入和开放程度，进而影响校本课程开发。社区领导的支持性程度、地方团体与组织的参与也会对特殊教育学校课程开发活动施加影响。

(二) 特殊教育学校校本课程开发的对策

从上述的影响因素可看出，校本课程开发要考虑到社区和学校的实际情况，考虑领导者的素质，教师的水平和能力是否满足校本课程开发所需要的条件，学校和有关主管部门是否给予强有力的支持，家长的参与程度，还要考虑学生的具体需要，对学生进行周密观察，并思考学生现有发展水平与确定的任务之间是否匹配等。

1. 选择适当的课程开发类型

前面提到，学校自身的硬件条件特别是经济条件，是一个学校进行校本课程开发的有利条件和保障。经济条件好的地区，政府给予的政策上的优惠可以向全国招聘教师，这样就吸引了优秀的专业人才和教师，学校的师资队伍素质自然得到了提高,加上优越的办学物质条件,这些让其他地方的一些学校望尘莫及。如深圳元平特殊教育学校就是一个很好的例子,由于得到政府和外界各单位组织的支持和经济捐献援助,让学校有了雄厚的经济实力作后盾,用于课程开发活动的各种费用,无财政压力与经济负担等后顾之忧,让教师们能够在教学活动中放开手脚大胆尝试与创新。

但是我国进行课程开发活动的特殊教育学校,大多都是深圳元平特殊教育学校这样的经济发达地区(如北京、上海、南京等)条件优越的学校。那么,是不是校本课程开发在我国只有在这些地方或重点的特殊教育学校才是可行的呢?其他的学校又该怎么办呢?不完全如此。校本课程开发活动可以有很多种不同的类型和变式。重点的特殊教育学校所开展的课程开发活动大都是规模较大、涉及面广、持续时间长的整体性、结构性的开发。这样的课程开发只是其中的一种类型。对于一般地区的特殊教育学校来说,在初期阶段可以选择一些持续时间短、涉及人员较少(比如教师小组)、涉及面较窄(例如某一门科目等)、需要的经费较少的开发项目,从而减少经济负担和财政压力。

2. 取得政策的优惠与经济的援助

对于一般地区的基础特别薄弱的特殊教育学校来说,除了选择成本低的课程开发项目之外,如果单靠学校自身条件的力量进行校本课程开发,仍然显得"心有余而力不足",那么如果要开发校本课程,还必须有政府的扶持,通过取得当地政府的支持可借助一些优惠政策。还可以通过社区经济实体的参与和经济援助为学校的校本课程开发争得财力物力的保障。

3. 领导者提高自身的领导素质和以身作则

前面说到,学校领导者特别是校长的领导素质在方方面面影响着学校的课程开发。作为课程开发的领导者,校长必须提高自己各方面的领导素质。比如,为了塑造先进的教育理念,给学校和教师注入新的教育风气,应该时时掌握教育的最新动态,借鉴和吸收先进的教育理念和先进的科研成果,并及时地反馈到教师的教学中。校长要提高组织管理能力,还必须建立民主开放的组织结构,使课程开发小组的各成员、教师之间通过广泛而通畅的交流渠道,良好和谐地沟通与合作。

作为课程开发的领导者,校长除了提高自身的领导素质外,还应该以身作则,带动教师的热情,为致力于开设独特创新的校本课程而一起努力。例如,台湾G中学的校长为了使校本课程开发最大限度地赢得支持,不但多方劝说,争取更多教师与家长的认同与参与,还自己投入许多时间与精力规划方案、协商问题,希望能借此凝聚学校成员,形成一个具有创新理念的合作团体。因而成为课程方案的主要推动者。

由于教师在日常的教学任务外又参与到校本课程开发这项浩大的课程改革活动中,时间上的安排必然紧张,容易造成身心的疲惫,为此,校长还应该充分利用自己的权力,为进行校本课程开发而提供力所能及的便利条件和服务。例如在教师时间上的合理安排、课程开发小组的人员安排,为校本课程开发提供广泛的资源、营造协调的沟通氛围、人际关系和协作气氛等。校长应承担起作为领导者的监督职责。校长还可以在上级行政部门和中介机构间积极地进行协调,对教职工进行不断的对话和鼓励合作,以提高教师的信心等。

4. 教师专业知识、技能的培训

教师始终是进行校本课程开发的核心人物和主导力量,有关校本课程开发的各种决定,从问题诊断、目标拟订、方案编制、课程设计到课程评价等环节,都主要依靠教师的专业能力,由教师提供意见和参与决策。校本课程开发一旦离开了教师的广泛参与和支持,是根本不可能取得成功的。因此,要进行校本课程开发,应致力于培养一支富有合作精神、创新意识、探究能力,更重要的是有专业知识技能的师资队伍。

在我国,除了少数条件、基础好的特殊教育学校拥有较雄厚的师资力量外,很多特殊教育学校的教师并非是本专业人士,有的是从普通学校转过来的,有的是"半路出家",一些落后地区的特殊教育学校甚至由于师资的严重缺乏随便请毫无经验的老师代课。这样条件的学校要进行校本课程开发,真犹如"难于上青天"。所以,在这些学校,首先要对非专业的教师提供在职培训的支持,开展教师在职培训,提供教师有关课程、课程开发的知识。这样教师在接受培训之后,就可将获得的开发校本课程所必要的理念、知识、技术和能力投入到学校的课程开发运动中。很多特殊教育学校在校本课程开发中,教师都感到负担大,感到本专业知识的欠缺,这与教师的课程开发能力不足有关。为此一些特殊教育学校开办了许多主题工作坊,并在各方案推动前召集教师进行集体教学训练。这些都值得学习。另外,一些有条件的学校,也可以请校外专家来校开设讲座、报告和进行现场指导等。

5. 充分挖掘利用家长资源

家长主要是通过参与学校活动来干预和影响学校的教学活动的。主要有三种形式:

一是形式上的参与,也是我国现时代家长参与学校教育活动的主导模式,是最表面化的参与层次,主要扮演支持者和学习者的角色。活动的具体方式有家长会议、家长学校等。这样能得到家长对孩子教育的支持,让家长在活动中学习有关的教育理论和教育方法。二是人际的参与。这是一种双向交流式参与,家长与教师在比较亲切的气氛中相互交流信息、意见与建议。在这个层次,家长既可作为支持者与学习者,也可作为学校教育活动的自愿参与者。活动形式有经常性的家访、家长参与课堂教学等。这只在个别学校出现。三是管理式的参与。这是最高层次的家长参与形式,家长参与学校决策的全部过程,即决策形成、决策执行、决策监督。就特殊教育学校的校本课程而言,家长只有参与了开发方案的制订过程,在这一决策的执行过程中才会具有责任感,同时因家长最了解孩子所处的家庭环境,也最了解孩子的个人状况,比如造成孩子残障的原因、平时的特征表现及孩子的兴趣爱好等,能给课程开发成员提供学生翔实的资料,这样使特殊教育学校校本课程开发更切合每个学生的实际,为课程设置提供参考依据。由于校本课程开发需依据学生具体的实际情况,如各类特殊儿童的特点、每个学生的兴趣、爱好、个性特长等,如果在尊重实际特点的基础上,充分挖掘学生的潜能,制定出相应的丰富的课程,这样也更好地教育、发展了学生。

6. 尽可能广泛开发和利用资源

前面的影响因素提到,社区的资源也能对校本课程的开发起一定影响作用。那么,对于尽可能利用或开发现有的校内外课程资源该如何做呢?在进行校本课程开发之前,要对学校和社区的现有资源进行评估和全方位的分析,分清哪些是积极因素,哪些是消极因素,并据此确定课程开发的具体方案和内容,采取相应的措施。在开发过程中,学校再不断根据实际情况进行调整,以便合理地利用社区的教育资源。

7. 合理开发利用时间

校本课程开发中教师普遍面临的一个困难是精力与时间的不足。由于教师的额外工作增加了,如连夜编写教案,为了保证户外教学活动的正常进行,下班后不得不赶去勘察地形。课程开发的时间与固定的会议花去了教师们不少的备课与班级管理时间。由于教师投入的时间和精力不足,导致校本课程开发匆匆走过场,降低了课程开发的品质。因此学校需要对教师的时间进行优化配置,减少教师的教学任务及其他学校事务,使他们有空闲的时间可以支配,从事校本课程开发。为此,必须充分开发和利用时间资源。

至于开发和利用时间的对策,从国内外的一些案例中可以发现,许多学校实际上在这方面采取了不同的措施,概括起来大致有:延长早茶和午饭时间,以供教师相互交流;每周或每半个月或每一个月提前放学一次;每天上课前或放学后开会;在假期的开始或要结束的时候,组织研讨班并开展下一学期或学年的规划活动;聘任代课教师,确保校本课程开发的主要教师能够参与正常的课程开发的规划和研究活动;每周或隔周一次半天的集体备课或听课日。

另外,从我国目前学校状况来看,只有大大减少国家必修课的科目总数,精简课程内容,增加课程的弹性和灵活性,缓解考试压力,才能从根本上为校本课程开发赢得时间。

参 考 文 献

[1] 曹静萍,王和平.特教学校脑瘫儿童康复教育课程设置研究[J].现代特殊教育,2005(7).
[2] 陈滔娜.试论课程整合[J].湛江师范学院学报,2001(8).
[3] 陈书爽,曲学利.培智学校职业教育与智障人士就业的相关问题分析[J].科技信息,2008(23).
[4] 陈蓓琴,谈秀菁,丁勇.特殊教育理念的嬗变与课程的发展——关于特殊教育学校课程发展的比较研究[J].中国特殊教育,2009(11).
[5] 陈侠.课程论[M].北京:人民教育出版社,1989.
[6] 陈云英.中国特殊教育学基础[M].北京:教育科学出版社,2004.
[7] 崔允漷,杜萍.校本课程开发:辩护与批判[J].教育发展研究,1999(11).
[8] 邓猛,肖非.隔离与融合:特殊教育范式的变迁与分析[J].华中师范大学学报:人文社会科学版,2009(7).
[9] 邓猛,雷江华.培智学校课程改革与社会适应目标探析[J].中国特殊教育,2006(8).
[10] 杜晓萍.解读全纳教育,建构全纳学校——人本特教视角[J].中国特殊教育,2008(10).
[11] 杜亚洲.特殊教育学校课程设置与改革的设想[J].中国特殊教育,2002(2).
[12] 范兆兰.动态评估的特征及其方法论意义[J].心理科学,2009(32).
[13] 傅建明.校本课程开发中的教师与校长[M].广州:广东教育出版社,2003.
[14] 傅建明.新课程:挑战与机遇[J].当代教育科学,2003(8).
[15] 傅建明.论校本课程的支持系统[J].教育理论与实践,2001(10).
[16] 眭乐萍.大力加强职业教育,提高残疾人就业能力——深圳元平特殊教育学校职业教育体系的创新构建[J].现代特殊教育,2010(11).
[17] 郝传萍.浅谈残疾学生体育教育[J].中国特殊教育,2000(3).
[18] 何非.开发校本课程,促进聋生健康发展[J].现代特殊教育,2009(12).
[19] 黄乐行,陆瑾,黄建中.智障教育校本课程开发的探索与实践[J].中国特殊教育,2004(9).
[20] 黄建行.教育·康复·就业·训练一体化办学模式的探索与实践[C].深圳:海天出版社,2006.
[21] 黄建行.教育·康复·职业训练相结合办学模式实践成果集(上)[C].深圳:海天出版社,2012.
[22] 黄建行.教育·康复·职业训练相结合办学模式实践成果集(下)[C].深圳:海天出版社,2012.

[23] 黄建行,雷江华.智障学生职业教育模式[M].北京:北京大学出版社,2011.
[24] 黄法祥.以课题研究引领课程改革[J].校长论坛,2007(14).
[25] 景怡光.中小学校本课程开发的问题及对策研究[D].大连:辽宁师范大学硕士研究生学位论文,2008.
[26] 康小英.生活语文生活化教学的实践探索[J].现代特殊教育,2010(4).
[27] 李娜,张福娟.听力障碍幼儿早期干预的个案研究[J].中国特殊教育,2007(8).
[28] 李彩云.特殊儿童早期干预[M].长春:东北师范大学出版社,2002.
[29] 梁和平.康复治疗技术[M].北京:人民卫生出版社,2005.
[30] 刘全礼.特殊教育导论[M].北京:教育科学出版社,2003.
[31] 刘彩霞.校本课程开发的相关因素分析[J].课程·教材·教法,2006(12).
[32] 刘彤.教师存在消极参与体育校本课程开发的原因分析及对策研究[D].长春:吉林大学硕士学位论文,2007.
[33] 刘泽先.早期教育——使每个孩子成才[M].北京:知识出版社,1989.
[34] 鲁艳.校本课程:概念必须正确理解[J].教育发展研究,1999(12).
[35] 路明.培智学校校本课程开发研究——以长春市Y学校为个案[D].上海:华东师范大学硕士学位论文,2006.
[36] 陆瑾,黄建行.以教育科研为依托,促进教师专业成长[J].现代特殊教育,2009(6).
[37] 孟艳.教师与校本课程开发[D].昆明:云南师范大学硕士研究生学位论文,2005.
[38] 彭虹斌.学科课程的理论基础与组织原理[J].湖南师范大学教育科学学报,2007(7).
[39] 朴永馨.特殊教育辞典[M].北京:华夏出版社,2006.
[40] 秦涛.作业治疗在脑瘫儿童教育康复中的应用[J].现代特殊教育,2010(3).
[41] 钱文.学前融合课程评价的有效方法:课程性评估[J].中国特殊教育,2004(4).
[42] 盛永进.特殊教育课程范式的演进及其转向[J].中国特殊教育,2011(12).
[43] 施良方.课程理论:课程的基础原理与问题[M].北京:教育科学出版社,1996.
[44] 孙颖培.培智学校课程统整的实践研究[J].中国特殊教育,2004(4).
[45] 唐锡海.论高等职业教育课程开发的支持系统[J].教育与职业,2006(18).
[46] 泰勒.课程与教学的基本原理[M].施良方,译.北京:人民教育出版社,1994.
[47] 王萍.以人为本,建设无障碍设施[J].社会福利,2005(4).
[48] 王雁.早期干预的理论依据探析[J].中国特殊教育,2000(4).
[49] 王辉.特殊教育学校脑瘫学生障碍特征的调查研究[J].中国特殊教育,2008(3).
[50] 王辉.培智学校校本课程研究案例分析[J].中国特殊教育,2004(9).
[51] 王辉.培智学校现行培养目标和课程问题的探析[J].中国特殊教育,2003(2).
[52] 吴刚平.校本课程开发[M].成都:四川教育出版社,2002.
[53] 吴淑芬,温建红,刘炜.制约校本课程开发的因素及应对策略[J].教育探索,2005(7).
[54] 许丽敏.让"生活"成为智障学生学习数学的"伴侣"[J].现代特殊教育,2008(1).
[55] 徐玉珍.校本课程开发:概念解读[J].课程·教材·教法,2001(4).
[56] 徐玉珍.校本课程开发的理论与案例[M].北京:人民教育出版社,2003.

[57] 杨晓玲,蔡逸周.解密孤独症[M].北京:华夏出版社,2007.
[58] 姚树桥,龚耀先.儿童适应行为评定量表的编制及城乡区域性常模的制订[J].心理科学,1993(16).
[59] 姚郑芳.生活适应课有效教学策略的实践探索[J].现代特殊教育,2011(12).
[60] 赵小红.宽基础,活模块,多层次,多能力——智障学生职业教育模式探讨[J].现代特殊教育,2006(4).
[61] 郑高洁.论课程内容的组织[J].成都大学学报,2007(12).
[62] 钟启泉,等.为了中华民族的复兴,为了每位学生的发展——基础教育课程改革纲要(试行)解读[M].上海:华东师范大学出版社,2001.
[63] 朱宁波,齐冰.学科课程内容组织的逻辑体系及其处理原则探析[J].辽宁师范大学学报,2007(1).
[64] 朱智贤.儿童心理学[M].北京:人民教育出版社,2007.
[65] 深圳元平特殊教育学校办公室.深圳元平特殊教育学校规章制度汇编[C],2008.
[66] 广东省教育事业"十五"计划[EB/OL].http://www.gd.gov.cn/govpub/fzgh/hygh/0200606140078.htm.
[67] 国务院关于基础教育课程改革与发展的决定[EB/OL].http://www.edu.cn/20010926/3002911.shtml.
[68] 关于进一步加快特殊教育事业发展的实施意见[EB/OL].http://zwgk.gd.gov.cn/006939748/201108/t20110810_207516.html.
[69] 培智学校义务教育课程设置实验方案[EB/OL].http://www.dzjks.com/xkjy/ShowArticle.asp?ArticleID=130.
[70] 深圳市人民政府办公厅转发市卫生局等部门关于进一步加强残疾人康复工作意见[EB/OL].http://www.34law.com/lawfg/law/1797/3122/law_4646168916.shtml.
[71] 优基因自闭症.自闭症儿童的感觉统合训练[EB/OL].http://www.ugene.cn/cautism/index.php?option=com_content&view=article&id=96;2010-10-19-15-17-08&catid=37:training&Itemid=62.
[72] 课程开发[EB/OL].http://baike.baidu.com/view/428105.htm.
[73] 中共中央国务院关于深化教育改革 全面推进素质教育的决定[EB/OL].http://news.sina.com.cn/china/9906/061731.html.
[74] 中华人民共和国插花员国家职业标准[EB/OL].http://wenku.baidu.com/view/1fabb1170b4e767f5acfceed.html.
[75] 深圳市教育局.关于印发《深圳市中小学教师海外培训提升计划》的通知[EB/OL].http://www.szeb.edu.cn/SZEB/HTMLDynamic/WJTZT_302/201109/info27476.html.

北京大学出版社
教育出版中心 精品图书

21世纪高校广播电视专业系列教材
电视节目策划教程（第二版）	项仲平
电视导播教程（第二版）	程 晋
电视文艺创作教程	王建辉
广播剧创作教程	王国臣
电视导论	李 欣
电视纪录片教程	卢 炜
电视导演教程	袁立本
电视摄像教程	刘 荃
电视节目制作教程	张晓锋
视听语言	宋 杰
影视剪辑实务教程	李 琳
影视摄制导论	朱 怡
新媒体短视频创作教程	姜荣文
电影视听语言——视听元素与场面调度案例分析	李 骏
影视照明技术	张 兴
影视音乐	陈 斌
影视剪辑创作与技巧	张 拓
纪录片创作教程	潘志琪
影视拍摄实务	翟 臣

21世纪信息传播实验系列教材（徐福荫 黄慕雄 主编）
网络新闻实务	罗 昕
多媒体软件设计与开发	张新华
播音与主持艺术（第三版）	黄碧云 睢 凌
摄影基础（第二版）	张 红 钟日辉 王首农

21世纪数字媒体专业系列教材
视听语言	赵慧英
数字影视剪辑艺术	曾祥民
数字摄像与表现	王以宁
数字摄影基础	王朋娇
数字媒体设计与创意	陈卫东

数字视频创意设计与实现（第二版）	王 靖
大学摄影实用教程（第二版）	朱小阳
大学摄影实用教程	朱小阳

21世纪教育技术学精品教材（张景中 主编）
教育技术学导论（第二版）	李 芒 金 林
远程教育原理与技术	王继新 张 屹
教学系统设计理论与实践	杨九民 梁林梅
信息技术教学论	雷体南 叶良明
信息技术与课程整合（第二版）	赵呈领 杨 琳 刘清堂
教育技术学研究方法（第三版）	张 屹 黄 磊

21世纪高校网络与新媒体专业系列教材
文化产业概论	尹章池
网络文化教程	李文明
网络与新媒体评论	杨 娟
新媒体概论	尹章池
新媒体视听节目制作（第二版）	周建青
融合新闻学导论（第二版）	石长顺
新媒体网页设计与制作（第二版）	惠悲荷
网络新媒体实务	张合斌
突发新闻教程	李 军
视听新媒体节目制作	邓秀军
视听评论	何志武
出镜记者案例分析	刘 静 邓秀军
视听新媒体导论	郭小平
网络与新媒体广告（第二版）	尚恒志 张合斌
网络与新媒体文学	唐东堰 雷 奕
全媒体新闻采访写作教程	李 军
网络直播基础	周建青
大数据新闻传媒概论	尹章池

21世纪特殊教育创新教材·理论与基础系列
特殊教育的哲学基础	方俊明
特殊教育的医学基础	张 婷

融合教育导论（第二版）	雷江华

特殊教育学（第二版）　　　　　　雷江华　方俊明
特殊儿童心理学（第二版）　　　　方俊明　雷江华
特殊教育史　　　　　　　　　　　　　　　　朱宗顺
特殊教育研究方法（第二版）　　　杜晓新　宋永宁等
特殊教育发展模式　　　　　　　　　　　　　任颂羔

21世纪特殊教育创新教材·发展与教育系列

视觉障碍儿童的发展与教育　　　　　　　　　邓　猛
听觉障碍儿童的发展与教育（第二版）　　　　贺荟中
智力障碍儿童的发展与教育（第二版）刘春玲　马红英
学习困难儿童的发展与教育（第二版）　　　　赵　微
自闭症谱系障碍儿童的发展与教育　　　　　　周念丽
情绪与行为障碍儿童的发展与教育　　　　　　李闻戈
超常儿童的发展与教育（第二版）　　苏雪云　张　旭

21世纪特殊教育创新教材·康复与训练系列

特殊儿童应用行为分析（第二版）　　　李　芳　李　丹
特殊儿童的游戏治疗　　　　　　　　　　　　周念丽
特殊儿童的美术治疗　　　　　　　　　　　　孙　霞
特殊儿童的音乐治疗　　　　　　　　　　　　胡世红
特殊儿童的心理治疗（第三版）　　　　　　　杨广学
特殊教育的辅具与康复　　　　　　　　　　　蒋建荣
特殊儿童的感觉统合训练（第二版）　　　　　王和平
孤独症儿童课程与教学设计　　　　　　　　　王　梅

21世纪特殊教育创新教材·融合教育系列

融合教育本土化实践与发展　　　　　　　　邓　猛等
融合教育理论反思与本土化探索　　　　　　　邓　猛
融合教育实践指南　　　　　　　　　　　　　邓　猛
融合教育理论指南　　　　　　　　　　　　　邓　猛
融合教育导论（第二版）　　　　　　　　　　雷江华
学前融合教育（第二版）　　　　　　雷江华　刘慧丽

21世纪特殊教育创新教材（第二辑）

特殊儿童心理与教育（第二版）
　　　　　　　　　　　　杨广学　张巧明　王　芳
教育康复学导论　　　　　　　　　　杜晓新　黄昭鸣
特殊儿童病理学　　　　　　　　　　王和平　杨长江
特殊学校教师教育技能　　　　　　　昝　飞　马红英

自闭谱系障碍儿童早期干预丛书

如何发展自闭谱系障碍儿童的沟通能力
　　　　　　　　　　　　　　　　　朱晓晨　苏雪云
如何理解自闭谱系障碍和早期干预　　　　　　苏雪云
如何发展自闭谱系障碍儿童的社会交往能力
　　　　　　　　　　　　　　　　　吕　梦　杨广学
如何发展自闭谱系障碍儿童的自我照料能力
　　　　　　　　　　　　　　　　　倪萍萍　周　波
如何在游戏中干预自闭谱系障碍儿童
　　　　　　　　　　　　　　　　　朱　瑞　周念丽
如何发展自闭谱系障碍儿童的感知和运动能力
　　　　　　　　　　　　　韩文娟　徐　芳　王和平
如何发展自闭谱系障碍儿童的认知能力
　　　　　　　　　　　　　　　　　潘前前　杨福义
自闭症谱系障碍儿童的发展与教育　　　　　　周念丽
如何通过音乐干预自闭谱系障碍儿童　　　　　张正琴
如何通过画画干预自闭谱系障碍儿童　　　　　张正琴
如何运用ACC促进自闭谱系障碍儿童的发展
　　　　　　　　　　　　　　　　　　　　　苏雪云
孤独症儿童的关键性技能训练法　　　　　　　李　丹
自闭症儿童家长辅导手册　　　　　　　　　　雷江华
孤独症儿童课程与教学设计　　　　　　　　　王　梅
融合教育理论反思与本土化探索　　　　　　　邓　猛
自闭症谱系障碍儿童家庭支持系统　　　　　　孙玉梅
自闭症谱系障碍儿童团体社交游戏干预　　　　李　芳
孤独症儿童的教育与发展　　　　　　王　梅　梁松梅

特殊学校教育·康复·职业训练丛书

（黄建行　雷江华　主编）

信息技术在特殊教育中的应用
智障学生职业教育模式
特殊教育学校学生康复与训练
特殊教育学校校本课程开发
特殊教育学校特奥运动项目建设

21世纪学前教育专业规划教材

学前教育概论　　　　　　　　　　　　　　　李生兰
学前教育管理学（第二版）　　　　　　　　　王　雯
幼儿园课程新论　　　　　　　　　　　　　　李生兰
幼儿园歌曲钢琴伴奏教程　　　　　　　　　　果旭伟

幼儿园舞蹈教学活动设计与指导（第二版）	董 丽	美国高等教育质量认证与评估	
实用乐理与视唱（第二版）	代 苗		［美］美国中部州高等教育委员会
学前儿童美术教育	冯婉贞	现代大学及其图新	［美］谢尔顿·罗斯布莱特
学前儿童科学教育	洪秀敏	美国文理学院的兴衰——凯尼恩学院纪实	
学前儿童游戏	范明丽		［美］P. F. 克鲁格
学前教育研究方法	郑福明	教育的终结：大学何以放弃了对人生意义的追求	
学前教育史	郭法奇		［美］安东尼·T. 克龙曼
学前教育政策与法规	魏 真	大学的逻辑（第三版）	张维迎
学前心理学	涂艳国 蔡 艳	我的科大十年（续集）	孔宪铎
学前教育理论与实践教程	王 维 王维娅 孙 岩	高等教育理念	［英］罗纳德·巴尼特
学前儿童数学教育与活动设计	赵振国	美国现代大学的崛起	［美］劳伦斯·维赛
学前融合教育（第二版）	雷江华 刘慧丽	美国大学时代的学术自由	［美］沃特·梅兹格
幼儿园教育质量评价导论	吴 钢	美国高等教育通史	［美］亚瑟·科恩
幼儿学习与教育心理学	张 莉	美国高等教育史	［美］约翰·塞林
学前教育管理	虞永平	哈佛通识教育红皮书	哈佛委员会
		高等教育何以为"高"——牛津导师制教学反思	
大学之道丛书精装版			［英］大卫·帕尔菲曼
美国高等教育通史	［美］亚瑟·科恩	印度理工学院的精英们	［印度］桑迪潘·德布
知识社会中的大学	［英］杰勒德·德兰迪	知识社会中的大学	［英］杰勒德·德兰迪
大学之用（第五版）	［美］克拉克·克尔	高等教育的未来：浮言、现实与市场风险	
营利性大学的崛起	［美］理查德·鲁克		［美］弗兰克·纽曼等
学术部落与学术领地：知识探索与学科文化		后现代大学来临？	［英］安东尼·史密斯等
	［英］托尼·比彻 保罗·特罗勒尔	美国大学之魂	［美］乔治·M. 马斯登
美国现代大学的崛起	［美］劳伦斯·维赛	大学理念重审：与纽曼对话	
教育的终结——大学何以放弃了对人生意义的追求			［美］雅罗斯拉夫·帕利坎
	［美］安东尼·T. 克龙曼	学术部落及其领地——当代学术界生态揭秘（第二版）	
世界一流大学的管理之道——大学管理研究导论 程 星			［英］托尼·比彻 保罗·特罗勒尔
后现代大学来临？		德国古典大学观及其对中国大学的影响（第二版）陈洪捷	
	［英］安东尼·史密斯 弗兰克·韦伯斯特	转变中的大学：传统、议题与前景	郭为藩
		学术资本主义：政治、政策和创业型大学	
大学之道丛书			［美］希拉·斯劳特 拉里·莱斯利
市场化的底限	［美］大卫·科伯	21世纪的大学	［美］詹姆斯·杜德斯达
大学的理念	［英］亨利·纽曼	美国公立大学的未来	
哈佛：谁说了算	［美］理查德·布瑞德利		［美］詹姆斯·杜德斯达 弗瑞斯·沃马克
麻省理工学院如何追求卓越		东西象牙塔	孔宪铎
	［美］查尔斯·维斯特	理性捍卫大学	眭依凡
大学与市场的悖论	［美］罗杰·盖格		
高等教育公司：营利性大学的崛起		**学术规范与研究方法系列**	
	［美］理查德·鲁克	社会科学研究方法100问	［美］萨尔金德
公司文化中的大学：大学应对市场化压力		如何利用互联网做研究	［爱尔兰］杜恰泰
	［美］埃里克·古尔德		

如何撰写与发表社会科学论文：国际刊物指南	蔡今忠
如何为学术刊物撰稿（第三版）	[英] 罗薇娜·莫瑞
如何查找文献（第二版）	[英] 萨莉·拉姆齐
给研究生的学术建议（第二版）	[英] 玛丽安·彼得 等
社会科学研究的基本规则（第四版）	[英] 朱迪斯·贝尔
做好社会研究的10个关键	[英] 马丁·丹斯考姆
如何写好科研项目申请书	[美] 安德鲁·弗里德兰德 等
教育研究方法（第六版）	[美] 梅瑞迪斯·高尔 等
高等教育研究：进展与方法	[英] 马尔科姆·泰特
如何成为学术论文写作高手	[美] 华乐丝
参加国际学术会议必须要做的那些事	[美] 华乐丝
如何成为优秀的研究生	[美] 布卢姆
结构方程模型及其应用	易丹辉 李静萍
学位论文写作与学术规范（第二版）	李 武 毛远逸 肖东发

21世纪高校教师职业发展读本

如何成为卓越的大学教师	[美] 肯·贝恩
给大学新教员的建议	[美] 罗伯特·博伊斯
如何提高学生学习质量	[英] 迈克尔·普洛瑟 等
学术界的生存智慧	[美] 约翰·达利 等
给研究生导师的建议（第2版）	[英] 萨拉·德拉蒙特 等

21世纪教师教育系列教材·物理教育系列

中学物理教学设计	王 霞
中学物理微格教学教程（第三版）	张军朋 詹伟琴 王 恬
中学物理科学探究学习评价与案例	张军朋 许桂清
物理教学论	邢红军
中学物理教学法	邢红军
中学物理教学评价与案例分析	王建中 孟红娟
中学物理课程与教学论	张军朋 许桂清
物理学习心理学	张军朋
中学物理课程与教学设计	王 霞

21世纪教育科学系列教材·学科学习心理学系列

| 数学学习心理学（第三版） | 孔凡哲 |
| 语文学习心理学 | 董蓓菲 |

21世纪教师教育系列教材

教育心理学（第二版）	李晓东
教育学基础	庞守兴
教育学	余文森 王 晞
教育研究方法	刘淑杰
教育心理学	王晓明
心理学导论	杨凤云
教育心理学概论	连 榕 罗丽芳
课程与教学论	李 允
教师专业发展导论	于胜刚
学校教育概论	李清雁
现代教育评价教程（第二版）	吴 钢
教师礼仪实务	刘 霄
家庭教育新论	闫旭蕾 杨 萍
中学班级管理	张宝书
教育职业道德	刘亭亭
教师心理健康	张怀春
现代教育技术	冯玲玉
青少年发展与教育心理学	张 清
课程与教学论	李 允
课堂与教学艺术（第二版）	孙菊如 陈春荣
教育学原理	靳淑梅 许红花
教育心理学	徐 凯

21世纪教师教育系列教材·初等教育系列

小学教育学	田友谊
小学教育学基础	张永明 曾 碧
小学班级管理	张永明 宋彩琴
初等教育课程与教学论	罗祖兵
小学教育研究方法	王红艳
新理念小学数学教学论	刘京莉
新理念小学音乐教学论（第二版）	吴跃跃

教师资格认定及师范类毕业生上岗考试辅导教材

书名	作者
教育学	余文森 王晞
教育心理学概论	连榕 罗丽芳

21世纪教师教育系列教材·学科教育心理学系列

书名	作者
语文教育心理学	董蓓菲
生物教育心理学	胡继飞

21世纪教师教育系列教材·学科教学论系列

书名	作者
新理念化学教学论（第二版）	王后雄
新理念科学教学论（第二版）	崔鸿 张海珠
新理念生物教学论（第二版）	崔鸿 郑晓慧
新理念地理教学论（第三版）	李家清
新理念历史教学论（第二版）	杜芳
新理念思想政治（品德）教学论（第三版）	胡田庚
新理念信息技术教学论（第二版）	吴军其
新理念数学教学论	冯虹
新理念小学音乐教学论（第二版）	吴跃跃

21世纪教师教育系列教材·语文教育系列

书名	作者
语文文本解读实用教程	荣维东
语文课程教师专业技能训练	张学凯 刘丽丽
语文课程与教学发展简史	武玉鹏 王从华 黄修志
语文课程学与教的心理学基础	韩雪屏 王朝霞
语文课程名师名课案例分析	武玉鹏 郭治锋等
语用性质的语文课程与教学论	王元华
语文课堂教学技能训练教程（第二版）	周小蓬
中外母语教学策略	周小蓬
中学各类作文评价指引	周小蓬
中学语文名篇新讲	杨朴 杨旸
语文教师职业技能训练教程	韩世姣

21世纪教师教育系列教材·学科教学技能训练系列

书名	作者
新理念生物教学技能训练（第二版）	崔鸿
新理念思想政治（品德）教学技能训练（第三版）	胡田庚 赵海山
新理念地理教学技能训练（第二版）	李家清
新理念化学教学技能训练（第二版）	王后雄
新理念数学教学技能训练	王光明

王后雄教师教育系列教材

书名	作者
教育考试的理论与方法	王后雄
化学教育测量与评价	王后雄
中学化学实验教学研究	王后雄
新理念化学教学诊断学	王后雄

西方心理学名著译丛

书名	作者
儿童的人格形成及其培养	［奥地利］阿德勒
活出生命的意义	［奥地利］阿德勒
生活的科学	［奥地利］阿德勒
理解人生	［奥地利］阿德勒
荣格心理学七讲	［美］卡尔文·霍尔
系统心理学：绪论	［美］爱德华·铁钦纳
社会心理学导论	［美］威廉·麦独孤
思维与语言	［俄］列夫·维果茨基
人类的学习	［美］爱德华·桑代克
基础与应用心理学	［德］雨果·闵斯特伯格
记忆	［德］赫尔曼·艾宾浩斯
实验心理学（上下册）	［美］伍德沃斯 施洛斯贝格
格式塔心理学原理	［美］库尔特·考夫卡

21世纪教师教育系列教材·专业养成系列（赵国栋主编）

微课与慕课设计初级教程
微课与慕课设计高级教程
微课、翻转课堂和慕课设计实操教程
网络调查研究方法概论（第二版）
PPT云课堂教学法
快课教学法

其他

书名	作者
三笔字楷书书法教程（第二版）	刘慧龙
植物科学绘画——从入门到精通	孙英宝
艺术批评原理与写作（第二版）	王洪义
学习科学导论	尚俊杰
艺术素养通识课	王洪义